In India and East Africa/ E-Indiya nase East Africa

In India and East Africa/ E-Indiya nase East Africa

A travelogue in isiXhosa and English

D.D.T. Jabavu

Translated by Cecil Wele Manona

Edited by

Tina Steiner, Mhlobo W. Jadezweni,
Catherine Higgs and Evan M. Mwangi

WITS UNIVERSITY PRESS

Published in South Africa by:

Wits University Press
1 Jan Smuts Avenue
Johannesburg 2001
www.witspress.co.za

First published 2020

http://dx.doi.org.10.18772/22020024761

978-1-77614-476-1 (Paperback)
978-1-77614-480-8 (Hardback)
978-1-77614-477-8 (Web PDF)
978-1-77614-478-5 (EPUB)
978-1-77614-479-2 (Mobi)

Project manager: Karen Press
Copyeditor: Karen Press
Proofreaders: Koliswa Moropa and Lee Smith
Indexer: Marlene Burger
Cover design: Hothouse
Typeset in 11.5 point Crimson

Cover image: D.D.T. Jabavu, 1935, photographer unknown, Jabavu holdings of
the Unisa Archives, Acc 47, of the Documentation Centre for African Studies

Contents

List of Illustrations

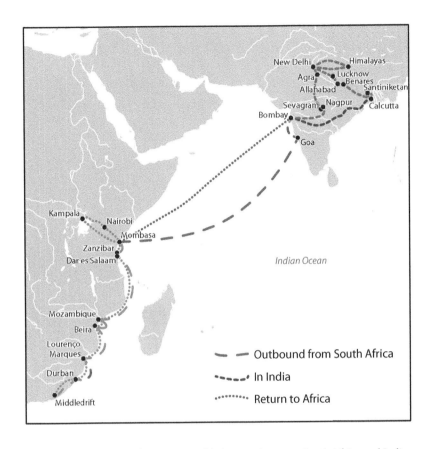

Figure 1: D.D.T. Jabavu's itinerary on his journey between South Africa and India

Acknowledgements

Tina Steiner

There is something roundabout and serendipitous about the way in which this bilingual edition became a reality. Though rather than chance, it was the generosity and collaborative energy of colleagues that worked their magic behind the scenes. Isabel Hofmeyr mentioned the travelogue briefly in her ground-breaking article, 'The Black Atlantic Meets the Indian Ocean: Forging New Paradigms of Transnationalism for the Global South – Literary and Cultural Perspectives', but it was her challenge put to conference audiences on at least two occasions – which went something like this: 'someone ought to look in more detail at D.D.T. Jabavu's trip to India' – that caught my attention.[1] This was in 2016, when she kindly shared her thoughts on its significance with me. If it weren't for her, this book would not exist.

In the search for an English translation of Jabavu's isiXhosa account of his journey I found Catherine Higgs, who immediately offered to share the translation by Cecil Wele Manona that she had commissioned in the early 1990s. Her illuminating biographical pieces on Jabavu and Manona enrich this edition enormously, and I value her collaboration very much. She also commissioned the beautiful map included in this volume and we want to thank the cartographer, Eliane Macdonald, for drawing it at such short notice.

When making enquiries for an isiXhosa specialist who could come on board as the language editor of the original text, I got referred by word of mouth from one university to another, and how well this worked. I am deeply grateful to Mhlobo W. Jadezweni for the care and enthusiasm he showed in his engagement with the original as well as the translation. Without his expert help and advice, not to mention his time, this project would not have come to fruition. *He!* He also arranged our delightful meeting with Mrs Nobantu M. Manona in Makhanda. Her kind willingness to grant copyright to her late husband's translation is deeply appreciated.

Thank you also to Serah N. Kasembeli, who digitised both versions during her fellowship at Northwestern University, and to Babalwa Resha for her first round of edits of the original. The archivist Donald Davis, at the American Friends Service Committee Archive in Philadelphia, went beyond the call of duty to scan and send drafts of the World Pacifist Meeting invitation letters and reports of the planning committee; Ammi Ryke at the University of South Africa (Unisa) Archives, where a collection of Jabavu's papers and photographs is held, assisted with generosity and good cheer. I thank the National Research Foundation for their financial assistance, which enabled the visit to the Unisa Archives.

We are grateful to the Andrew W. Mellon Foundation for its support. This edition of *In India and East Africa/E-Indiya nase East Africa* contributes to the 'Indian Ocean Epistemologies' sub-theme of the project 'Global Theory in the South' based at Northwestern University, funded by the Foundation. We thank the principal investigator of the project, Penelope Deutscher, and the competent administrative team at Northwestern for their enthusiastic support. If Evan M. Mwangi, my Mellon co-investigator, had not given me free rein to run with this idea, I am not sure I would have pursued it. *Asante.* His afterword on D.D.T. Jabavu and African-language translations serves as a reminder of the importance of preserving African narratives in all the continent's languages.

The members of the lift club, Louise Green, Riaan Oppelt, Megan Jones, Nadia Sanger and Uhuru Phalafala, graciously listened and advised as this edited volume took shape; I thank them for their insights. My colleagues – Nwabisa Bangeni, Dawid de Villiers, Jeanne Ellis, Annie Gagiano, Louise Green, Megan Jones, Wamuwi Mbao, Sally-Ann Murray, Riaan Oppelt, Uhuru Phalafala, Daniel Roux, Nadia Sanger, Tilla Slabbert, Eckard Smuts and Shaun Viljoen – are very good at creating a collegial and affirming work environment that makes projects like this possible and I count myself fortunate to be working with them. I am also very appreciative of Brenda Cooper at Burnish Writing and the members of her workshop who offered valuable feedback on my introduction.

A special thanks to the two anonymous reviewers, whose enthusiasm and incisive suggestions buoyed the last round of revisions and the preparation of the manuscript for submission. We thank the University of British Columbia's Okanagan Campus for the award of a Humanities and Social Sciences Research grant which helped support the publication of this volume.

We are immensely grateful to the team at Wits University Press, Roshan Cader, Veronica Klipp and Kirsten Perkins, whose expert care made everything run smoothly, and to the isiXhosa proofreader, Koliswa Moropa. What a privilege to have Karen Press as our editor: her meticulous and careful editing has made this a better book.

Note

[1] Isabel Hofmeyr, 'The Black Atlantic Meets the Indian Ocean: Forging New Paradigms of Transnationalism for the Global South – Literary and Cultural Perspectives', *Social Dynamics: A Journal of African Studies* 33, no. 2 (2007): 3–32.

Networks of Solidarity: D.D.T. Jabavu's Voyage to India

Tina Steiner

Ukuhamba kukubona
— isiXhosa, 'To travel is to see.'

On 5 November 1949, Davidson Don Tengo (D.D.T.) Jabavu, the prominent South African academic, Methodist lay preacher, politician and seasoned traveller, set out on a four-month-long trip to India to attend the World Pacifist Meeting in Santiniketan and Sevagram. Jabavu was not the first black South African to travel to India; however, he may have been the only one of his generation to publish his detailed observations as a travelogue afterwards.[1] This little-known isiXhosa text, written in a conversational register in keeping with the conventions of the genre, provides a rare perspective on the mid-twentieth century transnational pacifist scene after Mahatma Gandhi's death, at the nexus of decolonisation and the Cold War. With its emphasis on observation and dialogue, the narrative speaks to the way in which the geographies of various emancipatory movements – the American civil rights movement, African liberation movements and the international radical peace movement – intersected in a space like Santiniketan. For Jabavu, the voyage to India, with its significant stopovers in East Africa, provided an opportunity to move within such diverse transnational geographies

1

of resistance. The narrative contains wide-ranging reflections on the fauna and flora of the changing landscape, on intriguing social inter-actions during the trip and the conference, and on the way in which Gandhian principles (*Ahimsa*, 'non-violence', and *Satyagraha*, 'soul force') might yield lessons for his isiXhosa readership. The narrative thus pro-vides fascinating insight into political and intellectual flows between India and Africa from an African perspective.

Parts of the travelogue, *E-Indiya nase East Africa*, appeared in the bilingual weekly *Imvo Zabantsundu* (African Opinion), which his father, the politician and newspaper editor John Tengo Jabavu, had founded in 1884 and edited until his death in 1921. From its inception, the paper functioned as an influential mouthpiece for the political aspirations of educated Africans in their quest for the expansion of the non-racial franchise of the Cape Colony and political rights premised on imperial citizenship, that is, on 'British ideas about liberty, consen-sual governance, and the rule of law'.[2] *Imvo* urged its readers to become involved in the political life of the colony (and later of the Union of South Africa) through the peaceful means that were available to them, and with this agenda in mind the paper carried 'a wide variety of news and comment in both English and Xhosa: of local political and religious developments; of the progress made by blacks in the United States and West Africa, always a source of inspiration; detailed reports from local correspondents of the social and sporting life of mission-educated communities in the colony and beyond; and edito-rials advocating temperance, education, self-help and improvement'.[3] Like his father, D.D.T. Jabavu committed much of his public service to a moderate politics of non-violence in the pursuit of equality, and it is apposite that parts of the travelogue, with its reflections on the conditions of possibility of pacifism as a strategy of resistance, were published in *Imvo*.

The paper had remained in the family until 1940, with D.D.T. Jabavu's brother, Alexander Macaulay Jabavu, as its editor. At the time that Jabavu published reports of his trip the paper had been sold to Bantu Press, and was edited by B. Nyoka.[4] In addition to the sections of the travelogue that appeared in *Imvo*, the complete version also appeared as a book in 1951, printed by Lovedale Press and with D.D.T. Jabavu named as the publisher. This is the version of the original that is republished in this volume, unaltered except for updates to the isiXhosa orthography, which has undergone several significant spelling reforms since the 1950s. The language expert in our editorial collective, Mhlobo W. Jadezweni, explains the changes in more detail in his note on the original and the translation in this volume.

After hearing about the existence of the travelogue, I was looking for an English translation when I came across a note in Catherine Higgs's erudite biography *The Ghost of Equality: The Public Lives of D.D.T. Jabavu of South Africa, 1885–1959*, in which she indicates that she had commissioned English translations of all of Jabavu's published isiXhosa texts from the anthropologist Cecil Wele Manona while doing her PhD research in the late 1980s and early 1990s.[5] When I contacted her, she was quickly convinced that the historical significance of Jabavu's travelogue merited its publication in an English edition. Her moving tribute to Manona in this volume offers a glimpse of this generous scholar-cum-translator, to whose work we owe this particular bilingual edition. We have left Manona's translation largely intact except for minor editorial changes and small insertions. For example, the translation elided the many exclamations of surprise, astonishment and awe with which Jabavu peppered the original isiXhosa. We decided that we would reinsert these exclamations, untranslated, into the English version as they add an idiosyncratic affective dimension, and alert the reader to Jabavu's sense of humour and to his frequent expressions of surprise. This decision was also prompted by the reflections in Evan M. Mwangi's afterword to this volume, in which he suggests that any translation should bear the mark of the original language. It is our hope that readers find echoes of the distinct idiom of the original in Manona's translation. That it has taken an editorial team from different parts of the world to realise this project explains why the pieces surrounding the travelogue, produced by different members of the team, inevitably vary in tone and style. However, what links the diverse contributions is a shared interest in Jabavu's compelling text, which inextricably interweaves local South African and global concerns relating to egalitarianism, nationalism and non-violence.

Jabavu travelled together with his friend Manilal Gandhi – the second-oldest son of Kasturba and Mahatma Gandhi – who had remained in South Africa and continued editing *Indian Opinion* after his father returned to India in 1915. Both were invited delegates, and their first destination was the World Pacifist Meeting in Santiniketan, just north of Calcutta. Santiniketan, literally 'the abode of peace', was founded by Rabindranath Tagore as a cosmopolitan centre of learning open to all. Ninety-three delegates from thirty-one different countries attended the conference.[6] In the original invitation letter to the delegates from countries other than India, approved by Mahatma Gandhi while he was still alive, the goals of the conference were formulated as follows: 'It is hoped that men and women who have passed through the fires of suffering and persecution for their pacifist faith, in Europe and elsewhere, can share their experiences, and the faith born out of these experiences; so that the pure streams of pacifist witness, whether coming out of the tradition of the West or of the East, may flow together to form a river of life.'[7] This metaphor of global connection resonates with the way in which the travelogue refers to multiple, intersecting networks of solidarity that sustain various political projects of resistance. The concept of solidarity, as I use it here, does not so much refer to consensus of opinion, or likeness, as to the creation of new relationships, linking diverse places and political actors.[8]

When Jabavu undertook this journey, he had been retired from teaching at the South African Native College at Fort Hare (popularly referred to as Fort Hare) for five years. Daniel François

(D.F.) Malan's National Party had won the 1948 election, and his government had begun the process of formally instituting the policy of apartheid with its inhumane segregationist agenda. The South African political landscape had become very polarised, and these changed conditions meant that Jabavu's politics of dialogue and negotiation were no longer having an impact. The attempts by Jabavu and others of his generation to persuade the British government and the local white rulers that a black, educated elite merited incorporation into the political order by being added to the common voters' roll had been exposed as a futile effort in the face of act after act of racist legislation. In other words, the form of early twentieth-century political resistance that 'took shape as a politics of persuasion' had been displaced by a more confrontational politics of national liberation.[9] Jabavu's moderate politics, his commitment to Methodism and his anti-nationalist stance sit uneasily alongside the narrative of national liberation that favours clear-cut categories of oppression and resistance. As a result, his contributions to South African politics have been sidelined in the decolonial project in South Africa. This is beginning to shift, as scholars look to transnational themes from a Southern African perspective. Additionally, historical hindsight has laid bare the reality that many promises made by nationalist political movements have not materialised, especially for those on the margins of society, and this gives Jabavu's transnationalism contemporary currency. So, rather than dismissing Jabavu's quixotic and often painstaking labour of developing alternative local and international pacifist networks in the pursuit of equality, we can see the travelogue as an invitation to think of his work as part of a rich and diverse black South African intellectual tradition that needs to be preserved. It is important to engage with the entire available archive of such a diverse tradition – which sometimes gets unnecessarily narrowed by shifting and contingent political positions – in order to recognise it as a meaningful inheritance for the present.

Pacifist networks

A pacifist ... will always be loyal to the whole human family, such loyalty
expressing itself in a ceaseless endeavour for justice to every individual or
group, even through non-violent direct action or Satyagraha, if need be,
against the existing social order or one's own nation state.
— World Pacifist Meeting, *The Task of Peace-Making*, 69.

Jabavu's travelogue represents an important historical document by
a South African intellectual committed to black enfranchisement
and a utopian vision of world peace, a vision he shared with the other
delegates attending the World Pacifist Meeting in India. The travelogue
repeatedly contrasts international spaces, pan-African spaces and
regional spaces with the hostility of the racist national space of South
Africa in 1949. This attention to forms of association above and below
the space of the nation prompts Isabel Hofmeyr to suggest that as a
'liberal, anti-communist and pacifist, heavily involved in interna-
tional Christian networks, he was no supporter of narrow nationalism
of whatever stripe'.[10] The South African government did not provide
Jabavu with his passport until four days before his voyage was supposed
to begin, and only after much supplication. This made it very difficult
for him and his family to make the necessary preparations for this
trip. To be at the receiving end of such bureaucratic insult serves as a
reminder that despite his relatively high status as a retired professor,
Jabavu was subjected to many of the same everyday humiliations meted
out to other black South Africans by a racist state.

It comes, therefore, as no surprise that his personal contribu-
tions at the conference largely dealt with the pitfalls of nationalism,
the prevalence of racism and the ways in which colonial domination
prevents social justice. The conference report, *The Task of Peace-Making*,
records Jabavu's critique of a nationalism that instituted the Natives
Land Act (No. 27 of 1913), the first segregationist legislation introduced
in the Union of South Africa, with far-reaching and devastating
consequences: 'Prof. D.D.T. Jabavu (S. Africa) said that his people

had so little land left to them by the white man that ... "nationalism" seemed to him a false slogan'.[11] In the special section of the adopted commission reports on South Africa we read that '[i]n South Africa, where discrimination has become the state system, which is in effect the rule of one race by another, pacifists should openly seek by non-violent means to structurally change the system itself into one which adequately represents the people'.[12] A nationalism, Jabavu argued, that represents a small fraction of its people can only be maintained when it is aligned with militarism. He explained that the South African government was held hostage under the 'complete rule of generals' such as Louis Botha, Jan Christiaan (J.C.) Smuts, James Barry Munnik (J.B.M.) Hertzog and D.F. Malan.[13] One result of Jabavu's suspicion of nationalism was that he was very attentive to social formations outside of the national: the travelogue variously describes local, regional as well as international spaces more conducive to cooperation than the national. It was such spaces in which Jabavu moved, and which he cultivated over the course of his life of travel.

Consequently, his travelogue repeatedly foregrounds networks of relations (both local and international) that strike the contemporary reader as generously hospitable. Such enabling structures of support facilitated his pilgrimage in the pursuit of imagining and working towards world peace in general, and a more equitable society in South Africa in particular. They included the network of Indian families who were affiliated to the world pacifist movement and who hosted the delegates during their travels across India; the network of pacifist activists across the world that pre-dated the conference but that was significantly strengthened by it; and the network of Fort Hare alumni who had been taught by Jabavu in his almost 30 years as a professor of isiXhosa, Sesotho and Latin at that university.

Such a comparative angle is a prominent thread in Jabavu's travelogue as well; it undergirded his understanding of South African politics in relation to other emancipatory movements across the world, with a view to generating solutions that could be applied to the South

African situation. In his 1921 book, *The Black Problem*, he wrote specifically about the importance of insights gathered from elsewhere: 'We must also resolve to be well-informed as to what is going on in this country and the world. To remain in ignorance of the multifarious history-making events in the wide world and this Union is to court disaster as well as to lose many blessings.'[14]

At the time when Jabavu made this wistful observation, he had already spent considerable periods outside South Africa's borders, in Lesotho (called Basutoland until it attained independence in 1966), and in England and the United States, to pursue his education. He had used his time there to inform as well as garner support from an international audience about the growing disenfranchisement of Africans in South Africa. In turn, he was shaped by his travels; he declared in the same book that *'travelling* is an education in itself' if the traveller is willing to 'learn from the new and the unfamiliar'.[15] Privileged by his ability to travel, Jabavu highlighted in these words his belief that ideas travel as well as people, and that an openness to the ideas of others may well offer resources for political action. When he declared that '[t]he aboriginal black people of South Africa have not remained unaffected by the general world movement of awakening race-consciousness that is stirring all coloured peoples in Japan, China, Egypt, the United States and the West Indies', he was stressing mutually affecting black intellectual and political currents.[16] In many ways, the travelogue's seven chapters, containing detailed personal reflections on the conditions of the actual journey, the deliberations at the World Pacifist Meeting and the various encounters with a multitude of people along the way – some famous, some unknown – offer a rich archive of thinking about such intellectual, spiritual and political connections between South Africa, India and the world.

The metaphor of the river, which Gandhi employed in the invitation to the conference delegates, is taken up by Jabavu in the travelogue when he maps a pan-African space by tracking the progress of his sea voyage according to the river mouths that they pass travelling up the coast of East Africa. This depiction of the African continent underlines the way in which 'he shows little interest in national boundaries and instead focuses on the rivers of the littoral along which he sails'.[17] In this way, Jabavu constructs a fluid network of connecting waters, involving the Atlantic Ocean, the Indian Ocean and the Mediterranean Sea:

> *Maps made this journey interesting.* Now we are crossing the mouth of the Limpopo ... After this we crossed the mouth of the Zambesi.[18]

> Tanganyika has an abundance of water because it has a big lake which stretches from Victoria Nyanza to Northern Rhodesia and is fed by the Congo River and water flows into the *Atlantic Ocean*. Below there is the Lake Nyasa where the Zambesi originates and flows into the *Indian Ocean* in the East. Above there is the Lake Victoria Nyanza which connects the Nile near the city of Jinja and the river flows northwards through Egypt into the *Mediterranean Sea*.[19]

In these passages, Jabavu situates himself in an African space that is open and connected to the world. The littoral is imagined here as fundamentally linked to the interior, following the flow of the rivers. An imaginary of Africa embedded in its surrounding oceans, fed by a vast network of rivers, fits into Jabavu's worldliness. We see how, in his reflections on his own itinerary along the rivers of southern and eastern Africa, he writes against the grain of the binary between the coast and the hinterland. Connected waterways become a metaphor for human connectivity, for entangled histories and alternative social imaginaries. Jabavu was deeply aware of this connectivity, as were the planners of the conference.

The conference space

Prior to his assassination in January 1948, Mahatma Gandhi was still involved in the planning of the conference. Its explicit aim was to bring

9

pacifists from all over the world together in one place to enable discussions on how they could jointly envision and work towards world peace. The *World Pacifist Meeting Pamphlet, No. 1* of September 1948 includes a report by the organising committee, compiled by Horace Alexander, its chair, about the rationale for the conference. We read that the conference was originally planned to take place in 1947, so that 'leading religious pacifists' from all over the world could meet Mahatma Gandhi 'face to face, and have unhurried discussion and prayer with him on the way of peace'.[20] From the start, the conference was conceptualised as both a political and a spiritual event. Because of this, Gandhi himself had suggested postponing the conference until the British had withdrawn from India: 'What I feel is that however much detached we may want to be from our surroundings and the unseen atmosphere about us, we cannot but be affected by it. Hence I am not sure whether, whilst the British military forces are in India, we can possibly be in [a] real Indian atmosphere of peace and tranquillity ... What is the use of our meeting under the protection of the bayonet, whether British or Indian?'[21]

Gandhi's sense that the material space of the conference should be conducive to the deliberations taking place is also articulated by Alexander when he observes that 'international conferences are always influenced by their environment. If you meet in Washington, Paris or Geneva the world looks quite a different place from the picture you get in Santiniketan'.[22] Instead of invoking the power and opulence of Washington, Paris or Geneva, the delegates were supposed to live simply during their time in India. Therefore, the delegates did not just spend time in Santiniketan, but were required to travel all over the country: after a week of conferencing they were divided into small groups with set itineraries to visit sites all over India associated with Gandhi's life and work.[23] They reconvened two weeks later in Sevagram, Gandhi's home village and *ashram*, over 1 000 kilometres away from Calcutta.

While he was still travelling towards Sevagram, on 18 December 1949 one of Jabavu's Indian hosts arranged for him to attend a sitting of the Indian parliament in New Delhi where a controversial bill was being discussed; its aim was the extension of inheritance rights to women when their husbands had died, and the proposed amendments were perceived as quite far-reaching and radical. Jabavu noticed the fear of social unrest in the air, fomented by more conservative factions. The building was completely packed, and only due to his grey hair was he able to secure a seat. This was the first time he encountered Prime Minister Jawaharlal Nehru on his trip:

> The last speaker was Prime Minister Nehru, a special man among the Hindus, whose face is thin and who wears the Gandhi Cap, which suits him well. He has sharp eyes like Dr Aggrey.[24] He answered his critics politely and with skill and the house disbanded without any uproar. Thereafter there was tea and I was honoured in being among the people who had tea with Dr Ambedkar.[25]

Their second encounter took place on the closing day of the conference in Sevagram, 31 December 1949, when Nehru joined the delegates and Jabavu had a brief opportunity to introduce himself personally, to shake hands and to bring greetings from the Indian population in South Africa. The travelogue reports on Nehru's hour-long speech by noting his skill as a captivating and sophisticated orator: 'I was sitting right in front of Nehru and he spoke for an hour without any notes. People who know what he has written will realise what kind of speech he can give in an hour.'[26] Nehru, despite making it clear that he did not regard himself as a pacifist, affirmed the importance of the work of the pacifist movement. He identified economic disparity resulting in poverty as the major cause of conflict around the world. While fixing Jabavu with his gaze, the travelogue recounts, he went on to say that 'there are many Indians living in Africa and he wished that their presence there should lead to the upliftment of Africans. They would not get his support if they were to oppress Africans'.[27] The slight paternalism of this statement notwithstanding, Jabavu obviously admired Nehru, and heard

11

him speak again the next day, during a graduation ceremony in Nagpur where Nehru received an honorary doctorate in law and delivered the graduation speech: '[T]his handsome man spoke for an hour without notes and when he ended there was an applause which lasted for several minutes from the thousands of Indians who were there. I realised that the man is respected by his own people.'[28] The travelogue mentions Nehru's years in prison as a result of his central role in the fight for independence from the British, and how successfully he had employed Gandhian principles in this quest.

On his own quest, Jabavu travelled the staggering distance from Bombay to Santiniketan (Calcutta), Allahabad, New Delhi, Agra, Nagpur and back to Bombay. Like the rest of the delegates, he was hosted locally by Indians affiliated to the pacifist movement. When they reconvened in Sevagram, the delegates all agreed that the experience of their hosts' generous hospitality and care was as significant as were the deliberations during the conference itself: 'Nearly all the travellers mentioned how deeply they had been impressed by the extent and generosity of Indian hospitality.'[29] That such provision of sustenance and shelter assumed a broader significance in the travelogue is borne out by the fact that Jabavu felt it necessary to include frequent references to shared meals and scores of cups of tea. The hosts thus formed one of the interconnected networks that the travelogue implicitly celebrates.

Given that conferencing constituted a major rationale for Jabavu's travels within South Africa and internationally, it is clear that his participation in this meeting in India was deeply significant to him, as it was a utopian site for intellectual exchange and encounter in the pursuit of black enfranchisement. The travelogue thus echoes the wide appeal of Gandhi's teachings on pacifist means of non-violent resistance in the South African liberation struggle in the first half of the twentieth century. Albert Luthuli's 1948 lecture at Howard College in the USA, where he affirmed Gandhi's *Satyagraha* strategies and specifically the 'efficacy of non-violence as an instrument of struggle in seeking freedom for oppressed people' provides a case in point.[30]

And, as Higgs points out in her illuminating biographical sketch of Jabavu in this volume, during a graduation speech at Fort Hare in 1951 he encouraged students to emulate Gandhi's example of service to their communities. We see the influence of Gandhian *Ahimsa* and *Satyagraha* at work during the Indian passive resistance campaign in the late 1940s, and this in turn inspired tactics employed during the South African Defiance Campaign against Unjust Laws of 1951–52, when non-violent boycotts, strikes and other forms of civil disobedience were jointly pursued across racial boundaries.[31] Non-violent resistance, service to one's community and the idea of self-work, so central in Gandhi's teachings, point to the intersection of political, social and spiritual concerns – a theme the travelogue expresses in Jabavu's reflections on the moving experience of ecumenical services and daily devotions capaciously accommodating many religious traditions and expressed in many languages.[32]

Jabavu's account highlights the non-racialism at the conference in India, and the way in which delegates stressed how religion can function as an antidote to racism. They saw the task of peace-making as both political and spiritual: 'All spoke of the inspiration they had found in the life and teachings of Gandhiji, and of their hope that India, his birthplace, might initiate and lead a moral and spiritual reconstruction of the world.'[33] Moreover, what was possible in India and other parts of Africa might also yet be realised in South Africa. To be able to sustain this hope, it was important for Jabavu to see himself embedded in mutually implicated histories. Gandhian ideas of common humanity, of world citizenship, reinforced his sense of the call for inclusivity emerging from the social gospel (a Protestant movement that applied Christian ethics to social problems).[34] We see such rhetorical reinforcement at work in the editorial of the issue of *Indian Opinion* published on 6 January 1950, while Manilal Gandhi and Jabavu were still in India:

'Letting unkindness die,' means more, vastly more, than the adoption of a merely negative or even neutral attitude of each towards the other. 'Am I my Brother's Keeper?' needs to be understood as a challenging trumpet call, and as implying the brotherhood [sic] relationship between every member of the human family irrespective of race, creed, caste or colour. It demands the recognition of a spiritual kinship, in which all mankind shares, even more real and binding than that of flesh and blood; a kinship that recognised, furnishes but one possible answer to the age-old query – an unequivocal 'Yes.'[35]

I do not mean to suggest that Jabavu necessarily read this edition of *Indian Opinion*, even though it is entirely possible, given his friendship with Manilal Gandhi, its editor. But it captures the tenor of the deliberations and conversations at the World Pacifist Meeting, where the delegates wrestled with conceptualising a spiritual and social understanding of humanity as entangled in relations of interdependence. This understanding was underpinned by an overt acknowledgement of human vulnerability and the fragility of the planet in the atomic age. Jabavu recounts how the report by Dr T. Kora, a Japanese parliamentarian, on the effects of the bombs on Hiroshima and Nagasaki, affected the delegates: 'She mentioned people she knew personally, her relatives and those whose skin peeled off in great pain. The houses of others fell on them and they were buried alive, some parents died, leaving their children ... When she ended, she was crying and some in the audience were crying. She said that Japan has had enough of war and is favouring disarmament.'[36]

The conference resolution to encourage disarmament was driven by a pacifist agenda that was underpinned by the idea of world citizenship, which would override any sectarian interests of belligerent states. It follows that the kind of world community the delegates were meant to imagine and experience, in opposition to an imaginary tied to powerful sites of European and American internationalism (Washington, Paris or Geneva), was one of interdependence, not driven by power but by an awareness of the fragility of human life. To be dependent on others, to offer and receive hospitality, was therefore one of the crucial organising principles of the conference. And Jabavu had the additional good fortune of being part of another significant network which sprang into action when the news of his itinerary spread, namely the community of African scholars who had studied at Fort Hare during his long teaching career.

Fort Hare: A pan-African network of scholars

Fort Hare and Professor D.D.T. Jabavu are virtually synonymous. He was the first member of staff when the university opened in 1916. Professor Jabavu had been awarded a degree in English from the University of London, which seemed an impossibly rare feat ... He was an encyclopedia when it came to Xhosa genealogy and told me facts about my father that I had never known. He was also a persuasive spokesman for African rights.
— Nelson Mandela, *Long Walk to Freedom*, 52–53.

Jabavu worked for the improvement of education for black students all his life. While still studying, he argued for uniform standards for black and white students and recommended the expansion of black educational institutions, including the founding of a university in South Africa where black students could freely enrol. And in 1913 he compiled a report for the Union government in South Africa arguing for the allocation of necessary resources, 'ensuring that black and white students had equal access to the educational system, and were judged equally by it'.[37] His vision of education as the cornerstone of African equality was inspired by the various international educational institutions in England and the USA which had so hospitably welcomed him: the African Training Institute in Colwyn Bay; Kingsmead College in Birmingham, established by the Foreign Mission Association of the Society of Friends (the Quakers) – which incidentally also co-organised the 1949 World Pacifist Meeting; and the Tuskegee Institute in Alabama, established as a school for training African American teachers under Booker T. Washington. After completing his degrees, and even before returning to South Africa, we see how Jabavu represented black political interests in various public forums, with a particular focus on education. It is fitting that he became the first black staff member at Fort Hare when it was established in 1916.

Fort Hare occupies a unique place in the intellectual history of South Africa and the continent: during the first half of the twentieth century it trained leaders, scholars and artists, many of whom became active in anti-colonial movements in their respective home countries. Hofmeyr observes that this institution 'attracted students from across the continent' and that '[t]his pan-African "freemasonry" of African scholars instantiates yet another trans-national network in which Jabavu operates'.[38] Nelson Mandela wrote in his autobiography about the significance of Fort Hare: 'it was a beacon for African scholars from all over Southern, Central and Eastern Africa. For young black South Africans like myself, it was Oxford and Cambridge, Harvard and Yale, all rolled into one.'[39] Mandela is not uncritical in his reflections on the institution's elitism and its ethos, which, during the time he attended the university, was summed up by the exhortation to 'obey God, respect the political authorities and be grateful for the educational opportunities'.[40] However, what both Zachariah Keodirelang (Z.K.) Matthews and Mandela stress in their respective autobiographies is the fact that given the dearth of educational opportunities and the racist principles prevalent in many educational institutions, Fort Hare was exceptional, its benefits outweighing its disadvantages. Fort Hare, for Matthews, 'was the symbol of intellectual and social achievement' and Mandela wrote that it 'was both home and incubator of some of the greatest African scholars the continent has ever known'.[41] Jabavu's tireless striving to have the best possible education offered to the students of Fort Hare forms one of the significant achievements of this important institution. And like his Christian faith, his role as an educator did not prevent him from engaging in politics; on the contrary, it fuelled his commitment to local and international dialogue.

By all accounts, Jabavu was an enthusiastic teacher whose Latin classes were truly memorable. Higgs discovered during her interviews for *The Ghost of Equality* that students 'who had studied Latin with him fifty years previously could still quote Latin phrases almost thirty years after his death, and delighted in mimicking the stutter that plagued him when he got excited'.[42] Z.K. Matthews, the first bachelor of arts graduate of Fort Hare in 1924, and who subsequently taught at the institution, recalled in his memoir:

> He brought to the classroom the same vital and unquenchable enthusiasm he gave to his music ... He taught us Latin, which can be a very dull subject indeed. But Latin with Jabavu was interesting because Jabavu was interesting ... His love of language was such that in his classes we discovered both the richness of the ancient tongue and the power of English into which it might be translated. By his own peculiar alchemy, Jabavu brought the dead to life. Latin became one of the most popular subjects.[43]

If there ever was a compliment paid to a teacher, the ability to bring a subject to life surely ranks very highly. The travelogue time and again documents that it was the alumni network of ex-Fort Hare students who went out of their way to assist their former teacher in his travels, facilitating his movement in and outside of South Africa. The travelogue thus speaks of networks of hospitality spanning Africa and India: wherever Jabavu arrived, he was hosted either by affiliates of the World Pacifist Movement or by these former students. For example, he describes how in Durban 'I was welcomed with kindness by Fort Harians who I had taught many years ago (1920). Durban has more ex-Fort Hare students than other cities that I know of because there are over fifty of them here. They helped me to arrange for my vaccinations.'[44] In Dar es Salaam he connected with three of his former

students, and on his return journey, he was surprised and pleased by
the warm hospitality of the alumni both in Nairobi and in Kampala:
'It happened that my presence in Mombasa was known in Nairobi
which is in the centre of Kenya and in Kampala (Uganda) to people
who were my students at Fort Hare in 1932. They had heard about my
presence from Indians who were with me in the ship. Immediately
I received telegrams and phone calls offering me train fares so that
I could visit them.'[45]

On 20 January 1950 Jabavu thus disembarked in Mombasa and
travelled via Nairobi to Uganda, before leaving Mombasa for South
Africa on 8 February 1950 on the *SS Aronda*. In Nairobi, he was hosted
by Elind Mathu, 'B.A., LL.B. M.L.C., who is an honourable member of
parliament who I had taught Latin'.[46] Mathu took his former teacher
on a comprehensive tour of Kenya, showing him the Rift Valley, the
royal residences of Chiefs Koinange and Waruhiu, agricultural projects
and different ethnic villages, while including frequent stopovers at
the homes of ex-Fort Hare students. Jabavu observed how the conflict
over land in Kenya was similar to that in South Africa, and we read
that at the 1923 Round Table Conference in London General Smuts
represented white interests and the Indian lawyer Tej Bahadur Sapru
of Allahabad fought for Indian rights, but there was no one who rep-
resented African interests.[47] Jabavu recalled: 'On the African side,
I remember seeing Jomo Kenyatta in Birmingham in 1928, who was
fighting this battle. He persevered over 20 years and was partially
successful in the end. *He!*'[48] He encountered Jomo Kenyatta in per-
son when Mathu took him to visit the Kenya Teachers College, where
Kenyatta acted as Jabavu's interpreter in front of 800 students whom
Jabavu addressed and amused with his praise song to Kenyatta: 'He
is the moustache of the Boer, the little beard of a goat, the bull who
rules, the stick from a special tree, the one who refuses to be defeated.'[49]
Jabavu was invited to inspect a few of the 200 schools governed inde-
pendently by Africans. What impressed him in particular was the
unity across ethnic lines that such a large-scale independent education

project entailed in the face of colonial oppression. The travelogue thus celebrates East African achievements in the anti-colonial struggle, and we see how Jabavu attentively foregrounded liberation movements from several continents in his account of personal encounters on his journey.

When Jabavu marvelled at the size and beauty of Kenyatta's and Harry Thuku's farms in the Highlands, we need to understand this in the light of struggles over land that he had participated in at home. His efforts to improve the lot of black South African farmers made him take particular interest in Thuku's research on farming methods. After intense discussions, Thuku sent him on his way with a number of magazines on farming and Jabavu was confirmed in his long-held belief that 'farming needs brilliant people' in order to create sustainability and economic success.[50] While this sort of practical information delighted Jabavu, his account focused equal attention on Thuku's hardships experienced in his fight for independence in Kenya: the travelogue records his banishment to Somaliland by the British authorities which lasted nine years, and his arduous five-month-long walk home, once he had been found not guilty of the charges against him. Jabavu writes: 'He refused to stop uniting his people and when requested by the authorities to stop establishing associations he said he would rather return to Somaliland! He became even more active and founded the East African Independent Association in 1920, the Kikuyu Protection Association in 1932, the Kenya Independent Schools Association and the Kenya African Union. He was involved in state matters, working with leaders like Jomo Kenyatta, Dr Koinange and Mathu. He then returned to farming.'[51]

For someone like Jabavu, who saw African unity as a fundamental building block of political transformation and who also founded several organisations during his lifetime – namely, the Black Teachers Association, the Native Farmers' Association and the All-African Convention – Thuku's example was inspiring, and this explains why he dedicated a substantial section of the travelogue to this particular encounter.

In a remarkable moment during his time in Kenya, Mathu offered him the gift of a piece of land and invited him to relocate to Kenya. Jabavu was initially rendered speechless: 'I was overwhelmed by this generosity and remembered the Roman saying *"semper aliquid novi ex Africa"*, which means "there is always something new from Africa". I kissed his hand and told him that I needed to go home and think about the matter. That was something special, my friend!'[52] Another moment of similar magnitude occurred in Uganda, where Chief Christopher Musoke Ssekkuma Kisosonkole offered him a piece of land and suggested that he become a Ugandan citizen: 'Kisosonkole stopped and said if I like I could become a citizen there and live on the farm and be given a portion of it.'[53] Aware of the increasingly hostile situation in South Africa, which would have resonated with their own challenges under colonial rule, Jabavu's Kenyan and Ugandan hosts showed a deep concern for their former teacher's well-being.

Conclusion: Mutually implicated histories

Jabavu was very pleased to again meet Dr Mordecai Johnson on this trip. Johnson, the first black principal of Howard University in Washington (from 1926 until his retirement in 1960), is portrayed as an impressive speaker and a very thoughtful man. A participant in the civil rights movement and invested in making Howard University into a centre of African American intellectual excellence, Johnson made some strategic and far-reaching appointments during his tenure, most importantly that of Charles Hamilton Houston in 1929 as vice dean and later as dean of the Law School. Houston was to become the architect of the legal strategy that dismantled the Jim Crow Laws in the USA.[54] Jabavu and Johnson, who was also a trained minister, obviously shared many preoccupations. The travelogue mentions them reminiscing about people they jointly knew, namely William Edward Burghardt (W.E.B.) Du Bois, Channing Heggie Tobias, George

Edmund Haynes and Max Yergan. Jabavu admiringly remarked on the fact that Johnson's contributions to the delegates' deliberations were often decisive ('This man is very good at solving problems and we consulted him').[55] The links between African American intellectuals and Jabavu went as far back as 1913, when he travelled to the USA for the first time while studying in England, and they provided Jabavu with the comparative, worldly perspective that we see him express time and again in this travelogue and more broadly across his entire written *oeuvre*.

For example, in a paper delivered to the Natal Missionary Conference in Durban in 1920 entitled 'Native Unrest: Its Cause and Cure', Jabavu deplored the fact that the wages of black workers had not been raised in keeping with inflation, and compared this to the situation of African American workers in the USA, warning that should wages not be raised, 'blacks will be obliged to learn the methods of white trade-unionists and be gradually drawn into socialistic organisations to compel the employers to pay at their dictation, just *as the American Negro has done who to-day receives 15s. a day for the same type of unskilled labour for which the Bantu get two shillings'.[56]* And in the same speech he described the black South African as being 'Jim-crowed'.[57]

This comparative angle clearly suggests that he viewed South Africa and its problems in relation to other societies with similar problems. The discussions about colonial domination and racism in which he took part with people from all over the world at the 1949 pacifist conference highlighted common concerns, and confirmed his commitment to transnational dialogue in the quest for greater equality. That the travelogue places so much emphasis on chance meetings with important figures of post-independence India and the anti-colonial struggle in East Africa, as well as members of the American civil rights movement, can be understood as Jabavu's attempt to highlight mutually informing histories of resistance as a way to encourage his readers. That Jabavu himself found these encounters inspiring is palpable in the narrative.

To conclude, we can highlight the fact that Jabavu's own international network of former students intersected with the network of hosts in India arranged by the conference organising committee for the delegates. It is important not to underestimate what this vast network of cooperation meant at a time when Jabavu's experience at home was marked by disillusionment. He marvelled at expressions of kindness and care, and the travelogue can be read as an acknowledgement of networks in which peace activists, ex-Fort Hare students and anti-colonial activists wove a web of mutual support. In this respect, the travelogue documents individual encounters as reminders of the connections between emancipatory movements across the globe. Its transnational orientation, its commitment to pacifism and its insistence that genuine political dialogue is possible, make *In India and East Africa/E-Indiya nase East Africa* a fascinating document of mid-twentieth-century black South African thought.[58]

Notes

1 The travelogue mentions journeys by two previous delegations, namely C.D. Zulu and James James Ranisi Jolobe's trip to Mysore in 1936 and the 1938 trip by Albert Luthuli, Selope Tema, Mina Soga and Jotham C. Mvusi to attend the International Missionary Conference in Tamburam, Madras. Luthuli wrote in his memoir that this trip to India provided him with 'wider sympathies and wider horizons', which made him look more critically at the racism prevalent in the churches in South Africa, where complacency undermined Christian witness; this was a point that Jabavu made on many occasions as well. See Albert John Mvumbi Luthuli, *Let My People Go* (Cape Town: Kwela, 2018), 70 and Catherine Higgs, *The Ghost of Equality: The Public Lives of D.D.T. Jabavu of South Africa, 1885–1959* (Athens: Ohio University Press and Cape Town: David Philip, 1997), 61.

2 Chris Saunders cited in Khwezi Mkhize, '"To See Us as We See Ourselves": John Tengo Jabavu and the Politics of the Black Periodical', *Journal of Southern African Studies* 44, no. 3 (2018): 421.

3 Brian Willan, *Sol Plaatje: A Life of Solomon Tshekisho Plaatje 1876–1932* (Cape Town: Jacana Media, 2018), 63.

4 Les Switzer and Donna Switzer, *The Black Press in South Africa and Lesotho: A Descriptive Bibliographic Guide to African, Coloured and Indian Newspapers, Newsletters and Magazines 1836–1979* (Boston: G.G.K. Hall & Co., 1979), 40–41.

5 Higgs, *Ghost of Equality*, *x*, 161, 250. See the acknowledgements for a full account of how I came to hear about the travelogue.

6 Jake Hodder, 'Conferencing the International at the World Pacifist Meeting, 1949', *Political Geography* 49 (November 2015): 40.

7 World Pacifist Meeting, 'Invitation', 15 February 1948 (Philadelphia: American Friends Service Committee Archive, Peace Section), n.p.

8 My usage is based on David Featherstone's definition of solidarity in *Solidarity: Hidden Histories and Geographies of Internationalism* (London and New York: Zed Books, 2012), 5.

9 Corinne Sandwith, *World of Letters: Reading Communities and Cultural Debates in Early Apartheid South Africa* (Scottsville: University of KwaZulu-Natal Press, 2014), 133.

10 Isabel Hofmeyr, 'D.D.T. Jabavu Visits India' (paper presented at *The Story of the Voyage*, WISER, University of the Witwatersrand, Johannesburg, 2 October 2008), 3. Used with the permission of the author.

11 World Pacifist Meeting, *The Task of Peace-Making: Reports of the World Pacifist Meeting Santiniketan and Sevagram 1949* (Calcutta: Visva-Bharati, 1951), 26. In voicing this criticism of the act Jabavu departed radically from his father's view; John Tengo Jabavu had made the mistake of welcoming the act. See the comments on this matter by Catherine Higgs in her chapter 'Revisiting D.D.T. Jabavu, 1885–1959' in this volume.

12 World Pacifist Meeting, *The Task of Peace-Making*, 88.

13 D.D.T. [Davidson Don Tengo] Jabavu, *E-Indiya nase East Africa* (In India and East Africa) (Lovedale: Lovedale Press for D.D.T. Jabavu, 1951), trans. Cecil Wele Manona (unpublished); D.D.T. [Davidson Don Tengo] Jabavu, *In India and East Africa/E-Indiya nase East Africa: A Travelogue in English and isiXhosa*, trans. Cecil Wele Manona, ed. Tina Steiner, Mhlobo W. Jadezweni, Catherine Higgs and Evan M. Mwangi (Johannesburg: Wits University Press, 2020), Chapter 2, 'At the Mango Grove'.

14 Jabavu, *E-Indiya nase East Africa*, 1951; Davidson Don Tengo Jabavu, *The Black Problem: Papers and Addresses on Various Native Problems* (Lovedale: Lovedale Institution Press, 1920), 158.

15 Jabavu, *The Black Problem*, 87, emphasis in original.

16 Rogier Philippe Coureau, 'States of Nomadism, Conditions of Diaspora: Studies in Writing between South Africa and the United States, 1913–1936' (PhD diss., University of KwaZulu-Natal, 2008), 36, citing D.D.T. [Davidson Don Tengo] Jabavu, *The Segregation Fallacy and Other Papers: A Native View of Some South African Inter-Racial Problems* (Lovedale: Lovedale Institution Press, 1928).

17 Hofmeyr, 'D.D.T. Jabavu Visits India', 6.

18 Jabavu, *In India and East Africa/E-Indiya nase East Africa*, Chapter 1, 'Ports', emphasis added.

19 Jabavu, *In India and East Africa/E-Indiya nase East Africa*, Chapter 1, 'Tanganyika', emphases added.

20 Horace Alexander, *World Pacifist Meeting Pamphlets: No. 1* (Philadelphia: American Friends Service Committee Archive, September 1948), 1.

21 Mahatma Gandhi in Alexander, *World Pacifist Meeting Pamphlets: No. 1*, 1–2.

22 Horace Alexander in Hodder, 'Conferencing the International', 40.

23 World Pacifist Meeting, *The Task of Peace-Making*, 43.

24 James Emman Kwegyir Aggrey, the West African educationist, had visited South Africa in 1921.

25 Jabavu, *In India and East Africa/E-Indiya nase East Africa*, Chapter 2, 'Heat'.

26 Jabavu, *In India and East Africa/E-Indiya nase East Africa*, Chapter 4, 'Jawaharlal Nehru'.

27 Jabavu, *In India and East Africa/E-Indiya nase East Africa*, Chapter 4, 'Jawaharlal Nehru'.

28 Jabavu, *In India and East Africa/E-Indiya nase East Africa*, Chapter 4, 'Graduation'.

29 World Pacifist Meeting, *The Task of Peace-Making*, 43.

30 Luthuli in Scott Couper, *Albert Luthuli: Bound by Faith* (Scottsville: University of KwaZulu-Natal Press, 2010), 50.

31 Luthuli, *Let My People Go*, 102.

32 Jabavu, *In India and East Africa/E-Indiya nase East Africa*, Chapter 2, 'The beginning', 'Prayers'.

33 World Pacifist Meeting, *The Task of Peace-Making*, 11.

34 Higgs, *Ghost of Equality*, 61–62.

35 *Indian Opinion*, 6 January 1950, n.p.

36 Jabavu, *In India and East Africa/E-Indiya nase East Africa*, Chapter 2, 'Discussion'.

37 Higgs, *Ghost of Equality*, 28.

38 Hofmeyr, 'D.D.T. Jabavu Visits India', 6.

39 Nelson Mandela, *Long Walk to Freedom: The Autobiography of Nelson Mandela* (London: Abacus, 1995), 51.

40 Mandela, *Long Walk to Freedom*, 52.

41 Z.K. [Zachariah Keodirelang] Matthews, *Freedom for My People: The Autobiography of Z.K. Matthews: Southern Africa 1901 to 1968*, with a memoir by Monica Wilson (Cape Town: David Philip, 1981), 119; Mandela, *Long Walk to Freedom*, 52.

42 Higgs, *Ghost of Equality*, 37.

43 Matthews, *Freedom for My People*, 53.

44 Jabavu, *In India and East Africa/E-Indiya nase East Africa*, Chapter 1, 'Durban'.

45 Jabavu, *In India and East Africa/E-Indiya nase East Africa*, Chapter 5, 'Nairobi'.

46 Jabavu, *In India and East Africa/E-Indiya nase East Africa*, Chapter 5, 'Nairobi'.

47 Jabavu, *In India and East Africa/E-Indiya nase East Africa*, Chapter 5, 'A meeting place'. The Imperial Conference of 1923 to which Jabavu refers here took place from 1 October to 8 November. Its aim was to discuss the rights of the dominions to determine their own foreign policies. See New Zealand Government, 'Imperial Conference 1923. Summary of proceedings', *Appendix to the Journals of the House of Representatives, 1924 Session I, A-06*, accessed 29 June 2019, https://atojs.natlib.govt.nz/cgi-bin/atojs?a=d&d=AJHR1924-I.2.1.2.9&e=-------10--1------0--.

48 Jabavu, *In India and East Africa/E-Indiya nase East Africa*, Chapter 5, 'A meeting place'.

49 Jabavu, *In India and East Africa/E-Indiya nase East Africa*, Chapter 5, 'Other wonders'.

50 Jabavu, *In India and East Africa/E-Indiya nase East Africa*, Chapter 5, 'The palace of Harry Thuku'.

51 Jabavu, *In India and East Africa/E-Indiya nase East Africa*, Chapter 5, 'His banishment'.

52 Jabavu, *In India and East Africa/E-Indiya nase East Africa*, Chapter 5, 'Leaving Kenya'.

53 Jabavu, *In India and East Africa/E-Indiya nase East Africa*, Chapter 6, 'C.M.S. Kisosonkole'.

54 Encyclopedia of World Biography, 'Johnson, Mordecai Wyatt', *Encyclopedia of World Biography*, accessed 11 June 2019, https://www.encyclopedia.com/people/social-sciences-and-law/political-science-biographies/mordecai-wyatt-johnson.

55 Jabavu, *In India and East Africa/E-Indiya nase East Africa*, Chapter 2, 'Eminent delegates'.

56 Jabavu, *The Black Problem*, 3, emphasis added.

57 Jabavu, *The Black Problem*, 9.

58 Some parts of this chapter appeared in an earlier version in Tina Steiner, 'Ports as Portals: D.D.T. Jabavu's Voyage to the World Pacifist Meeting in India', *English Studies in Africa* 62, no. 1 (2019), https://doi.org/10.1080/00138398.2019.1629680. I am grateful to the editor, Michael Titlestad, for granting permission on behalf of the journal to use this material.

Figure 2: D.D.T. Jabavu, circa 1950

Revisiting D.D.T. Jabavu, 1885–1959

Catherine Higgs

Lovedale Press, in the Eastern Cape Province of South Africa, published *E-Indiya nase East Africa* (In India and East Africa) for Professor Davidson Don Tengo (D.D.T.) Jabavu in 1951.[1] It was one of his last substantial publications and fittingly, in a life filled with travel, it was a travelogue, a narrative of his visit to India in late 1949 and then to Kenya and Uganda, both still part of the British Empire. In 1951, Jabavu was 66 years old. That same year, his wife of 35 years, Florence Tandiswa Makiwane, died.[2] This personal loss took place in the context of momentous change in South Africa. In April 1951, speaking to graduating students at the South African Native College at Fort Hare, where he had spent his career as a professor of Latin and African languages, Jabavu lamented the impact of the introduction of apartheid following the victory of the National Party in 1948. Fort Hare (as the college was popularly known) was founded in 1916 as a university for black Africans from South Africa and across the continent. It had been a grand experiment: 'a microcosmic cross-section of educational South Africa, and also of the great world of modern Civilisation ... a centre around which all the colour groups of the South African population meet at a high level of education'.[3] Apartheid South Africa had crushed that vision, and was proving 'particularly hostile to what it calls the "Fort Hare product"'.[4] In 1951, Jabavu urged students to embrace Mahatma Gandhi as a role model for how to best serve their communities, and to use their 'higher education for [the] uplift ... [of] less privileged groups'.[5] This appeal echoed the vision which had shaped Jabavu's youthful hopes for what South Africa might become, even if, in 1951, that vision seemed unlikely to come to fruition.

D.D.T. Jabavu was born in October 1885, in what was then the British Cape Colony, into a family that exemplified the 'missionaries' axiom, that to be Christian was to be civilized, and to be civilized was to be Christian'.[6] He was the eldest of six children. Both of his parents had grown up in Christian households. His mother, Elda Sakuba Jabavu, was the daughter of the Reverend James B. Sakuba, a Wesleyan Methodist minister. His father, John Tengo Jabavu, was the editor of the Xhosa–English newspaper *Imvo Zabantsundu* (African Opinion).[7] Both the Sakubus and the Jabavus were Mfengu. In the standard interpretation, the Mfengu had been displaced by the *Mfecane*, the disruptions caused by the expansion of the Zulu kingdom in the early nineteenth century.[8] The Mfengu first became clients of the Gcaleka Xhosa in the Eastern Cape in the 1820s and then, in 1835, realigned themselves with the British colonisers, embracing Christian conversion, and British government and education. In three subsequent nineteenth-century frontier wars between the British and the Xhosa, the Mfengu fought with the British.[9] The last of the independent African states would be conquered only in 1898, on the eve of the 1899–1902 South African War between the Afrikaners (descendants of seventeenth-century Dutch settlers) and British colonisers. That John Tengo Jabavu was Mfengu would on occasion affect his career as a journalist, though as a general rule, ethnic politics were downplayed by the young men and women from a variety of backgrounds (Pedi, Xhosa, Mfengu) educated at Christian mission schools.[10]

John Tengo Jabavu graduated from Healdtown Missionary Institution in 1875 at sixteen. He worked as a school teacher, apprenticed as a printer, edited the Lovedale Missionary Institution's journal, *Isigidimi Sama Xosa* (The Xhosa Messenger), and then, in 1884, canvassed for black votes in the parliamentary election for the Cape liberal politician James Rose Innes. Under the 1853 Cape Colony constitution, any adult male who earned £50 a year or owned land worth £25 could vote.[11] The Cape liberal tradition embodied 'the meritocratic Christian values of the late Victorian era, in which race was supposedly no criterion for citizenship'.[12] After James Rose Innes won his seat, his brother Richard and the King William's Town businessman James Weir financed Jabavu's newspaper, *Imvo Zabantsundu*, whose African readers supported the 'common citizenship' advocated by the Cape liberal tradition.[13]

For his eldest son, John Tengo Jabavu sought the best education available. About 20 per cent of Africans (approximately 17 000 people) living in and around King William's Town in the 1880s had some schooling, mostly at mission schools.[14] D.D.T. enrolled in a Methodist mission school in 1892, and then from 1898 spent two years at the Training College in Morija in Basutoland (now Lesotho), where he learned Sesotho. He returned to the Cape Colony in 1900, crossing through the Orange Free State, then a war zone as Afrikaners fought the British in the Second South African War. In 1901, his father tried unsuccessfully to enrol him in Dale College, a government school for white boys in King William's Town, igniting a debate over integrated education, and over whether Africans could and should pursue a literary education.[15] That debate remained unresolved when D.D.T. Jabavu began studying at the African Training Institute in Colwyn Bay, Wales, in 1903. In 1906, he enrolled at the University Tutorial College in London, and then in 1908 at the University of London's University College. He graduated with a BA in English (and Latin) in June 1912.[16]

A three-month internship followed at the *Kent Messenger*, since John Tengo Jabavu had initially imagined that D.D.T. would join him at *Imvo Zabantsundu*. The newspaper, however, was suffering financially, and the father by this point was fundraising with a grander plan in mind: a 'South African Native College' to train the 'few who are to be leaders and uplifters of the rest'.[17] D.D.T. spent a year at Kingsmead

College, a Society of Friends School in Birmingham, England. Midway through his course, his Quaker hosts sponsored his visit to the Tuskegee Institute in Alabama in July 1913.[18] Tuskegee was primarily an industrial and agricultural training college for African Americans, though it also offered academic subjects. Its principal was Booker T. Washington, famous for his 1901 autobiography *Up from Slavery*.[19] In the overtly racist states in the American South, Washington embraced segregation, to the dismay of W.E.B. Du Bois, who had earned a PhD from Harvard University and was equally famous for *The Souls of Black Folk* (1903), which argued for confronting rather than accommodating racist whites.[20]

In the commissioned report he would write for South Africa's Native Affairs Department on the Tuskegee Institute, the younger Jabavu would borrow from both Washington and Du Bois, arguing for a two-stream curriculum that would apply equally to black and white students. One stream would train students in agriculture, trade or industry; the other would focus on academic and professional training. Deeply impressed by Tuskegee's Agriculture Department, Jabavu also urged the South African government to systematically train 'Native Agricultural Students ... Native Rural Supervisors ... [and] Native Farm Demonstrators'.[21] This suggested that he was unaware of the hardship that the passage of the Natives Land Act (No. 27 of 1913), which allotted only seven per cent of South Africa's land to Africans, would cause for black farmers. The act had been passed by the new Union of South Africa, inaugurated in 1910 and led by a white minority government made up of the Afrikaners whose suffering Jabavu had observed while returning to the Cape Colony from Lesotho in 1900. After defeating the Afrikaners in 1902, the British had reconciled with their former enemies and made peace in the interest of white rule. The Cape liberal tradition and its non-racial adult male franchise survived only in the new Cape Province, and there only tenuously.

John Tengo Jabavu had supported the 1913 Natives Land Act, in part because it was introduced in parliament by Jacobus W. Sauer, a stalwart of the Cape liberal tradition, advocate of an African franchise, and old friend of Jabavu's. Sauer hoped to introduce amendments to the act to mitigate its impact, but died before he had the chance to do so. Jabavu's support of the act destroyed his reputation.[22] In his 1922 biography of his father (published the year after his death), D.D.T. Jabavu would describe it as his 'one great mistake', and attribute it to his father's blind faith in Sauer.[23] Other critics were less generous, lambasting the older Jabavu as a puppet of the ruling South African Party (SAP). When John Tengo Jabavu subsequently ran for a seat on the Cape Provincial Council in 1914 against the incumbent, Walter Rubusana, the black vote split along ethnic lines with Mfengu voting for Jabavu and Xhosa for Rubusana. A.B. Payne, the third, white candidate won the seat.[24] Thus in a very real sense, D.D.T. Jabavu would have to deal with the ghost of his father's mistake, and with the suspicion of his peers that he, like his father, was loyal to the government above the 'race'.[25]

All this was in the future in October 1913, when the then 28-year-old D.D.T. Jabavu returned from Tuskegee to Kingsmead College. He enrolled at the University of Birmingham and graduated with a secondary teacher's diploma in July 1914. He arrived back in King William's Town in mid-October 1914, after eleven years abroad.[26]

In his son's absence, John Tengo Jabavu had raised £10 613 for a university college for black Africans, based in South Africa. Unsurprisingly, he ruffled a few feathers by insisting that the new 'Native College' be non-sectarian and distinct in its curriculum from the nearby Lovedale Missionary Institution, which did not offer its students a university-level education. D.D.T. Jabavu spent a year teaching Latin at Lovedale before joining Alexander Kerr, a 34-year-old Scot, in welcoming the first class of 21 students to the South African Native College at Fort Hare in February 1916. Kerr served as principal and taught English, mathematics and science. D.D.T. Jabavu taught isiXhosa, isiZulu, Sesotho, history and Latin.[27] In August 1916, he married 20-year-old Florence Tandiswa Makiwane, who was also from a prominent Christian Mfengu family.[28]

For Jabavu, teaching became a mission, an opportunity to spread the message of progress through education. As a teacher, he was ebullient and beloved. Z.K. Matthews, who would become a prominent African National Congress (ANC) activist, studied Latin with Jabavu at Fort Hare. He noted that 'by his own peculiar alchemy, Jabavu brought the dead to life. Latin became one of the most popular subjects.'[29] Other students wondered if Jabavu was hiding the teacher's guide under his desk while teaching Latin. J.M. Mohapeloa spoke for many students when he observed, 'You might hold back laughter, but you'd think, ah yes, here's this good old boy who never had ill feelings towards anyone. He was always trying to be as nice as possible to any of the people that he had dealings with.'[30] A recent essay by the South African Classicist Jo-Marie Claassen is more complimentary of Jabavu's own talents as a Classicist, but agrees with Mohapeloa about the essence of the man: 'If ever a man needed to be rewarded for being the breathing embodiment of the education he had taken from the Classics, Professor Jabavu was this man. Like Cicero, he had "the lawyer's ability to see both sides of a question" and a burning desire to see justice done, albeit gradually and without rancour.'[31]

This generosity of spirit and sense of mission also shaped Jabavu's practice of Methodism and his service to the broader community. He drew inspiration from the ecumenical movement in South Africa and from American-derived Social Gospel teaching which argued that 'society, not just individuals, stood under God's judgment and that Christians were obligated to act directly on the social order to effect its reconstruction'.[32] For three decades, from the 1920s through the 1950s, Jabavu read lessons and gave sermons at a range of Protestant churches, both mainstream and African.[33] He argued that African ministers should replace white ministers in African churches.[34] With the African American Baptist missionary, the Reverend James Edward East, he helped establish a Native Farmers' Association (NFA) in the Keiskammahoek district of the Eastern Cape, and then in 1925, helped found the South African Native Farmers' Congress, to which the NFAs affiliated.[35] Recounting these experiences to American students attending the Student Volunteer Movement for Foreign Missions meeting in Buffalo, New York, in December 1931, Jabavu acknowledged the marginalisation of rural blacks in South Africa, the obligation of educated blacks to act, and his own debt to missionaries: 'Every black man who is a leader of any importance is a product of missionary work.'[36]

It was this linked set of beliefs which drew Jabavu into the political sphere to defend the Cape franchise and argue for its extension. By the 1920s, African political activism had evolved beyond the still small educated elite who positioned themselves as representatives of the wider African population, to include popular movements that sought to organise African workers.[37] Among these were the Industrial and Commercial Workers' Union (ICU) and the International Socialist League (the forerunner of the Communist Party of South Africa). Many members rejected Christianity as 'a white man's religion which the white man himself does not act upon'.[38] Jabavu could agree with the criticism of white hypocrisy but would not reject Christianity.[39]

The threat to African rights increased in mid-1924 when J.B.M. Hertzog's National Party–Labour Party Pact government took office, replacing the liberal segregationist SAP then led by J.C. Smuts, which had ruled South Africa since the founding of the Union in 1910. The SAP had hardly been generous to the country's African majority: the 1909 Union of South Africa Act had included a colour bar that was extended to industry under the Mines and Works Act (No. 12 of 1911); the 1913 Natives Land Act had limited the areas available for African occupation; and the Natives (Urban Areas) Act (No. 21 of 1923) defined residential segregation in cities.[40] Both Smuts and Hertzog were former Afrikaner generals who had served on the losing side of the Second South African War. Smuts toyed with liberalism while supporting territorial segregation.[41] Hertzog set out to protect 'white civilisation' by solving the 'Native problem'.[42]

In 1925, Hertzog proposed four linked bills that would remove Africans from the common voting roll in the Cape Province (thus eliminating the non-racial franchise); elect seven white members of parliament to represent Africans; create an additional Union-wide system of councils where Africans could express their opinions; and release more land for African occupation.[43] Jabavu went on the attack, excoriating Hertzog's proposals in public speeches, letters and articles in the *Cape Times*, and finally in his book, *The Segregation Fallacy*, published in 1928.[44] Jabavu, however, was not a one-man show. Among the organisations aligned against the Hertzog bills were the African Political Organisation (APO, representing 'coloureds'), the ICU, the ANC, the Bantu Union, a variety of organisations representing Indian South Africans, and associations for farmers, teachers and rural leaders.[45] When they all met in mid-1927 at the Non-European Conference planned by the APO's leader Abdullah Abdurahman, not everyone embraced Jabavu's call for moderation.[46] The ICU's representative, A.W.G. Champion, observed that since the union had supported Hertzog in the 1924 election, it had every right to criticise him. The ICU's founder, Clements Kadalie, had also indicated his own support for territorial segregation.[47] It was a harbinger of the battles to come.

In 1931, two conservative white politicians, J.S. Marwick and Heaton Nicholls, tried to persuade Jabavu to endorse trading the Cape franchise for more land, and then claimed he had done so. John D. Rheinallt Jones of the liberal South African Institute of Race Relations alerted Jabavu to the rumour, and he publicly denied it.[48] Marwick and Nicholls then recruited John Dube of Natal Province – who had been the ANC's first president in 1912 – to collect signatures in the Eastern Cape from ANC members. Jabavu was outraged.[49] The controversy also reflected the fractures in African popular movements, including the ICU and the ANC, in the 1930s.[50]

Hertzog reintroduced his bills to parliament in 1935. There were now two. The first was the Representation of Natives in Parliament Bill, which proposed that no further African voters would be added to the common roll in the Cape Province. The Cape non-racial franchise would die out with the remaining voters. The second, the Native Trust and Land Bill, would empower parliament to purchase land, with the goal of increasing African access to land from the seven per cent stipulated in the 1913 Natives Land Act to a total of thirteen per cent.[51] Jabavu concluded that the distinction many blacks (including himself) had long drawn between conservative Afrikaners and liberal English-speakers was artificial.[52]

Also in 1935, Jabavu joined Alfred Bitini (A.B.) Xuma, a Johannesburg physician new to politics, and several members of the ANC – including its reluctant president, Pixley ka Isaka Seme – in convening the All African Convention (AAC). Jabavu had never joined the ANC, and under Seme the organisation had shrunk in size and declined in influence. It would be Xuma who would invite Jabavu to chair the AAC, and serve as its vice-president.[53] The political scientist Peter Walshe has described the meeting of 400 delegates in December 1935 as an attempt to gather together 'the most representative national convention ever of chiefs, leaders and representatives of all shades of political thought'. Edward Roux has countered that the disarray of the ANC and the ICU meant that the AAC represented only itself.[54]

AAC delegates met with Prime Minister Hertzog in February 1936. Out of these talks emerged a revision to the Representation of Natives in Parliament Bill. African voters would be moved to a separate roll in the Cape to which more voters could be added, and from which they would elect three white representatives to parliament. Hertzog and his deputy, Smuts, insisted that the compromise proposal had originated with the AAC, which the organisation denied. The bill passed in parliament in April 1936. Jabavu, who had spent ten years advocating for the retention of the Cape non-racial franchise and its extension Union-wide, took the brunt of the blame, though not everyone thought it deserved. Like his father before him, his political reputation was battered at another turning point in South Africa's political history.[55]

Unlike his father, Jabavu did not withdraw from politics. In 1937, he headed back to the USA to attend the Friends World Conference in Philadelphia, and then headed to New York where he met with the Reverend Max Yergan, an African American who had served as a representative of the Young Men's Christian Association at Fort Hare for twenty years.[56] Yergan had been elected the AAC's Secretary for External Affairs after he left South Africa in 1936. Jabavu was exploring the possibility of leaving teaching to become the full-time, paid president of the AAC, and was looking for funding. Yergan had still grander plans: he hoped to position the AAC as an international organisation that would link Africa and its diasporic communities, and to persuade Britain, France and the USA to fund educational programmes.[57] Neither plan came to fruition. Jabavu would retire from Fort Hare only in 1944.

Instead, the AAC began a long decline, riven by generational and ideological divisions and the emergence of the young Trotskyist, Isaac Bangani (I.B.) Tabata as a prominent voice.[58] Repeated attempts to merge the AAC with a resurgent ANC, now under the direction of Xuma, failed. Xuma also supported the emergent ANC Youth League in 1944, whose members included Jabavu's former student at Fort Hare, Nelson Mandela.[59] By 1944, the AAC had largely been subsumed by the more radical Non-European Unity Movement, which advocated the 'boycott of segregated institutions', and dismissed the remaining, truncated Cape non-racial franchise as a 'sham'.[60] The election of the National Party on an apartheid platform in May 1948 sealed the fate of the Cape liberal tradition which had shaped Jabavu's career and framed his aspirations for his fellow South Africans.[61]

In this context, the invitation to visit India, Kenya and Uganda in late 1949 offered a welcome respite. After Lovedale issued *E-Indiya nase East Africa* in 1951, Jabavu privately published *Imbumba yama-Nyama* (Unity is Strength) in 1952. The title is a reference to the Xhosa–Mfengu divide that he feared might be re-emerging. He published *Izithuko* (Praise Poems), also privately, in 1954.[62] In mid-1954, he spent six months as acting principal at Bamangwato College in Moeng in the British Bechuanaland Protectorate (now Botswana), while the board members searched for a new principal. In 1955, tragedy struck when Jabavu's only son, Tengo Max, then in his final year of medical school at the University of the Witwatersrand in Johannesburg, was killed by Solomon Lefty Mafuko, who claimed the shooting was accidental. Mafuko was defended by Nelson Mandela, who secured a sentence of two years' hard labour and a fine of £50.[63] Devastated by the loss of his son, Jabavu withdrew from public life.

In 1958, he published *IziDungulwana* (Tidbits), about his time at Bamangwato College. He chronicled his travels around Bechuanaland but also expressed his dismay at what he considered the immoderate behaviour of the younger generation of African political activists who had pushed him aside in the late 1940s. His fears were misplaced: it would be the generations of students he had trained at Fort Hare who would help fight to gain equality for all of South Africa's citizens.[64]

D.D.T Jabavu died in August 1959; 2 000 mourners attended his funeral. In July 1963, 250 people listened as Jabavu's old friend and colleague Alexander Kerr eulogised him at the memorial service to erect a headstone on his grave. Kerr praised Jabavu's dedication to education, and to progress and non-violence in a South Africa whose government in 1963 valued none of those things.[65] It would be another 31 years of often violent struggle against an oppressive apartheid state before a modified version of the Cape liberal tradition – equal rights for all citizens – triumphed in South Africa's first democratic election in April 1994.

Notes

1   D.D.T. [Davidson Don Tengo] Jabavu, *E-Indiya nase East Africa* (In India and East Africa) (Lovedale: Lovedale Press for D.D.T. Jabavu, 1951), trans. Cecil Wele Manona (unpublished).

2   Catherine Higgs, *The Ghost of Equality: The Public Lives of D.D.T. Jabavu, 1885–1959* (Athens: Ohio University Press and Cape Town: David Philip, 1997), 155, 244n55.

3 South African Native College, *Fort Hare Graduation Ceremony, 27 April 1951* (Alice: South African Native College, 1951), 9; Higgs, *Ghost of Equality*, 150, 242n21.

4 South African Native College, *Fort Hare Graduation Ceremony*, 13; Higgs, *Ghost of Equality*, 150, 242n22.

5 South African Native College, *Fort Hare Graduation Ceremony*, 13, 16; Higgs, *Ghost of Equality*, 150, 242n24.

6 Nelson Mandela, *Long Walk to Freedom: The Autobiography of Nelson Mandela* (London: Abacus, 1995), 14; Higgs, *Ghost of Equality*, 7, 170n21.

7 Higgs, *Ghost of Equality*, 7, 170n22–23.

8 Higgs, *Ghost of Equality*, 8, 170n25–30. For an alternative interpretation of the Mfecane, see Julian Cobbing, 'The Mfecane as Alibi: Thoughts on Dithakong and Mbolompo', *Journal of African History* 29 (1988): 487–519.

9 Higgs, *Ghost of Equality*, 8, 171n31–34.

10 Higgs, *Ghost of Equality*, 10, 11, 173n58, 174n64.

11 Higgs, *Ghost of Equality*, 6, 167n14. The land (property) had to have a building on it.

12 Saul Dubow, *Racial Segregation and the Origins of Apartheid in South Africa* (Houndmills: Palgrave MacMillan, 1989), 150–51; Higgs, *Ghost of Equality*, 1, 166n4.

13 Higgs, *Ghost of Equality*, 1, 11, 12, 174n66–69 and n70–74.

14 Higgs, *Ghost of Equality*, 13–14, 176n94.

15 Higgs, *Ghost of Equality*, 15–17, 178–79n116–25.

16 Higgs, *Ghost of Equality*, 17–20, 181n154.

17 [John] Tengo Jabavu, 'Native Races of South Africa', in *Papers on Inter-Racial Problems: Communicated to the First Universal Races Congress, held at the University of London, July 26–29, 1911*, ed. Gustav Spiller (London: P.S. King and Son, 1911), 340; Higgs, *Ghost of Equality*, 21–22, 183n177, 179, 180–81.

18 Higgs, *Ghost of Equality*, 22–23, 184n195.

19 Booker T. Washington, *Up from Slavery: An Autobiography* (New York: Double Day, 1907 [1901]).

20 W.E.B. [William Edward Burghardt] Du Bois, *The Souls of Black Folk* (Chicago: A.C. McClurg & Co., 1903); Higgs, *Ghost of Equality*, 23–24, 185n200–206.

21 Davidson Jabavu, 'A Report on the Tuskegee Institute, Alabama, U.S.A.', (Typescript, n.d.), *Helen Nontando Jabavu Crosfield Collection*, in the care of Harrison M. Wright, Professor Emeritus of History, Swarthmore College, Swarthmore, Pennsylvania, USA, 237; Higgs, *Ghost of Equality*, 28, 187n241.

22 Higgs, *Ghost of Equality*, 28, 91–92, 217n2–4.

23 D.D.T. [Davidson Don Tengo] Jabavu, *The Life of John Tengo Jabavu, Editor of Imvo Zabantsundu, 1884–1921* (Lovedale: Lovedale Institution Press, 1922), 48; Higgs, *Ghost of Equality*, 92, 217n3.

24 Higgs, *Ghost of Equality*, 93, 217n12. Blacks were excluded from the Union parliament.

25 Higgs, *Ghost of Equality*, 91–92, 217n5–9.

26 Higgs, *Ghost of Equality*, 29, 31, 188n253, n262.

27 Higgs, *Ghost of Equality*, 33–35, 189n15–16, 190n22, n26, n38.

28 Higgs, *Ghost of Equality*, 55, 204n43–44, 205n48. The couple had three daughters and a son, including the author Helen Nontando (Noni) Jabavu. See Makhosazana Xaba, 'Noni Jabavu: A Peripatetic Writer Ahead of Her Times,' *Tydskrif vir Letterkunde* 46, no. 1 (2009): 217–19.

29 Z.K. [Zachariah Keodirelang] Matthews, *Freedom for My People: The Autobiography of Z.K. Matthews: Southern Africa 1901 to 1968*, with a memoir by Monica Wilson (Cape Town: David Philip, 1981), 53; Higgs, *Ghost of Equality*, 37, 192n60.

30 Higgs, *Ghost of Equality*, 37, 192n62, 267; Catherine Higgs, interview with J.M. [Joel M.] Mohapeloa, Maseru, Lesotho, 30 March 1988.

31 Jo-Marie Claassen, '"You Are a People Like These Romans Were!": D.D.T. Jabavu of Fort Hare', in *South Africa, Greece, Rome: Classical Confrontations*, ed. Grant Parker (Cambridge: Cambridge University Press, 2017), 367.

32 Richard Elphick, 'Mission Christianity and Interwar Liberalism', in *Democratic Liberalism in South Africa: Its History and Prospect*, ed. Jeffrey Butler, Richard Elphick and David Welsh (Middletown: Wesleyan University Press, 1987), 74; Higgs, *Ghost of Equality*, 61–62, n106. See also Higgs, *Ghost of Equality*, 208–209, n104–105, n107.

33 Higgs, *Ghost of Equality*, 62, 206n120.

34 Higgs, *Ghost of Equality*, 61, 208n101.

35 Higgs, *Ghost of Equality*, 37–38, 192n65–66.

36 D.D.T. [Davidson Don Tengo] Jabavu, 'After Three Generations', in *The Christian Mission in the World Today: Report of the Eleventh Quadrennial Convention of the Student Volunteer Movement for Foreign Missions, Buffalo, New York, December 30, 1931 to January 3, 1932*, ed. Raymond P. Currier (New York: Student Volunteer Movement for Foreign Missions, 1932), 43; Higgs, *Ghost of Equality*, 69, 169n169, n170 (quote).

37 D.D.T. [Davidson Don Tengo] Jabavu, *The Black Problem: Papers and Addresses on Various Native Problems* (Lovedale: Lovedale Institution Press, 1920), 5; Higgs, *Ghost of Equality*, 94, 218n22.

38 Higgs, *Ghost of Equality*, 94, 218n20.

39 Higgs, *Ghost of Equality*, 101, 102, 222n85, n89.

40   Higgs, *Ghost of Equality*, 99, 222n77–79.

41   Higgs, *Ghost of Equality*, 95, 218–219n33–37.

42   J.B.M. [James Barry Munnik] Hertzog, *The Segregation Problem* (Cape Town: Nasionale Pers, 1925); Higgs, *Ghost of Equality*, 99, 222n78.

43   Higgs, *Ghost of Equality*, 100, 222n82.

44   Higgs, *Ghost of Equality*, 100–107; D.D.T. [Davidson Don Tengo] Jabavu, *The Segregation Fallacy and Other Papers: A Native View of Some South African Inter-Racial Problems* (Lovedale: Lovedale Institution Press, 1928).

45   Higgs, *Ghost of Equality*, 105, 224n114–17.

46   Higgs, *Ghost of Equality*, 104–105, 224n107–108.

47   Higgs, *Ghost of Equality*, 106, 224–25n121–22.

48   Higgs, *Ghost of Equality*, 113, 227n164–67.

49   Higgs, *Ghost of Equality*, 113, 117, 227n169–70, 229n199.

50   Higgs, *Ghost of Equality*, 114, 227n175–76.

51   Higgs, *Ghost of Equality*, 115–16, 228n188–90.

52   Higgs, *Ghost of Equality*, 116, 228n192.

53   Higgs, *Ghost of Equality*, 117–18, 229n200–203, n207.

54   Peter Walshe, *The Rise of African Nationalism in South Africa: The African National Congress, 1912–1952* (London: C. Hurst, 1970), 119; Edward Roux, *Time Longer than Rope: A History of the Black Man's Struggle for Freedom in South Africa*, 2nd ed. (Madison: University of Wisconsin Press, 1964), 289; Higgs, *Ghost of Equality*, 120, 230n217–18.

55   Higgs, *Ghost of Equality*, 121–24, 131, 235n78.

56   Phyllis Ntantala, *A Life's Mosaic: The Autobiography of Phyllis Ntantala* (Berkeley: University of California Press, 1992), 69–70. On Yergan, see David Anthony III, *Max Yergan: Race Man, Internationalist, Cold Warrior* (New York: New York University Press, 2006).

57   Higgs, *Ghost of Equality*, 127–28, 233–34n44–48, n50.

58   Higgs, *Ghost of Equality*, 131–32, 135–36, 144–45.

59   Higgs, *Ghost of Equality*, 139–40, 144–45.

60   All African Convention, 'Along the New Road: All African Convention Executive Committee's Statement 7th July 1944', *Unity Movement Papers* (Cape Town: J.W. Jagger Library, University of Cape Town); Non-European Unity Movement, '2nd Unity Conference, 2', 7 July 1944, *Dr J.S. Moroka Collection* (Pretoria: Documentation Centre for African Studies, University of South Africa); Higgs, *Ghost of Equality*, 138, 139, 238n143, n144 (quote 1).

61   Higgs, *Ghost of Equality*, 147.

62   Higgs, *Ghost of Equality*, 150–52.

63 Higgs, *Ghost of Equality*, 154, 243–44n46–54; Jabavu, *E-Indiya nase East Africa*; Davidson Don Tengo Jabavu, *Imbumba yamaNyama* (Unity is Strength) (Lovedale: Lovedale Press for D.D.T. Jabavu, 1952), trans. Cecil Wele Manona (unpublished); Davidson Don Tengo Jabavu, *Izithuko* (Praise Poems) (Lovedale: Lovedale Press for D.D.T. Jabavu, 1954), trans. Cecil Wele Manona (unpublished).

64 Higgs, *Ghost of Equality*, 154, 156–57; Davidson Don Tengo Jabavu, *IziDungulwana* (Tidbits) (Cape Town: Maskew Miller, 1958), trans. Cecil Wele Manona (unpublished).

65 Higgs, *Ghost of Equality*, 158–59.

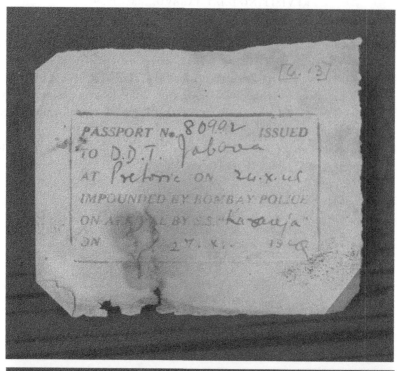

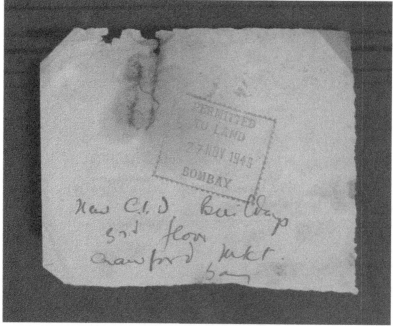

Figure 3: Indian entry stamps on D.D.T. Jabavu's passport, 1949

Notes on the Original and
the Translation

Mhlobo W. Jadezweni

D.D.T. Jabavu published his travelogue in 1951 when the writing of isiXhosa was still in its infancy in terms of rules regarding the orthography. The orthography used in Jabavu's publication can be traced to the one used by John Bennie in 1826 when he pioneered the writing of this language. After John Bennie and William Govan (W.G.) Bennie, whose updated orthography was published in 1931, various practitioners of isiXhosa took to developing orthographical rules for the language which culminated in the seminal *Xhosa Terminology and Orthography No.3* published in 1980 by the then Department of Education and Training in Pretoria.[1] This great work was later revised and published in 2005 by the isiXhosa National Language Body of the Pan South African Language Board (PanSALB).[2] The orthography of isiXhosa, like all other language orthographies, has been revised several times since then. The latest revision was done in November 2017 in Mthatha; this revision must still be verified by PanSALB. This gives a picture of the journey travelled by isiXhosa up to 2018, when the work of editing this book was undertaken.

Given the time that has passed since 1951, many people, especially younger readers, would have struggled with the original orthography used by Jabavu, and I have therefore updated it to contemporary spelling. Little did I know that one day I would have to update isiXhosa orthography in a book written by a legend like Jabavu! The last time I had anything to do with this old orthography was in the 1960s, when I attended primary school. It was quite some time ago, indeed, and hence no easy task! Not only was the orthography hard to navigate, but in addition some terms employed by Jabavu had become obsolete. In this regard, I am particularly referring to the currency used then. To adapt terms like *iponti, isheleni, indaliso* (pounds, shillings, pence) has been quite hard. A young student who assisted me in this task struggled greatly, as much of what she came across was very remote and strange to her.

A number of other aspects of the orthography had to be updated as well, pertaining to the spelling of the geographical names whose spelling has been corrected and updated in terms of the guidelines of the South African Geographical Names Council.[3] Such name changes include: 'Umtata' to 'Mthatha', 'Baca' to 'Bhaca', 'Bashoe' to 'Mbhashe' and 'Rabula' to 'Rhabhula'. With regard to geographical names, I have only updated the spelling of the names used in the original isiXhosa text, even though some of these names have been changed completely in the process of the renaming of places in post-1994 South Africa.

As a Fort Harian myself, I had heard all the stories about this great teacher, Professor Jabavu, who, I was told, would proudly tell everyone that he had done his BA in London – 'London' being pronounced in an accent that demonstrated to anyone listening that he had been educated in England itself. I share this observation with the reader because when I read the original text in isiXhosa, I could not believe that a man who is known to have been a master of both English and Latin could also write such beautiful isiXhosa. I thought that Jabavu might have forgotten some of the rich expressions of isiXhosa during his long absences abroad. On the contrary, he was a great linguist, as evidenced in the isiXhosa version of his book. It is written in very rich and special isiXhosa! To borrow from him, let me interject and say, 'He!', an exclamation in isiXhosa which expresses both admiration and awe. This is the exclamation which pervades the whole narrative. The voyage to India and East Africa was indeed as awesome as the exclamation so clearly suggests. This interjection functions as a refrain throughout the travelogue. It is through it that the reader visualises the movement of the voyage – and the delight of its many discoveries – as Jabavu reaches the various stopovers and eventually his destination, before his return home.

I want to commend Dr Cecil Wele Manona for his admirable translation of this very difficult text by one of the great linguists. How I wish Jabavu had done the translation himself! But I doubt very much that he would have produced a translation that would beat Manona's insightful approximation in English of Jabavu's *E-Indiya nase East Africa*. Jabavu's glossary at the end of the text helps to a degree, but the translator must still look for equivalents for the isiXhosa terms and expressions from a whole range of possible linguistic choices in English. This is certainly no small task, and Manona acquitted himself commendably well in this regard.

As intimated above, the nuances of the different languages posed challenges to the translator and the editors. The exclamations 'He!' and 'Hi! Awu!' are typical of a language that is dominated by orality. They have certainly been one of the thorns encountered during the translation process. Instead of providing equivalents in English, Manona describes the emotion captured by such words and does not reproduce the exclamations. However, we decided to add the exclamations into the translation, to give it the emotional immediacy that the original isiXhosa so vividly expresses.

In isiXhosa, cultural events are more important than the numerical years during which they occurred. For example, one's birth year will not necessarily be given numerically but will rather be identified in terms of an important event that took place in that year, as is the case with *'isitwayi nomphunzisa'* (the rinderpest outbreak of 1885) and *'ilanga likaQilo'* (the great drought of 1862). Manona handles this aspect very well. Explanations of expressions like these are provided in the footnotes which I have added here and there.

IsiXhosa is an agglutinative language, which means a lot gets said in few words. In spite of this advantage, Jabavu used very long sentences and roundabout ways of expressing things. Manona was left with no option but to cut some of the long ways of saying what one could say in a few words in order to retain the literary qualities of the text. In the few instances where his translation omitted some significant descriptive detail, I have added it back into the English text.

This travelogue in isiXhosa will make an invaluable contribution to isiXhosa literature, which lags very much behind the literatures of the world in terms of quality. The book addresses this gap, and it responds to the call for post-apartheid African-language books of high calibre. I also hope that the English translation will go a long way towards illuminating the rich cultural heritage of the isiXhosa language for non-proficient readers in South Africa and across the world.

Notes

1   John Bennie, *A Systematic Vocabulary of the Kaffrarian Language* (Alice: Lovedale Press, 1826); William Govan Bennie, 'Xosa Orthography: Memorandum on the Proposed Changes', *South African Outlook* (1 April 1931); Department of Education and Training, *Xhosa Terminology and Orthography No. 3* (Pretoria: Department of Education and Training, 1980).

2 IsiXhosa National Language Body of the Pan South African Language Board, *Revised isiXhosa Orthography Rules* (Bhisho: Pan South African Language Board, 2005).

3 Unpublished guidelines produced by the South African Geographical Names Council.

Figure 4: Cecil Wele Manona

In Praise of Cecil Wele Manona, 1937–2013

Catherine Higgs

Cecil Wele Manona began his career as a school teacher in 1960, became a radio announcer and producer, a translator, and eventually a highly regarded anthropologist of the Eastern Cape region of South Africa. His work explored themes of 'land tenure, education, migrancy options, marriage patterns, family composition', following the introduction of apartheid in 1948. This complex set of factors shaped the limited opportunities available to black people living in the rural Ciskei and Transkei regions of the Eastern Cape, and to migrants to the small urban centre of Grahamstown, both during the apartheid era and after 1994, in the nascent democratic state.[1]

In 1973, Cecil Manona earned a BA in anthropology from the University of South Africa. Two years later, he joined the Institute of Social and Economic Research (ISER) at Rhodes University in Grahamstown as a research assistant. He would earn three advanced degrees and retire as a senior research officer after more than 25 years at ISER.[2] I met Cecil at Yale University in January 1986 when he took up a six-month sabbatical as a fellow of Yale's Southern African Research Program. I was a graduate student. Cecil was a published scholar whose work included *A Socio-Economic Survey of the Amatola Basin* (1981), and a study for the Second Carnegie Inquiry into Poverty and Development in

South Africa, 'Migration from the Farms to Towns and Its Implications for Urban Adaptation' (1984).[3]

Thinking back to this first encounter with Cecil, I recall a distinguished, reserved and thoughtful man, usually smoking a pipe when circumstances allowed. One of my flatmates, William Munro, knew Cecil from ISER.[4] When we spoke recently, William reminded me of Cecil's shock at a yearly spring ritual at Yale in the mid-1980s: graduating students stacking their still usable furniture (beds, desks, tables and chairs) on the pavement to be picked up by the city's rubbish collection service. Cecil had commented that these items, cast off with little apparent regret, could have furnished the homes in entire small villages in South Africa's Eastern Cape.[5] It was a reminder of the deep inequality that characterised South Africa's political economy, then and now.[6]

When I subsequently spent fifteen months in South Africa in 1987 and 1988, researching my dissertation about D.D.T. Jabavu, I learned how generous Cecil was as a scholar and a mentor. He continued to publish, contributing to *Development Southern Africa* (1987), placing an article in the *African Studies Review* (1988) and completing his DPhil at Rhodes University, 'The Drift from Farms to Town: A Case Study of Migration from White-Owned Farms in the Eastern Cape to Grahamstown' (1988).[7] Despite these demands on his time, he suggested people I might contact in the Eastern Cape and connected me to the University of Fort Hare archives.

He also tried, gently, to help me understand the complexity and undertone of threat that permeated all aspects of life in late apartheid South Africa, especially for black people. A nationwide state of emergency had been declared in June 1986 and remained in effect. At the same time, the gradual abandonment of petty and some grand apartheid laws in 1985–86 suggested that change was coming, but when the actual transition to a democratic state might occur remained unclear in 1987.[8] When I look back to this first sojourn 30 years later, I am stunned by my own naivety and ignorance of the setting through which Cecil was helping me navigate. As a student at Yale, I had read deeply into

South African history, but in 1987 and 1988 whiteness and foreignness protected me (as they still do) from experiencing the limitations that shaped the lives of the people – mostly black South Africans who had studied with Jabavu at the University of Fort Hare – who so graciously granted me interviews. The list of naive mistakes I made is long, but one stands out in connection to Cecil Manona. Staying with friends of William Munro in Grahamstown in 1987, I arranged a dinner party, to which I invited Cecil and his wife Nobantu. We waited half an hour for them to arrive, but they never appeared. The other guests, all white South Africans, were not surprised. In retrospect, given where I was and when I was there, I should not have been surprised either.

Four years after the 1994 election that inaugurated the democratic South African state, I returned to the Eastern Cape. Cecil's list of published work had grown to include articles on Pondoland and Natal in the *Journal of Contemporary African Studies* (1992), on local government transition in five towns on the eastern seaboard in *Politikon: South African Journal of Political Science* (1997), and on land tenure in the Eastern Cape in the *African Sociological Review* (1998).[9] Cecil was as gracious and generous in 1998 as he had been a decade earlier. This time my project was about Zenzele – an African women's self-help movement – which at one point had been led by D.D.T. Jabavu's first wife, Florence Makiwane Jabavu. Again, Cecil helped connect me to local activists who kindly agreed to speak with me.[10]

I had revised my dissertation and it was published in 1997 by Ohio University Press as *The Ghost of Equality: The Public Lives of D.D.T. Jabavu of South Africa, 1885–1959*. I had used Cecil's translations of D.D.T. Jabavu's works in isiXhosa into English, a project I hired him to undertake in the late 1980s and early 1990s. Looking back, I am amazed – given the pressures of his own scholarly agenda – that he took on this task, but I am very glad he did so. Back in Grahamstown in 1998, I went to ISER to thank Cecil in person.

Cecil's translations included *E-Indiya nase East Africa* (the original isiXhosa text of which had been published by Lovedale Press in 1951). It is underused in my biography of Jabavu, which focuses largely on his work as an educator, political commentator and activist. *E-Indiya nase East Africa* (In India and East Africa) chronicled a journey Jabavu took as a retiree in 1949–50. Re-reading it in 2018, I smiled as I remembered the stream-of-consciousness approach that characterised many of the works in isiXhosa Jabavu wrote in retirement. They tended to be part travelogue, intermixed with political and social commentary. In some instances, as in the case of *Imbumba yamaNyama* (Unity is Strength), which contained the list of isiXhosa clan names Jabavu had collected over many years, they could be a bit self-indulgent.[11]

E-Indiya nase East Africa is an important book for many reasons. It offers readers a glimpse of the impact of the introduction of apartheid: Jabavu was issued a passport only at the very last moment by reluctant government officials. Jabavu travelled to India in 1949, and met with peace activists, shortly after Mahatma Gandhi's assassination and the paroxysm of violence that marked the division of India and the creation of Pakistan. His journey ended with visits to the British colony of Kenya and to Uganda, a British protectorate. As a lifelong Anglophile, Jabavu was less critical of the British colonial project than he might have been, and less supportive of the younger generation of political activists confronting colonialism and apartheid than he could have been. *E-Indiya nase East Africa*, and Cecil Manona's translation of it, nevertheless capture a key moment of transition in modern world history.

Cecil Manona had a profound impact on my early scholarship, especially *The Ghost of Equality*. I do not doubt, as I observed in 1997, that my biography of D.D.T. Jabavu would have been 'very different had it been written by a Xhosa-speaker'.[12] It was my good fortune that I had an isiXhosa-speaker mentoring me. Cecil Wele Manona made *The Ghost of Equality* a better book. I am pleased to see Cecil honoured by the publication of his translation as a companion to the isiXhosa original of D.D.T. Jabavu's *E-Indiya nase East Africa*.

Notes

1 Chris de Wet, 'Obituary: Cecil Wele Manona 1937–2013', *Anthropology Southern Africa* 3, no. 1–2 (2014): 130 (quote), 131.

2 De Wet, 'Obituary', 130.

3 Simon B. Bekker, Chris de Wet and Cecil Wele Manona, *A Socio-Economic Survey of the Amatola Basin* (Grahamstown: Rhodes University, 1981); Cecil Wele Manona, 'Migration from the Farms to Towns and Its Implications for Urban Adaptation', *Carnegie Inquiry into Poverty and Development in Southern Africa* (Cape Town: Southern African Labour and Development Research Unit, 1984).

4 William Munro is professor of Political Science at Illinois Wesleyan University in Bloomington.

5 Phone conversation between William Munro and Catherine Higgs, 29 January 2018.

6 See Colin Bundy, *Shortchanged? South Africa since Apartheid* (Athens: Ohio University Press, 2014).

7 C.J. de Wet, P.A. McAllister, T. Hart et al., *Development Southern Africa* (Sandton: Development Bank of Southern Africa, 1987); Cecil Wele Manona, 'Small Town Urbanization in South Africa: A Case Study', *African Studies Review* 31, no. 3 (1988b): 95–110; Cecil Wele Manona, 'The Drift from Farms to Town: A Case Study of Migration from White-Owned Farms in the Eastern Cape to Grahamstown' (DPhil diss., Rhodes University, 1988a).

8 Saul Dubow, *Apartheid, 1948–1994* (Oxford: Oxford University Press, 2014), 199, 240.

9 Simon Bekker and C.W. [Cecil Wele] Manona, 'Pondoland Looking North of Natal: Common Economic Interests or Different Regional Loyalties?' *Journal of Contemporary African Studies* 11, no. 2 (1992): 241–54; Simon Bekker, Sipho Buthelezi and Cecil Wele Manona, 'Local Government Transition in Five Eastern Seaboard South African Towns', *Politikon: South African Journal of Political Science* 24, no. 1 (1997): 36–56; Cecil Wele Manona, 'Land Tenure and Use: Perspectives from a Village in the Eastern Cape, South Africa', *African Sociological Review* 2, no. 2 (1998): 77–89. His last publication before retiring was issued in 2001: Valerie Meller and Cecil Wele Manona, *Living in Grahamstown East/Rini* (Grahamstown: Rhodes University Institute of Social and Economic Research, 2001). See De Wet, 'Obituary', 131.

10 Catherine Higgs, 'Helping Ourselves: Black Women and Grassroots Activism in Segregated South Africa, 1922–1952', in *Stepping Forward: Black Women in Africa and the Americas*, ed. Catherine Higgs, Barbara A. Moss

and Earline Rae Ferguson (Athens: Ohio University Press, 2002), 59–72; Catherine Higgs, 'Zenzele: African Women's Self-Help Organizations in South Africa, 1927–1998,' *African Studies Review* 47, no. 3 (2004): 119–41.

11 Catherine Higgs, *The Ghost of Equality: The Public Lives of D.D.T. Jabavu of South Africa, 1885–1959* (Athens: Ohio University Press and Cape Town: David Philip, 1997), 150–52, 154–57; D.D.T. [Davidson Don Tengo] Jabavu, *E-Indiya nase East Africa* (In India and East Africa) (Lovedale: Lovedale Press for D.D.T. Jabavu, 1951), trans. Cecil Wele Manona (unpublished); D.D.T. [Davidson Don Tengo] Jabavu, *Imbumba yamaNyama* (Unity is Strength) (Lovedale: Lovedale Press for D.D.T. Jabavu, 1952), trans. Cecil Wele Manona (unpublished).

12 Higgs, *Ghost of Equality*, 163.

E-Indiya nase East Africa

ngu

D.D.T. Jabavu

(Uhambelo lomNgqika eMpumalanga)

Ishicilelelwe Umpapashi
Yi-Lovedale Press
Njing. D.D.T. Jabavu
1951

Ihlelwe nguMhlobo Jadezweni

Isalathiso

Isahluko 1

Intshayelelo

Umbhali lo, ekubeni ewahambile ama-400 000 eemayile ebomini bakhe (bama-65 eminyaka) kwiindawo ngeendawo kweli lizwe naphesheya kolwandle, uyaqala ukuya eIndiya kuba iindawo zangaphambili azihambileyo ele kolwandle zibe ngecala lentshonalanga zisiyiwa ngezibuko laseKapa. Uwelo lokuqala (1903) lwaba lolokuya eEngland emfundweni, awathi wagqithela eTuskegee, U.S.A. (1913) phambi kokuba agoduke ekuqalekeni kwemfazwe enkulu yamaJamani (1914). Olwesibini (1928) lolokuya eJerusalem kwingqungquthela ngendlela ecanda kula mazwe: England, France, Switzerland, Italy, Egypt nePalestine. Olwesithathu lwaba lolokuya kwingqungquthela yolutsha olungamaKrestu (1931) eBuffalo, Niagara Falls (U.S.A). Olwesine (1937) lolwentlanganiso ePhiladelphia, U.S.A. kwangendlela egqitha emaNgesini. Olwesihlanu (1949) lolu lwaseIndiya, ngamazibuko aseMpumalanga ePhuthukezi eLourenço Marques, eMozambikhi, eZanzibar, eDar es Salaam (Tanganyika) naseMombasa (Kenya neUganda) naseziqithini zeSeychelles neMaldive ekusingeni eGoa naseBombay.

Isizekabani solu hambo lokugqibela sisimemo esisingiswe kulo lonke ihlabathi, kucelwa abameli bamazwe ngamazwe angama-50 okokuba bahlangane nama-50 aseIndiya, kuze kuboniswana ngamacebo okuba izizwe zonke emhlabeni zifunde ukuhlala nokusebenza ngoxolo endaweni yokulamla ngezikhali ngokukodwa xa zithomalalisa impikiswano nengxabano. Iziko laloo ntlangano lalingaseCalcutta, isixeko esikwicala elikhangele eChina.

Ukunduluka

Ngezi mini asiyonto ilula ukuvunyelwa ngurhulumente ukuba uhambele kwelinye ilizwe. Inquleqhu yamatiletile okucelwa nokunikwa imvume (Passport) ithabathe iinyanga ezintandathu kwada kwabethwa iingcingo ezininzi. Hayi bo, azabi namphenduli nezo ngcingo kuba umphathi othile phaya ePitoli wayeqhodamisile. Uthe xa kusele iintsukwana ezimbalwa zokuba liphele ixesha wathumela ucingo oluvumayo, lusithi naantso ipostishwa iPassport. Kuthe kuba be ndise ndincamile, kwangamaphuthuphuthu ukubopha impahla nokulungiselela ukuba usapho lume kakuhle ngesithuba seenyanga ezine lulodwa.

Okunene ekuqaleni kwenyanga yeNkanga, (1 kweyeNkanga 1949) ndinduluke ngololiwe eXesi emaGqunukhwebeni (kaloku ndingumSukwini ngoku) ukusinga enqanaweni eDurban, ngendlela yaseMthatha-Kokstad-Maritzburg enomtsalane kunaleya yeBloemfontein-Harrismith. Le ndlela icanda kumaAfrika odwa nemilambo yawo: iQonce kumaNgqika, iNciba kumaMfengu, iGcuwa kumaGcaleka, umBhashe kubaThembu, uMthatha kumaMpondo kaNdamase, iGungululu kumaMpondomise kaMditshwa kuTsolo, iTsitsa kwakaMhlontlo kuQumbu. Kulo lonke eli sifike komile apha, kuluhlaza phaya, ilizwe lonke lingamatshanda angathi sisaqoni kuba iyana imvula apha, phaya kuqhuma uthuli lwembalela endala. Mandit'ithi entethweni yesiXhosa ndivele kwaNgqika kusithiwa imvula iyana, indlu evuzayo iyanetha, umntu ongenadyasi uyanetha yimvula; ingekho into yokuthi imvula iyanetha. Ekudluleni kuQumbu siwele iThina saba siyangena kwelamaBhaca, aziko liseMount Frere eLugangeni kuWabana kude kufuphi namanzi empiliso eMvuzi. Aqala apha ke ukuvakala amaJili (omnombo wombhali lo), iNtlangwini emi ngeelali zayo entla kweli. Umlambo olandelayo nguMzimvubu osingenise kumaHlubi kaNota eLibode ngakwintaba yeNtsiza (yimpazamo ukuthi yeyeNtsizwa nakubeni bebaninzi abatshoyo). Xa kulapha kubalasele iintaba ezinkulu, ezirhawule iMount Ayliff iziko lamaXesibe kaJojo, iNtsiza ngasekhohlo, uNtabankulu ngasekunene apho kumi amaMpondo endlu kaMqikela namaCwerha kaMdondolo namaZotsho (la asebalini elingoNompumza encwadini 'ITyala lamaWele' kaMqhayi). Nakuba libalele ilanga kodwa iindiza emasimini ezibhuqwa ziinkomo zibonise isivuno esihle sotiya. Imalunga apha iGillespie Mission endingasoze ndiyilibale kuba ngomnyaka wama-1923 ndandikuyo emjikelweni wokuqokelela imbali yeNtlangwini, ndaza ndanembizo yokushumayela ulimo phantsi koMfundisi uP. L. Hunter nenkosi uLaqa kaJojo mhla kwana imvulakazi eyasivalela etyalikeni iintsuku zombini isina ngesithonga esinye, sazalelwa yimilambo. Ukusuka apho indlela inyuka iqhina elidumileyo iBrooks Nek, iqabela ingene eKokstad idolophu esizikithi seentlanga eziliqela: amaGrikwa kaAdam Kok (oko kukuthi amaGiqwa amaGqunukhwebe) nabeSuthu, neeNtlangwini namaBhaca. Ukutshona kwelanga 2 kweyeNkanga 1949 singene kuloliwe oya eNatala odlula kwisizikithi samaJili, iDulini Siding, isitishi esithiywe ngegama likaDulini umzukulwana kaNgonyama, kaMzabane kaMdlovu, kaMeyiwa, kaBuhlalubude, kaDlamini II, kaLusibalukhulu, ingotya yayo yonke iNtlangwini (eligqibelo kwizizwe zabaMbo bakaDlamini-wa-nkqanji: amaSwazi namaNgwane namaTola namaZizi namaBhele). Emveni koku siwele uMkhomanzi safika kusasa ePietermaritzburg yekoko ukuya kungena eDurban (3 kweyeNkanga 1949).

Durban

Sisixeko sesithathu esi ngobukhulu, ukulandela iJohannesburg (700 000) neKapa (400 000). Yona inabantu abakuma-300 000 abangamagwangqa namaIndiya namaZulu ngokulinganayo. Apha ndifikele ebubeleni bamaFort Hare endawafundisa kudala (1920), yaye iDurban le iyeyona dolophu inabafundi abaninzi bakwaNokholeji kwezi ndiziqondayo kuba bawelile kumashumi amahlanu. Ndincediswe ngabo kumcimbi wokuhlatywa ngeEnti (vaccination) yezifo ezibini

eziyingozi eyoyikekayo eIndiya: ingqakaqha neYellow Fever. Kaloku
kufuneka umntu ephindaphindile ukuya kumagqirha aqeleleneyo
aqhuba umsebenzi wale nto, apho wofika kuziinginginya zabantu
abemi ngoludwe ukulindela elowo elakhe ithuba lokuhlatywa, ikakhulu
ingamaIndiya nabeLungu; yaye ikhathaza nemfuneko yokuya futhi
kwi-ofisi ethengisa itikiti yenqanawa, ezimvuleni ezixinileyo eDurban.

I*Karanja*

Usuku lokukhwela lube ngoMgqibelo 5/11/49 kwinzwana emnyama
yesikhephe esigama liyi*Karanja*. Itikiti lidle ikhulu leeponti
ngomgama wokuya eBombay (4 415 miles Single First Class). Le
nqanawa yeyona inkulu kwezi zisinga eIndiya ukusuka eDurban;
ubunzima bayo 10 500 tons bulingana neebhasi ezingama-2 625
phezu kwamanzi. Intsha kracakraca, igqitywe nyakenye ukwakhiwa
eLondon, inuka ipeyinti qha, ayikabinawo amavumba aqhelekileyo
ezinqanaweni, amavumba amabi adala isilungulela kuba aphuma
phaya ekhitshini edibene neCastor Oil (shag) yecuba loomatiloshe
ethi yonke loo nto yakuhlangana itsho ngentshongoqa ehambisa
umzimba ububi bayo.

Indlela yale nqanawa igudla unxweme lweAfrika de kube
seMombasa (2 025 miles).

Amazibuko

Umngane endilala gumbini linye naye ngumIndiya uManilal Gandhi
umhleli wephepha (*Indian Opinion*) elasekwa nguyise uMohandas
Kamchand Gandhi igqwetha laseNatal elabayinkokheli yodumo
ngeliZwi likaThixo wade wathiwa jize ngegama elihle uMahatma
(Ingcwele, Saint) wabekwa kwiwonga lokuba nguyise weIndiya. Uthi ke
kum uManilal lo mathandathu amazibuko aseAfrika esiza kuwabona:
Lourenço Marques (296 miles), Beira (486), Mozambique (490) Dar es
Salaam (551), Zanzibar (45), Mombasa (157), sandule ukuyishiya iAfrika
kodwa sijonge kwasentla sime esiqithini saseSeychelles, siyibone
iIndiya ngezibuko laseGoa kodwa sihle kwelaseBombay (2 390 miles

ukusuka eMombasa; 4 415 Durban). Thelekisa nomgama wokusuka eKapa (6 000) ukuya eSouthampton, England endiwuqhelileyo.

Eluhambeni lolu hlobo into enika ulwazi yimifanekiso (maps) yelizwe ebonisa apho kuhanjwa khona. Ngoku kuxa sidlula ichweba lomlambo iLimpopo lowa sasiwubone ngaseLouis Trichardt ngowe-1947 okuya sasivavanya iziphithiphithi zesinala entla kweLemana Kholeji emdeni weTransvaal neRhodesia. Emva koku sidlule ichweba leZambezi saba malungana namazwe asebuNguni apho amaXhosa aphuma khona mhla mnene elandela abaThembu namaZulu namaSwazi ukuze wona alandelwe ngamabandla kaDlamini-wa-wankqanji (abeSuthu nabeTshwana namaHlubi namaZizi namaBhele, abakwaLanga ke abo, nabakwaLusibalukhulu amaKhuze neNtlangwini).

Kaloku incwadi endiyibhalileyo yale milibo igqityiwe, ilindele ukushicilelwa, ibalisa ngoNtsikana neziduko nezinqulo zamaXhosa onke nemvelaphi yeNtlangwini. He!

ELourenço Marques sifike kukho amaIndiya aliqela odidi oluphezulu ngamashishini, aze kukhangela uManilal Gandhi lo okokuba amse emakhayeni awo njengoko inqanawa ime iintsuku zombini apha. UManilal akavumanga ukuba ndishiyeke, ndaba ke ndiwelwa lithamsanqa lokuhlamba ngezantsi kwakhe, ndibe naye kuzo zonke iimbeko zokujikeleziswa ngeemoto ezinkulu ukubona idolophu le yonke neziphaluka zayo.

Sigqithele eBeira izibuko elisentla kwechweba leLimpopo nezwe laseGaza, laye likhula ibandezi lobushushu, beqondakala nabantu bala mazwe ukuba bamnyama bonke, ayikho imilanzinge yabakhanyayo njengakuthi thina banomphithi wegazi labaThwa namaLawu abantu esizekelene kanobom nabo. Iintetho zala mazwe zezi: Ronga, Chopi, Thonga, Nyimbane, Quilimane, Tete, Sena, Ngoni, ngokwahlulelana kwezikina zokulima ilizwe. Njengoko siya sisondela kwiEquator ubushushu beedolophu zolu nxweme bubangela ukuba zivalwe iivenkile iiyure ezimbini ngo-1:30 kusasa zivulwe ngo-1:30 emva kwemini kuba umntu usuke abile ehleli phantsi nokuba akenzi nto.

Emva koku sidlule ichweba leZambezi saya kumisa eMozambique
iintsuku zombini.

Dar es Salaam

Izibuko elihle ngenene lelaseDar es Salaam (Haven of Peace) kuba
lipotapota kunene emakhwapheni omhlaba phambi kokuba lingene
edolophini ekhuselekileyo kumoya wolwandle olulwayo, khon' ukuze
igama lithi yiNgxonde yoXolo. Phakathi kwezikhephe ezininzi esifike
zimi apha, 14 kuTshaziimpuzi 1949, ndiphawule esithile, iNtshanga,
esabe sikhwele ititshala yomGanda eyafunda eFort Hare, uGeorge
Sali, B.Sc., eyathi xa ifundisa eLovedale yatshata nomongikazi
uBarbara Dubasi waseRhodesia ozalana nabaseHewu baza bahlala
ithuba kowethu eXesi phambi kokugoduka (1945) , ukuya eKampala
(Uganda) belandela intombi kaNgozwana (Mount Frere) eyendele
kwakuloo dolophu (1930) kunto kaKisosonkole inkosana enguyise
weKumkanikazi yelo zwe waye umninawa kaSali lo uP. Kigundu, B.Sc.
naye wagoduka nentombi kaRev. J. Mvusi eDurban. Kanti nalapha eDar
es Salaam kukho amaFort Hare amathathu into kaMsikinya, B.Sc.
noEuclid Khomo, B.Sc., nowakwakhe oyi-B.A. intombi kaMoerane
abebekwaNokholeji (1941) ndisafundisa.

Abantu bale dolophu ngama-65 000 bemi ngolu hlobo: 45 000
amaAfrika (Swahili, Nyamwezi, Fipa, Sandawi, Masai), 15 000
amaIndiya, 2 000 abamhlophe, 3 000 amaArab namaGoa. Amashumi
asibhozo ekhulwini leevenkile neziza zomhlaba wayo ngawamaIndiya,
kuba olu luhlanga oluyindwebeleyo kunene into yokuwuthenga
ngemali umhlaba; alunanto namasimi alinywa ngelize efunyenwe
ngoswazi kusibonda njengathi. KumaIndiya aze kubona uGandhi kube
kho isinqunu esimthathe ngemoto enkulu (kwathiwa mandingasali)
kwayiwa endlwini yaso eneopstezi ephezulu yamatye, emi phakathi
kwehlathi elineentyatyambo. Emveni kokubukwa ngamafityofityo
asiwa phantsi kwempumlo siboniswe zonke iilokishi ezimelene
nedolophu le, sabona neqela labaThwa ekuthiwa ngabona banini beli
lizwe; sabona iinkomo ezinolunda emagxeni, uhlobo olungekhoyo

ekhaya; amaAfrika anxiba ikeleko emhlophe (ukugxotha ubushushu) atsho ngento engathi yihempe ende efika emaqatheni endoda, bambi bathe wambu imibhalo ekwanjalo emhlophe. Ubuninzi ngabonqulo lukaMhohamete (lwamaMosilem) olwenza amadoda anxibe iminqwazi eyikomityi ebomvu ekuthiwa yiFez. Abasetyhini baya bufihla ubuso ubone kuvele amehlo odwa lingabikho icebo lakuma namntu de aqutyulwe sisivuthevuthe somoya ukuze bubonakele ubuso ibe yona impahla iyikeleko emnyama njengeyabazili, ihle igqume namaqatha. La masiko avela kwelamaArab naseJiphethe lawa ndandiwabone ngowe-1928 eJerusalem. Izindlu zabo zezezinti nodaka ngaselokishini yabo esecaleni kwedolophu. Banesinanabesha semalike edlula neyabantsundu baseBloemfontein ngobubanzi nentengiso. Zifele apha iincwadi (endincedwe zizo ngenkcazelo yeento zeli lizwe); ilapha yonke imifuno namagwada nemfe namathanga. Umthetheli-marike lichule lomSwahili, umfo onomkhitha nowondlekileyo othetha ekhawulezile, encumile elaqalaqaza ukufuna amehlo abathengi abanemali. Ndive nditsalekile kulo mfo ndambuka ithuba elide phofu kulusizana ukungalulandeli ulwimi lwakhe. Ukusuka apho sihlole izikolo ezikhulu namabala emidlalo, neevenkile ezininzi zamaAfrika, sabona neenqwedlana zooRiksho (rickshaws) ezifana nezaseNatal, koko zitsalwa ngabantu abangababini, imibhivana, apho kwaZulu kuqheleke isijorha seNzule, ingxamsholo engoyiswa mthwalo. Umvalo webala (colour bar) awukho; sihlile emotweni sangena kwihotele yeNgesi eliqeshe kumzi weMoslem satya ndawonye singamaIndiya namagwangqa, indim ndodwa umdakasholo, saququzelelwa ngamaAfrika awunduzelisa ezimhlophe ephethwe ngabelungukazi.

Ziphangalele izitalato apha, zihonjiswe ngemithi yeJacaranda eqhelezela iintyatyambo eziluhlaza, nemithikazi yesundu etsho idolophu le ingengumzi womntu omnye oneqhayiya lehombo. Njengoko sime iintsuku ezimbini apha simenyelwe entlanganisweni yangokuhlwa kwibhotwe labaNtsundu (Bantu Social Centre) elitsha, eliphethwe ngumAfrika othe kanti uyandazi ngokubaliselwa yincwadi ezuzwa nge-2/6 eLovedale (*Loyalty and Royalty*) enemifanekiso yohambelo loKumkani (1947) uJoji. Yinzwana yebhotwe lodidi oluyelele kuleya yaseJohannesburg ngeenjongo zayo.

Phofu ilanga apha libalele, amadlelo akhuthukile, kunyembelekile kulo lonke ngalo unyaka ukususela ekhaya emaXhoseni kuye eTanganyika naseKenya, imvula igqityelwe nyakenye, kunzima kangangokuba amanzi athuthwa ngeetanki zikaloliwe ukusiwa kumaNyamwezi umgama oma-600 eemayile kwidolophu iTabora, ube umbona uphuthunywa eRhodesia, waye uRhulumente ekunqumamisile ukwakhiwa kwezindlu ngenxa yokuphela kwamanzi. ENatala siqhele ukubona emasimini eswekile kusebenza amaIndiya anciphileyo, iimbityo, imicikwane la abizwa ngelokuba ngamaKula (coolie) njengoko elo gama lalatha umntu ophile ngemisebenzi yokufunqula impahla ngezandla. Kula mazibuko sihamba kuwo ndibona amaIndiya ahluthayo; apha enqanaweni kukho umdondosholo wendoda engangoSikhundla wakudala eRhabhula, okanye usibonda uNdevu (500 lbs) owayesakuba seNgqeleni emaMpondweni; kwanenkosikazi yomIndiya engena ngecala emnyango, isatshutshekazi sona.

Tanganyika

Eli lizwe laseTanganyika kudala labe ilelamaJamani (German East Africa), yaza ke intaba yeKhilimanjaro eyayiseKenya emaNgesini yacelwa kuKumkanikazi uVitoliya okokuba ingeniswe ngaphakathi komda wamaJamani, oko kukuthi umda wamaJamani ungeniswe eKenya ukuze ke iKhililimanjaro ibe yintaba yawo. Wavuma uVitoliya kuba wayeliJamanikazi. Ngecala lamanzi eli lizwe iTanganyika liyinto ngobunto, kuba idike lalo lelona dike lide eAfrika, umtyululu osuka eBelgian Congo kude kufuphi neVictoria Nyanza uye kungena eNorthern Rhodesia, waye umlambo iKhongo uphuphuma kweli dike umke usinge eNtshonalanga ungene eAtlantic Ocean. Ngezantsi kwalo lidike iNyasa ekuphuma kufuphi nalo umlambo iZambezi wona uye eMpumalanga eIndian Ocean. Entla kwalo lidike iVictoria Nyanza eliphuphuma umlambo iNile edolophini iJinja unyuke iJiphethe uphokoze kwiMediterranean Sea.

Enye into ebalulekileyo kwindalo kaThixo elapha eTanganyika yiValley of the Great Rift, umsele onzulu (7 000 feet), obanzi, osusela eshumini leemayile uye kuma-40 ukutwabuluka, waye umde ngangokusuka eBhayi uye emaMpondweni nangaphezulu. Imikhenkenene yolu hlobo nakubeni imifutshane yona ikho eScotland, naseSouth Australia nakwiVosges (eEurope) kodwa lo uwodwa ngobude bawo kuba uqala eSinayi naseSiriya uhle ngePalestine kulwandle lwaseGalili ube yinxalenye yawo njalo umlambo iJordane nolwandle oluFileyo (Dead Sea, oluchazwe encwadini yam EJerusalem) ekoko ukuya kwiGulf of Akaba nakulwandle oluBomvu (Red Sea), gqi eGulf of Aden dzuu ngamadike aseAbyssinia neleRudolf (entla koGanda) kuze eKenya kumadike eMagadi namanye alapho, gqobho gqi apha eTanganyika ngawaseNatron neManyara udlule eDodoma (283 miles ukusuka eDar es Salaam) uye kuthi tyumbu edikeni laseNyasa uhle ngomlambo iShire ukungena elwandle ngentla kwechweba leZambesi; kanti entla kweNyasa kukho isebe lasentshonalanga elinyusa kumadike eAlbert neEdward lenze uYomkhulu ofaka phakathi kwakhe idike leVictoria Nyaza nezwe laseluGanda.

Izazi zithi kwacandeka umhlaba kudala esawubumba ebugxwayibeni bawo umDali, njengoko itshoyo incwadi yeGenesis, esaphozisa lo mlilo ukhoyo nanamhla esiswini sawo; suka qheke uthanda olukhulu, ugabajolo lona, ngokwentlama yesigezenga (xa umpheki exova aza amanzi eemvula ezinkulu angena ezimfanteni zamatye aya kufika emlilweni atshisa adubula udaka olubilayo (lava) lwenza iintaba ezityekeza imililo (volcanoes) ezikhoyo nangoku, ezinye zisavutha (active), ezinye zipholile (extinct). He!

Ukudlula eDar es Salaam inqanawa le isinge eZanzibar isiqithi esiselulawulweni lwamaNgesi kodwa siphethwe ngumntu ontsundu ekuthiwa yiSultan, engowehlelo lamaMoslem kaMahomete. Idolophu yalapha ibukeka kakhulu. Sihlile sayijikeleza sibuka izakhiwo zayo zonqulo esithenge imifanekiso yazo. Kuwo onke amazibuko kuhla abantu kukhwele abanye. Apha ke kuthe kanti kuza kuhla ixhego leNgesi lodidi lwegazi (Lord) elithe xa liyikhuphayo imali yalo kule bhanki sigcina kuyo iimali zethu enqanaweni, yaphuma le mali yalo izizikhova (bank notes) eziyinzinzilikihla ethiwe mpa ngengxowa ebomvu engangonompotswana. Kukho ukuthi mhlawumbi akazithembanga iibhanki; kukho nokuba indoda endala ikholwa kukuzibona ngamehlo imini yonke iinkomo zayo, ide xa igulayo inyanzele okokuba ibhedi elele kuyo (mhlawumbi ukhuko) ijongiswe phaya ebuhlanti. Nanko umnumzana waluphele, sel' engumxenge oza kubehle uyishiye ungayenzanga nto le nkuntyula yemali.

Ukutya kwasenqanaweni

Abelungu bathi inqanawa le yihotele edada emanzini, batsho benyanisile kuba ukutya kwasenqanaweni yeyona nto ilungele umntu ofuna iholide ephilisayo kumzimba odiniweyo, ngokukodwa kwaFirst Class, kanti nabakwaChisana (Third Class) bayalungelwa. Umntu ma kakhe azilingele akhwele eMonti aye eKapa, ayibone into yamehlo. Apha ke okoko sandulukayo eThekwini sivuswa kwakusasa ngo-6 ngekofu ehamba nekeki nama-apile. Kulandele iBreakfast ngo-8:30 ngothotho lwezi zinto: iziqhamo ezikhutshwa emkhenkceni sele zihlinziwe: ivatala, iphopho, puffed rice, corn flakes, oatmeal, intlanzi erhoqwe neetapile eziqhinwe ngamafutha, Broiled Bacon and eggs, Toast scones, rolls, marmalade, coffee, cocoa, tea, ubize ngokuthanda; phandle ngentlazane ice-creams; emini emaqanda yiLunch: soup, eggs, curry and rice, steak and onions, Oxford bran, roast lamb, vegetables, jam tart and sauce, cheese, biscuits, coffee, fruit. Lakujika igala emveni kokuba besilele ubuthongo ikhenkceze intsimbi ebizela kwitea enohlantlalala lweekeki, baye abanye bezongeza ngobhelu lomsele enkantini ekwalapha, bambanguze. Ngo-6 ibethe intsimbi yokuba siye ezibhafini ezithulula iziphango phezu kwentloko (sibe ke sivukele kuzo nakusasa) ukulungiselela idinala 7:30 ngokuhlwa emasiyihombele ngemithika emnyama neengaga ezimhlophe nookrukrindlathi, sifane noojobela namahlungulu, idinala engaphezulu kunaleya yasemini ngobuninzi bokutya, ibe isekho isopholo elandela umdlalo weBioscope. Nguloo mgidi ke le mihla, into etsho umntu aphume emhle elithengethenge ukutyeba mhla wehla enqanaweni ngokukodwa xa evela ezweni elibalele ilanga eyothuka indyebo engumdliva ongaka, kuba abelungu bona abothuki nto kule ndyebo noko benqinile. Thina sisuke sibe zizambuntsutsu, kube nzima nokuphakama etafileni. Into yona endivusela umona yinja yomlungukazi othile ongumhambi kunye nathi, etyiswa ngokolu didi lwethu. Bafondini! Ihlutha ibe likiyokiyo imbinambineke nokuhamba, ndive ndicinga izilambi zakowethu. Phaya ngasekhitshini leThird Class ndibone kukhulekwe ibhokhwe enetakane. YeyamaMoslem la aya eIndiya, kuba isiko lawo kukutya inyama azixheleleyo ngokwawo.

Le nto ucingo yinto, kuba ndifikelwe lucingo lomoya (wireless) olubethwe ngezolo eLondon yintombi yam enkulu indinqwenelela uhambo oluhle. Luze ngendlela ethi, 'Marconigram from ship to ship' ukunduluka eLondon, ludlule eKapa kunikelwana ngalo ziinqanawa, lwaza kugaxeleka kule, kuba zona ziyazana. Injalo imfundo yamagwangqa.

Mombasa

Ngoku sigqithele eMombasa idolophu (100 000) enganeno kancinci kwiBhayi (150 000). Intle isimanga ngenxa yemithi emide (60 feet) ethe shinyi imithi yeCocoanut, neeMango, neeCachoanuts, neebhanana, nesundu, nemibaba, ekhumbuza iPort St. Johns emaMpondweni. Mininzi imithi yeBaobab, imixanduva yona. Omnye ndiwujikelezile ndawufumana ungama-20 eeyadi wanganeno kakhulu kulowa ndawubona eTransvaal (Louis Trichardt) ngokuya ndandisemjikelweni (1947) wekomiti karhulumente yokuphicotha izivukavuka zeesinala; wona wawudlule kwi-150 unokwanela ukugqojozwa uhambe inqwelo neenkabi zayo njengaseCalifornia (U.S.A.). ETransvaal imbalwa, yimingqandende apha naphaya. EMombasa yintlaninge engenakho ukubalwa, kuba isezweni lobushushu ethanda bona ibe iMombasa ikufuphi neEquator (300 miles) yayamene neAbyssinia neJiphethe nelabaGanda nelamaSomalia. Kaloku amaSomalia ngawo ekuphunywa kuwo ziintlanga zamaLawu, namaNamaqua, namaDamara,

69

namaHerero, esiphithikezwe ngawo sikhanya nje thina boMzantsi, kuba bakhweza iKhongo behla ngonxweme lwaseNtshonalanga emfudukweni (migration) yabo yafamlibe baza kuwa eNamaqualand bathi saa ukuya ngaseKimberley naseKokstad naseGeorge naseBhofolo naseMpofu naseXesi nasemaMpondweni baxubana nathi. He!

Isikhephe sime iintsuku zontathu eMombasa ndaza ndaxhamla iimbeko ezinkulu ngenxa yokuba lihlakani likaManilal Gandhi kuba le dolophu ikholise (90 per cent) ukuba yeyamaIndiya kobo bungako bayo xa siyithelekisa nezi sivela kuzo: Zanzibar (50 000), Dar es Salaam (60 000), Mozambique (9 000), Beira (13 000) neLourenço Marques (70 000). Siqale samenyelwa kwimbutho esebhomeni (garden party) lomzi wesityebi esiphambili seIndiya ukuze siwise iintetho kumanyano lwawo. Zalapho zonke izinonophu zawo: amagqirha, amagqwetha, neentloko zamashishini. Ngosuku olulandelayo simenyelwe ezidinaleni neesopholo kumakhaya ngamakhaya azo, amazulwana emhlabeni atsho koyikeke nokungena ngenxa yenkazimlo yezibane zeletrikhi eludongeni kwa usangena ngesango leemoto, kunge ziinkwenkwezi entungo, nobuhofohofo bezitulo, nobutofotofo beekhaphethi phantsi. Bafondini buyatyiwa ubukumkani ngabanye abantu! Abasalikhathalele izulu eli silinqwenelayo emva kokufa. Nam ndiphantse ndaphelelwa libhongo. Omnye wabo undisube ngomhalatushe wemoto yakhe imini yonke wandihambisa endibonisa imizi eyakhiwe sisiPalato (Municipality) ukuhlalisa abaNtsundu abaqeshiweyo, neholo entsha yeentlanganiso, nezikolo, nemarike, nemikhalambela yezindlu zezikhulu zamaIndiya neehotele eziqeshwe kuwo ngamaNgesi, adlulela emaphandleni apho kuhlala amaAfrika, amaSwahili, namaNyamwezi apho kufuywe iinkomo ezimalunda neembuzi. Ngokuhlwa sibonele ibhayaskophu silihlokondiba lamadoda neentsapho zawo.

Izindlu ezakhelwe abaNtsundu kwidolophu le zintle ngokwezaseMacNamee Village eBhayi, kodwa inkankane isekubeni ayisoze ibe yeyakho indlu; umniniyo yidolophu; phuma wena mhla waluphala, ushenxele osemtsha, ugodukele emaXhoseni. Yinqojela ke leyo. Ziphele iintsuku zethu eMombasa siyolelwe ngenyani, sabuyela kwi*Karanja* ethe apha yakhwelisa inyambalala yabantu ekubaluleke kubo uhlanga lwamaIndiya olungamaShiki (Sheiks Sikhs) oludume ngamandla ezigalo nokhalipho ezimfazweni. Bonke bade, yimiximondulo empantsha iiqhiya ezinkulu ezimhlophe, engachebiyo, ebuso busisamfumfu ziindevu, amaxhonti.

NgeCawa 20 kweyeNkanga 1949 sibe namangcwaba amabini: usana olunyanga zilishumi olufe lihlaba (pneumonia), nexhego (70) laseKapa ebe lifuna ukuya kufela ekhaya sisifo sentliziyo. Akubanga kho nkonzo nasaziso sani. Izidumbu zithandelwe ngeseyile zathungelwa kuyo ngokomqwayito wehagu kushiywa iimfingwane mancamini omabini, kwabotshelelwa iintsimbi ezinkulu zobunzima zokwenza zizike, zajulelwa elwandle ingemanga nenqanawa, ayibi nto yakoonto loo nto, kangangokuba uninzi lwabantu alwazanga nokuba kufe mntu. Nam ndiyive ngencoko yegqirha lenqanawa endihlala kunye nalo etafileni, ndaqonda ukuba le nto ukufa ayisenavuso kwezi mini.

Ngenye imini ndibe nethamsanqa lokumenywa ngumphathi (Commander) ukuba ndinyuke naye ndivelele iqonga lakhe (bridge) phezulu encotsheni apho lubonakala lonke ulwandle nendlela esiya kuyo. Undibonise apha yonke intsimbi ebubuchopho obulawula inkqubo yokuhamba. Alapha amajelo abonisa indawo esikuyo elwandle, namaqhagana ekucinezelwa wona ukuvala iintoyinto nokulawula into emayenzeke. Kumhla ndiyibonayo le ndawo. Ilapha indlu yakhe yokutya, nokulala, nokubala, nokubutha – ubunewunewu neemfamfam zodwa, khwetha. Yinkinga le, umfo onesithozela, iNgesi lohlobo ebendingazi ukuba lusekho, ngobubele. Ndithe yinto ukunonelelwa ngongaka. Kudala ndizikhwela izikhephe, kodwa intsha le into yokukrotyiswa ingcwele ngumniniyo. Phofu namanye amaNgesi ongameleyo enqanaweni apha kundawo zawo ndiwafumene enje ukuba nobuntu. Ayikho kuwo ingqondo yokurhanela umntu oNtsundu okokuba uyingozi. Naphaya eMombasa ndifumene amaNgesi enikele oololiwe kumaAfrika kwa kubaqhubi beeinjini de kube kwiigadi nooNomatikiti, nabashanti abangawuhombele nganto lo msebenzi wabo; owofika behamba ngeenyawo, bengenaminqwazi, benxibe iihentshana zangaphantsi (vests) zodwa bebetha imilozi namakhwelo bonwabile oonkabi ngokwasemaXhoseni.

Esi sikhephe side sazala ngoku ngabantu oko bengena bengenile kula mazibuko. Ngathi bangayilingana idolophana engangeKhobonqaba, kuba thina bahambi sili-1 400 ngaphandle kwabaqeshwa abakwasewakeni nabo. Thina baNtsundu kwiFirst Class singaphezulu kubelungu ngenani, into leyo endonwabisileyo ukuba sesinyakanyakeni sabantu endaweni yokuba ndibe mphoko njengakwinqanawa zecala leKapa-England apho ndasoloko ndingumtshonyane osethafeni nekheswa phakathi kwabelungu. Kuxinene kwaSecond Class nakwaThird, kanti abona bantu baninzi ngabakhwele phandle (deck passengers) ebandezini lelanga eliyionti, nasezimvuleni, kumgando wengxinano eyoyikekayo bengenayo nendawo yokuhambahamba, kuphela kukuhlala nokungqengqa nokuma ubomi abakubo. Bahleli phakathi kwemifufulo yempahla yabo esezingxoweni neebhokisi; ilapha imibhalo yokulala, zilapha iibhayisekile, zilapha izitovu zabo zokupheka kuba batya ngokuzibonela, bahlambele kwalapha; kanti obona bubi busekuseni ngo-4 xa oomatiloshe behlamba inqanawa yonke ngemibhobhokazi emikhulu yamanzi atsalwa elwandle, kube yimikhwazo engapheliyo ukuvuswa kwabo ngetshoba, kulumeze ukugalelwa kwaloo manzi ngobubhukru obungenanceba kukhala abantwana, ube ngumbhodamo wengxovu le mihla.

Ukuchitha isithukuthezi oko ndakhwelayo ndizenzele isiko lokubetha ipiyano iyure yonke kusasa, kanti ndiyazinceda ukolula iminwe eseyaqothola, nokuvuselela iingoma namaculo ebesele elele izigcawu entloko, kuba okoko ndaphulaphula ukubethelwa ngabantwana bam ndayityeshela into yokuzibethela, njengoko ndandisenza ngowe-1921 ndisaphethe iFort Hare Choir. Kaloku ndandigqadaza ngoko ndinganqene ndoda kwiMusic. Apha ke ndizivuthulule uthuli yada yanokuvakala into endiyibethayo nakubaphulaphuli. NgoMvulo 21 kweyeNkanga 1949 sigqibe iimayile ezili-1 012 ukusuka eMombasa semisa kwiziqithi ezininzi kakhulu zaseSeychelles ezingathi ngamatye amakhulu athe thu emanzini, koyikeke xa inqanawa ipotapota ukufuna indlela phakathi kwawo. Kuluhlaza apha ziimvula ekubonakala ukuba ziluncedo kwabaphila ziziqhamo; sibone kulayishwa iiPineapple ezisimanga ubukhulu, saza ekudluleni sayishiya ngasekhohlo iCape Guardafni eyincam yeAfrika nekungenwa ngayo eGulf of Aden kulwandle oluBomvu (endandiluwele entla 1928). Ngoku sicanda iArabian Sea entla kweeMaldive neLaccadive Islands. Onke la magama ayaziwa yimpi yeRoyal Readers. Sinyuke, sanyuka, sawuwela umda weEquator, sada salibona izwe laseIndiya 26 kweyeNkanga 1949 kwizibuko ekuthiwa yiGoa (Marmugao) elisaphethwe ngamaPhuthukezi. Sime imini yonke apha (ngoMgqibelo) sayijikeleza idolophu, sibuka izindlu ezakhiwa ngamabandla kaVasco da Gama kudala, sihamba phantsi kwemithi emide yeekhokhonathi, ndaba ndiyaqala ukulinyathela elamaIndiya, sesisondele eBombay ngekhulu elivayo leemayile.

Bombay

Sihambe usuku lwalunye, kwasa singena eBombay ngeCawa 27/11/49. Le nqanawa ngokwesiko ikhawulelwe kwakude ligosa (Pilot) lokuyikhokela nokuyingenisa echwebeni, ekuqheleke ukuba libe ngumlungu, kodwa namhla yaliIndiya, saba sigqibelisile ukubona umntu omhlophe emagunyeni naphaya ezibukweni kubahloli beempahla (customs officers) nabeencwadi zemvume (immigration passports) safika ingabantu abanobubele ezindwendweni, apho thina siqhele amagadalala afinge iintshiyi ngenxa yokucaphukela umXhosa naxa engonanga nto. Ndonwaba ke namhla ngesi sizathu kulo lonke uhambo lwam eIndiya apho ilizwe lilawulwa ngabaninilo.

Elwandle le dolophu iBombay iqala ithi thu ngesangcunge sesakhiwo samatye esilisango elibanzi elilelona lokungenisa umntu eIndiya (Gateway of India) ngokukodwa izinqununu zoburhulumente neekumkani zamaNgesi ngokuya ayesaphethe. Lo ngumbono

otsalayo kumfiki kuba ucaca kwa kumgama omde. Ekufikeni
sidluliswe kamsinyane ngabahloli safika sesihlangatyeziwe yikomiti,
sakhawulelwa ngemincili kwa sisehla, yasigangxa entanyeni
ngeentambo ezintle (garlands) eziphothwe ngeentyatyambo ezibomvu
saya kukhweliswa kwizivetyuma zeemoto zezikhulu saba siya yisungula
loo dolophu inkulu (5 000 000) ekuthiwa ilandela iCalcutta neLondon
ngobukhulu kwezasemaNgesini. Ukuze umfundi abunakane ubukhulu
bayo mandithi abafundi bayo abaphumelela iMatriculation ngonyaka
omnye ngama-62 000. Qonda ukuba eKapa mnye uloliwe ngemini
ophuma acande izwe elingangokuya eRhodesia (Main Line Train),
kodwa eBombay ngama-21 ngemini iitreni zolo didi zibe ezisekhaya
(Local) zikuma-300.

Imibono ngemibono

Siyityhutyhile le dolophu ngesitalato esikhulu sesazulu sayo iMahatma
Gandhi Road, igama eliguqulwe bumini kwelangaphambili lesiNgesi,
umtyululu ophahlwe yimihohoma yamabhotwe abukekayo, ekuthe
silapho seemandla ibala elikhulu, ithafa lokudlalela ikrikethi,
isixaxabesha esiginya abantu abakuma-200 000 elona bala likhulu
lemidlalo kuyo yonke iAsia. Ewe nakubeni bekuyiCawa sibone
inyakanyaka yabadlali abavethe ezimaweza, bedlala nkqi, ibethwa
ibhola iye kuwa ele komda ziinkintsela zeendlali ezindikhumbuze
inzwana yakudala engasekhoyo uRanjitsinji endandiqhele ukumbona
(1905) eNgilani ndisalidlala iqakamba ndingumfana.

Kaloku eIndiya umhla weCawa yinto yamaKrestu odwa; abona bantu
baninzi banqula uBuddha, noMahomete, noConfucius, noKrishna,
noLaotse, nezinye iingcwele eziqalisela kude phambi kwexesha likaYesu
benezabo iintsuku zokuthandaza evekini le. Ngoko ke imisebenzi
yorhwebo, nemidlalo, noololiwe, neenkundla zamatyala, nokwakhiwa
kwezindlu, nolimo, zonke izinto azinamini yakuma. Izitalato noko
zibanzi zixinene ngokoyikekayo ziintlobo zonke zeenqwelo: ootram,
izikhotshi ezitsalwa ziinkabi zeenyathi (kuba bendiqala ukuyibona

inyathi, ingxukuma mfondini engangeenkabi ezimbini iyodwa) neeriksha zabantu ezifana nezaseNatal koko endaweni yokutsalwa ngumntu zirhuqwa ngebhayisikili; namagemfana (gigs) ehashe elinye, neekhebhu zamahashe zohlobo lwakudala (1913) olwagqityelwa mzuzu (1923) eKapa, neendidi zonke zeemoto, zaye zibalekiswa ngohlobo olulumezayo kuloo ngxinano yeenkomo ezisengwayo, neebhokhwe ezingaluswayo, namathole anqumla naphi na naninina. Sisimanga esi kuba akukho nto igilwayo. Umqhubi uyigibisela njalo imoto, evuthela ixilongo po-po-po-po ephephaphepha le nto naleya kodwa enganyatheli nto; kuqhuba namaxhego anezimvi antshebe zimhlophe ohlanga lwamaSiki (Sikhs), amarhasha wona ampantsha iidukhwe ezingathi zizidlokolo.

Amahashi wona andidanisile, kuba asuke ayimigqutsubana noko etsaliswa imithwalo emikhulu.

Ilanga

Ilanga laseBombay litsho ndadamba igugu; sisifuthufuthu esingathi kuvulwe isiciko selaa ziko likaNebukadenetsare ethafeni leDure, isivuthevuthe esikwenza ubile ube lichebencu uhleli emthunzini, ubone ngamaluluwe elandelelana. Ngenxa yesi sizathu ndibone kusasa nje umlingane wam uManilal Gandhi, xa sinxibela ukuyishiya inqanawa, ezifumbelela etyesini zonke izinxibo zakhe zesiNgesi abekade esebenzisa zona, efaka ezimaweza zodwa, imithika emhlophe, iifaskoti zekeleko, nemibhinqo emifutshane yesiIndiya ebizwa ngokuthi yi 'doti' into ebulokhwe-bhulukhwe emilenze ivuliweyo ngemva ukungenisa umoya ezintungweni. Ndive ndinqwenela xa ezam iibhatyi zobusika neendulubhatyi zazo neekhala neebhulukhwe ezibutsotsi zitshisa oku kwesitovu!

Ikomiti isabele ukuba sifikele kumzi wegqirha elihlala kwiopstezi yesihlanu, kubantu abanobubele abasinqake kwangoko ngeziselo ezibandayo, kwayintswahla yencoko engezinto zonke, ikakhulu ngeAfrika.

Ingcwaba

Kuthe sisancokola kwahlokoma phandle ingxokolo yeentsimbi ezibusikolo-butyalike zibethwa ngabantu abaninzi; sasukuma saya ezifestileni sakhangela kude ezantsi esitratweni kanti ngumngcwabo. Nango umkhoko wabazili uphahlwe ngababethi beentsimbi; naso isidumbu phezu kwamanqwanqwa embambosi eziphezu kwevantyi emavili mabini, ubuso butyhiliwe bubonwa ngumntu wonke, bobenkazana yodidi lwamahlwempu, kuhanjwa ngogxanyazo kusukeliswa ukufika kundawo emgama ukuya kusitshisa eso sidumbu kwiziko (crematorium) elivutha imini yonke litshisa izidumbu ezifikayo nakumashumi amahlanu ngemini esixekweni esingangeBombay. Uthe kum omnye ebendimbuza ngeli siko: utshiso olu longa isiza esikhulu kuba ngekufuneka kuphume iifama ngeefama minyaka le ukufihla izidumbu ezingako zabantu abemkileyo babe bemkile, bemke undomka ongenabuyambo ekungasizi lutho ukubalondoloza beluthuli kakade.

Phofu akho amaIndiya angcwaba njengathi, emhlabeni, amaiSilam kaMahomete (Islam, Mahomedan) ayityayo inyama. La atshisayo ngamaIndiya (Hindu) angayityiyo inyama. Wona agcina uthuthu olo lomfi ngokwamaRoma awayelugcina ngeembodlela njengoko watshoyo noMacaulay: 'And how can a man die better, than facing fearful odds, for the ashes of his fathers, and the temples of his Gods.'

Esi sihlo sitsho noko yakho indawana yokuba ndiqonde ukuba ndisezweni namhla, ndamana ndivukelwa leliya bali lomhlolokazi waseNayini (kuLuka) owavuselwa unyana wakhe okuphela yiNkosi ethwelwe ngethala yamenza wahlala, wathetha.

Emva kwedinala ikomiti indikhuphele isidyoli (umthunywa), inzwana yomfana, sokundibonisa ubuhle beBombay ngokuyijikeleza ngemoto de litshone ilanga. Okunene siqalise ngokuya kwihotele edume ngokuba yeyona intle kulo lonke elaseIndiya neAsia iphela, i 'Taj Mahal Hotel,' emi phezu kolwagciba lolwandle kanye emva kwe- 'Gateway of India.' Liqakabodo lomzi ogqibe isitrato siphela ngee- opstezi ezininzi. Apha ezantsi kumphandle luthotho lweevenkile zodidi. Ngaphakathi, ziiofisi, nezinye iivenkile, neengxwebukulula zamagumbi okubutha (lounges) othi xa ukwelinye icala ungamboni, okanye angaqondakali omnye umntu okwelinye icala; yonke into ihonjiswe ngobunono obungathethekiyo; kuncameke egumbini lokutya apho kuziintyantyambo ezimiswe ngokwasegadini zirhawule umkhenkce oyingqangqasholo eyakhiwe ngokwesithombe somntu, waye awunyibiliki kuba ugcinwe ziimashini zokudala ingqele ebandisa lonke eli gumbi. Isimanga kukuba thina siphola sigodole phakathi apha, uze ubile kwangoko wakuphumela phandle. Lo mzi wakhiwa ngama-£200 000 phambi kwemfazwe, kwaza phakathi kwezitena zeendonga zawo kwafakelelwa imibhobho yokuhambisa amanzi abandayo aphuma emkhenkceni. Yonke into etyiwa apha yeyodidi lweengcungcu ezimilomo mide ngobudulu. Ekuphumeni apho umhlobo wam, endingamlibaliyo ububele bakhe nezandundu ezitsolo ngokusoloko zincumile, undijikelezise imigama emikhulu, sabuka izakhiwo ezimelene nolwandle, nodederhu lweehotele ezilapho, nezikhundla zeentlanganiso abesakuthetha kuzo uGandhi kubantu abangamawaka ngamawaka kuba le nto umntu ikho eIndiya.

Kwaloliwe

Lakuba litshonile ilanga likhawuleze lafika ilixa lokuba ndimke eBombay ndisinge eCalcutta. Isitishi salapha siyelele kwezaseLondon ngobukhulu, baye abantu bengathi ziinkumbi phambi kwaso nangaphakathi kuba ziimfidi abandulukayo, ziimfidi abafikayo, bebodwa ababonakala bengamabhungele ahlala kanye kuso ngokupheleleyo belele ngemibhalo eyondlalwe esamenteni, bephila ngokucela into etyiwayo kubahambi, ewodwa amaKula (oko kukuthi abathwala impahla yabahambayo), amadoda omeleleyo izigadangu eziyifumbela entloko, enye phezu kwenye, ngantathu izityesi neetranki ezibunzima bungatsho asadalale ondim, zaye ezinye izinto ezixhabashe ngeengalo zombini, ide iyonke ibe ngangomthwalo olingene inkamela eyedwa kuba usekeleze itiki ngento nganye. Kowu! Bomelele, mfo, aba bantu, ziingwanyalala ezinomsindo owothusayo apho baxabene kwabodwa begilana ngokusuba impahla yomhambi, kube lusizi kowoyisiweyo eshiyeka esinekile esisinxenge. Uloliwe mde njengaba baya eRhodesia ukusuka eKapa. Ngumcimbi othe nkqi ukulifumana ikhareji elinegama lakho kuba akuvumelekile ukuba umntu afumane akhwele lingekho efestileni igama lakhe. Kuthe se kukudala, labonwa elam, se ndiphantse ndancama emva kokunyuka sisihla wonke loo mtshotshozi wamaqegu. Sikhwele singamadoda amane amaIndiya aya kwiindawo ngeendawo, indim noGandhi abaya eCalcutta (1 380 miles) ngohambo lobo busuku beCawa nemini nobusuku bangoMvulo, nemini yangoLwesibini, uhambo oludinisayo emalungwini omzimba. Ikomiti isiphathise ngamnye impakatha yomandlalo ombhoxo oshwankathele iingubo neeshiti nemiqamelo nomkhusane othintela iingcongconi (kaloku zizo zodwa eIndiya ngenxa yobushushu nezidibi zamanzi) ukuze le mpahla sisebenze ngayo iinyanga zontathu de simke. Ndifunde into entsha apha eluncedo njengoko kungekho Indiya lingenayo le mpahla (kuba ndigqibele ngokuzithengela eyam endisindisa ezindlekweni zale iqeshwa kuloliwe xa useluhambeni). Isiporo abaleka kuso uloliwe sibanzi ngaphezulu kwesaseAfrika. Silinganiselwe kwesaseEngland. Amakhareji ziinkebenkebe ezimagumbi aphangaleleyo. Kuqeshwe amaIndiya odwa: iigadi, oonomatikiti, ababaseli beinjini, neeweyitala; ngalinye akukho mntu umhlophe ndimbonileyo kwaloliwe. La magosa onke ndifike enobubele novelwano, amancoko avuyiswayo kukuthana nqwakaqhwa nomAfrika, anesithozela ethethela phantsi ngokuzolileyo; awacaphuki, azolile, awaseli. Ndive ndisithi, hayi ubumnandi bokuhamba ezweni labazili.

Into ebe mbi yona yingxinano yakwaThird Class, apho ndibone befumbe bafumba bada bahlala omnye phezu komnye kuwo onke loo makhareji asibhozo abo, abanye bahleli ezifestileni, abanye ezituphini ezi kukhwelwa ngazo phandle kujinga emoyeni imilenze neenyawo. Phaya ekhaya ndiyakhwela kolu didi lwasesithathwini (ngehambo emfutshane) kodwa eIndiya yenye into, khwetha. Waye uloliwe weli akabaleki, uphaphatheka njalo ngokukweRhodesian Express, apha egongqoza engena uthuli nenkunkuma ezenza zibe mnyama yintsila izinto ozinxibileyo. Kuse sikwanti emathafeni esingawaziyo ezigqitha zonke izitishana, enyula iidolophu ezivileyo, kwaza ngentlazane wamisa ithuba elinobom kwisixeko esibalulekileyo seseKhandwa (Central Provinces). Ndibone isimanga: indoda izihlamba umzimba phantsi kwempompo apho kanye esitishini (phofu noko isubele kakuhle) esidlangalaleni sabantu, yathi igqiba kwangena enye, alandelelana njalo, ndeva ndinqwena kuba lalitshisa mu igala; kwaye kukho nemiduka yeebhokhwe zicholachola izonka, neenkawu zigqakadula zifuna amaxolo phakathi kwabantu kodwa zingasiwe so bani. Impendulo kumbuzo wam ithe aba bantu bahlamba imizimba ngamamfengu achithwe ezweni lawo ePakistan yimfazwe enkulu ephakathi kwamaIndiya (Hindu) namaSilamsi (Moslems, Mohamedans) ebhacise izigidi ezisixhenxe (ngaphandle kwezigidi ezibini zabafe fi) zabantu abathe saa ezixekweni njengaba sibabona behlamba ezitishini, abanye sebe yimilalandle emahlathini, izidlaludaka. Esi sisiphumo sokungavisisani konqulo lwamaSilamsi nolwamaIndiya mhla iBritani yabakhululela ukuzilawula. He!

Akukho lizwe ndakha ndabona kulo zingaka ukuba ninzi iimfene. Sihamba nje ngololiwe sizibona ziyimihlambi, ezinye zilalele ukuphoselwa izonka, kube yintwana khona esitishini ukubona inkawu itsibela phakathi ekharejini ngefestile ithi hlasi isihloko seebhanana zomntu ibaleke nazo ziphelele kuyo. Emasimini abalimi balinda umlindo ongapheliyo bephekuza zona.

Imilambo

Siwele imilambo ngemilambo engangeGqili neLigwa, ndithi ndakubuza igama kuthiwe hayi asingomlambo lo, ngumfulana; uza kuwubona wena umlambo ngokuhlwa nje xa sigaleleka eAllahabad. Okunene ngorhatya olukhulu ndive isandi sebhulorho engathi ayinasiphelo, ndalunguza efestileni. Yho! Naantso intywenka yomlambo omnyama odada izikhephe iJumna, obhulorho ebude buyimayile iphela ophuma entla ezintabeni zeHimalaya, umsinga ubonakala ngathi ungaliginya iLigwa ngokuphindwe amashumi omabini, ulwandle mfondini! Yinto etsho ndakhama umlomo kukumangaliswa. Lo ngumlambo

okhangelelwe buthixorha ngamaIndiya ngenxa yobukhulu bawo.
Uyanqulwa. Kanti nawo awuthathi nto kwiGanges ngobukhulu,
ehlangana kwalapha eAllahabad neJumna le, esithe saphuma ngayo
kule dolophu ngentshixibela yebhulorhokazi emayile zintathu ubude!
Njengoko ndiwuwele kumnyama ebusuku ndiza kubuya ndiwuchaze
kanobom lo mlambo kuba ekubuyeni kwam ndenze iintsukwana kule
dolophu ndawucikida. He!

Ilizwe

Ekuseni silibone kamnandi ilizwe namasimi omqhaphu (cotton)
nemizi yasemaphandleni (villages) ekuthiwa inani layo iyonke eIndiya
ikuma-900 000 baye abantu abampilo ikukulima umhlaba bezigidi
ezima-262. Indlala phofu kuthiwa iqhelekile, kuba imvula ingqontshiza
njalo ukungaqiniseki, njengakwelethu. Imihlaba enkcenkceshelwayo
ziiakile ezima-49 000 000 yaye iJumna inezibaxa ezikhulu ezikhutshwa
kuyo zinyakamise izithabazi zamasimi. Oololiwe ngama-49 000
eemayile. Ubude beli lizwe bokusuka entla eNyakatho (North) kuse
ezantsi eNingizimu (South) ngama-2 000 eemayile baye ububanzi
bokuthabatha eMpumalanga kuye eNtshonalanga 2 500 ukuze
lilonke libe malunga nehalafu yeAfrika (4 500 x 5 400). Nakubeni
entla longanyelwe lulundi lweentaba zeHimalaya, eli liphakathi
ndilihambileyo ngezi ntsuku zimbini lelezitywakadi zamathafa ayelele
kuKhayakhulu kwesikaZibi eRustenburg apho uloliwe agqoloda
kumgaqo othe tse njengowaseBechuanaland, engajikijiki ndawo kuba
azikho iintaba; nto ikhoyo yona ziinkahlukazi zamahlathi amithi mide
ngokumangalisayo, emagqabi azithwexeba apho ifihlakala lula ingwe,
nenyoka edumileyo yakhona iHamadryad ebude bungangoodlezinye
abathathu, yaye ikwangako nengozi yobuhlungu bayo. Lenile ilizwe
zizikhotha namatyholo. Ndive ndizibuza ndodwa ukuthi kungani na
lishiywe lodwa iphandle elityebe ngolu hlobo kuye kukhandaniswana
ezidolophini? Thina kumimandla yeQonce ebantu balikhulu kwimayile
(square mile) enye yomhlaba ongowomXhosa, sibe singalivuyelayo
izwe elinje? He!

Isahluko 2

Calcutta

Emini enkulu sibone siyingena idolophu iCalcutta eyeyona inkulu eIndiya ngobuninzi babantu (6 millions) ilandela iLondon kwizithanga (empire) zasemaNgesini nangokutwezeka komhlaba emi kuwo, isityatyabesha esingathi asiphele ndawo. Esitishini ziintlantlu ngeentlantlu zemigaqo kaloliwe ekhumbuza eyakwaBulawayo ngobude. Abantu banyakazela oku kweembovane zobugqwangu, zaye zonke iiplatform zinabantu abadinwe bazizityambele kukuyotywa bubushushu, nabaqungquluzileyo abangathi abanakhaya limbi, nezishwayimbana ezingqiba imali kumntu wonke, usizi lweentsizi. Nasekhaya eAfrika andizange ndizibone iimfebenge ezilamba kangaka. Ngenene iIndiya elisilambi eIndiya liphantsi kunomAfrika osisilambi eAfrika kuba libhitya libe ngamathambo odwa. Thina siqinisa intamo siqwanye naxa siziimfebe zamahlwempu.

Ulwamkelo

Samkelwe ngobubele obungazenzisiyo ngamalungu ekomiti esimenywe yiyo, iindlezana zamaIndiya agqobhokileyo ekuhleni kwethu kuloliwe kuqokelelwa iimpahla namagama ethu. Kubonakele kuvuya nabakwaRhulumente abaqokelela amatikiti emasangweni xa eva kusithiwa 'Pacific Conference Delegates!'

81

Ekubeni siphumile sihlohlwe ezimotweni sesiyokozela zizidanga zamagqabi neentyatyambo (garlands) esigangxwe zona ezintanyeni ngabaphuthumi bethu. Gqi, intyonkobila yomlambo iHoogly emi phezu kwayo le dolophu nolisebe leGanges kuba ilungena ulwandle se iyiminwe emininzi (Delta) ngokweNile eJiphethe kukufumbelela kwentlabathi yawo egilana neyolwandle. Zilapha iinqanawa zeendidi zonke kuba umlambo lo uzilungele ngamashumi amathandathu eemayile ukusuka echwebeni.

Ingxinano yezinto ezihambayo nezibalekayo ezitratweni iyelele kweyaseBombay, koko apha esona silo sibalulekileyo ziinyathi ezitsala iinqwelo zaye zibotshwe ngambini nangantathu zityhuda phakathi kweemoto nabantu ngohlobo oloyikisayo: naazo ezinye zizihambela zodwa zisitya ingca emagotyibeni eendlela nezindlu kwalapha edolophini, zibe zithe saa neenkomo neebhokhwe. Yingxovu yedolophu le, bawo. Ndibone nabafazi abathwele iingqayi zamanzi entloko ngokwabasemaphandleni.

Izakhiwo ziingxwabulukula ezinamabanga amaninzi ukuya phezulu kanye njengaseJohannesburg, zaye zixinene ngohlobo olulodwa. Sityhutyhe umgama ovileyo, saya kungena phantsi kwemithi emihle kwibhotwe elibukekayo eliphethwe ngumdibaniso weeManyano zoXolo (Pacific Organisations) zamaIndiya nabeLungu. Apha sibonene nabaphuma eJapan, America, China, England, France, Egypt, Ireland, Germany, Australia, njalo-njalo besiya kwakule nto ndiya kuyo. Okwaloo mini siphumle salala apha saza sanduluka ngengomso ukusinga kwindawo eliziko lentlanganiso esizele yona. Kuse olungaliyo ngoLwesithathu 30 kweyeNkanga 1949, sangena kuloliwe ophuma eCalcultta esiya eBholphur (90 miles) ekuthe ekuhleni sehla sesibaninzi ngenxa yokungenelela endleleni kwabavela macala wambi kwabanye oololiwe: kwayinkungu nelanga ngabantu esitishini beze kubukela xa sikhwela ezibhasini ezicanda isixeko sabo.

Santiniketan

Emva kweemayile ezine singenile eSantiniketan, 'Iziko loXolo' (santi, peace; ketan, place), elakhiwa ngumfi uSir Rabindranath Tagore, umlingane kaGandhi. Silaliswe ezintenteni kanye ngokwaseJerusalem, ngabathathu nangabane.

Abathunywa abavela kundawo ezikwaseIndiya baba malunga nama-40, saza thina bawele ulwandle sakuma-60, ukuze sisonke sibe likhulu: amagama ethu ingala: David Acquah (Gold Coast, West Africa) umfo omnyama ngokupheleleyo: A.C. Barrington (New Zealand): L. Bautista (Philippines); abaseMelika U.S.A. lishumi elinantandathu, ingaba: T. Bell, P. Erb, R. Gregg, K. Hujer, Dr. Mordecai Johnson (umntu ontsundu), B. Knox, A. Muste, R. Newton, G. Paine, J. Rankin, G. Rhoads, I. Rodenko, J. noMrs. Sayre, R. Steele, O. Miller, He! OwaseSwitzerland nguR. Bovard. AbaseEngland basixhenxe: R. noMrs. Brayshaw, Vera Brittain, A Harison, R. Reynolds, W. Wellock, W. Zander: owaseHolland nguJ. Buskes, eFinland nguE. Ewalds, eAustralia nguJ. Fallding, eCanada nguM. Farri; abaseSouth Africa bathathu Manilal Gandhi (Durban) nomnu. D.D.T. Jabavu, noMichael Scott wodumo; eEgypt nguH. Hassan; abaseMalaya bathathu: A. Ishak, Y. Leong, S. Satyananda; eDenmark nguK. Jorgensen; eIreland nguL. Kingston; bathathu abaseJapan: T. Kora, R. Nakayama, P. Sekiya; eGermany nguH. Krachutski, eNorway nguD. Lund; babini eBurma U. Lwin, L. Win; eCeylon nguS. Malalasek; bane eFrance: G. Marchand, H. Roser, J. Sanerwein, M. Trocme; eTeheran nguS. Naficky; babini eSweden: S. Ryberg, O. Rydbeck; eIran ngu I. Sadigh; eBangkok babini; eChina B. Tseng, P. Tseng, eLebanon nguM. Nasuli; bathathu abaseEast Pakistan; ngama-39 abaseIndiya.

Ndizishiye ngamabom izikhokelo zamagama ezinjengooRev., Dr., Prof., kodwa, ubuninzi babathunywa abaziimfundi nezikhulu koomawazo, asizizo izigxuda (dull) neempambani (fanatics). Ukutyebisa le ndawo ndokhetha amagama abe mbalwa ndenze amabal' engwe ngawo, ngokukodwa abo bathe babaluleka ezingxoxweni.

Ababalulekileyo

Mandiqale ngomGcini-Sihlalo wethu uDr. Rajendra Prasad, M.A., LL.D. umfo ontsundu ngokomAfrika. Nguye othe ngo-1950 wanyulwa

D.D.T. JABAVU

okokuba abe nguMongameli (President) wezwe lonke laseIndiya (Republic), iciko lemvelo ebelinguSihlalo wePalamente ekuqingqweni komthetho omtsha wolawulo (Constitution). Ngobuchopho bathi abamaziyo akazanga waba nguNumber2 mntwini ukususela ezikolweni zangaphantsi kuye kooMatriculation nooB.A. nooM.A. nooDoctor nasebugqwetheni (Advocate) nasePalamente. Indawo yakhe yasoloko iyeyokuqala entloko. Ngumntu othi xa ethetha esidlangalaleni nakwiIndiya yonke ajonge nje ejelweni (microphone) athethe acikoze ange ufunda incwadi ecikidiweyo. Ngumlandeli kaMahatma Gandhi ngengqobhoko noqhele ukuhlala iminyaka ezintolongweni edabini lenkululeko yeIndiya.

Liqikili (favourite) kuwo onke amawabo athi ukumteketisa ngu-'Rajen Babu' (Father Rajen). Likhohlombe leNkulumbuso Jawaharlal Nehru neGovernor-General C. Rajagopalachari.

Enye inqununu (incutshe) nguProfessor Olof Rydbeck waseSweden ongomnye wabaqingqi be-Atomic Bomb kwamhla yazotywa. Ngumfo othetha angaphefumli xa echaza 'iimfihlo zePhysics neChemistry, incilagotshi kwiEurope iphela, isisusumba sendoda ngommo. Omnye umntu obalulekileyo nguMiss. Vera Brittain M.A., D. Litt (Oxon.) umfazi weProfesa yaseOxford owafunda kudala kunye noMrs. V.M.L. Ballinger (wePalamente yelethu besezintombi. Ngumbhali weencwadi ezikumashumi amabini ezidumileyo.

UDr. Mordecai Johnson, M.A., Ph.D., LL.D, D.Litt. ngumntu ontsundu endimazi ngamaxesha ooDr. Max Yergan mzuzu (1925) edume ngokuba lichule lokuthetha elintanga zimbalwa kuloo nto eMelika njengokuba iHoward University, Washington D.C., U.S.A. yasoloko yonganyelwe ngabelungu oko yemiswayo kuqale ngoMordecai lo (1926) ukumiselwa komntu ontsundu ekubeni yiPrincipal yayo. Undibalisele izinto ezininzi ngamadoda endiwaziyo kwelakowabo oo-Dr. W.E.B. Du Bois, Dr. Channing Tobias, Dr. Geo. Hyanes, Dr. Yergan nabanye. Le yimfundi ezibalule yavelela ngamagxa kule ngqungquthela xa kuvele iintongapicili (wrinkles) ema zityeneneziswe ngamasoko (solutions) obuchule, ngoluvo olunye sibhenele kuye, atsho ngencindi yobusi, umfo oyinzwana, nozwi ngathi lugwali, linyuka lisihla, ephatha kukhenyeka, ephatha kuthomalalisa, atsho siphulule izilevu sincoma. Nokuba sele bebathandathu abantu abathethileyo entlanganisweni, abahleli beendaba bebesuka bapapashe emaphepheni eyakhe yedwa intetho, kunge akuthethanga mntu wumbi. Ngenxa yokwaziwa, uphuthunywe nge-eropleni eMelika wabuya wagoduswa kwangayo yena. He!

Enye injojeli nguDr. Wilfred Wellock, M.P., LL.D. ongomnye wabavotela inkululeko yeIndiya ePalamente yaseEngland. Lo mfo uyichaze savuleka amehlo into yokuba xa sifuna uxolo ehlabathini kufuneka kuqala soyise izinto ezintathu ezizezi: i. iingxukuma zamashishini ezikhupha abantu emaphandleni zibaqokelele ndawonye ezidolophini (the dinosaur of industrialism); ii. ukuhluthwa kwamazwe abantsundu ajikwe enziwe izithanga zaboyisi (the evil colonialism); iii. nogqatso lokufunjelekwa kwezikhali zeemfazwe (the juggernaut of militarism and armaments). Uthe ezi zinto zizo eziyitshonisileyo iEngland zayenza yahibaza ingqondo yamaNgesi yada yeyela kumacebo okucima iintsizi ngotywala (£700 000 000 ngonyaka), nangobhejo (betting) lweHorse racing neFootball and gambling (£700 000 000 ngonyaka), kwanecuba elitshaywa ngabafazi nangabantwana (£700 000 000 ngonyaka) nezixhobo zemfazwe ezinyanzelisa iirhafu ezaphula umqolo, ephaphatheka nje eyishiya iEngland amaNgesi kunamhla. Le yenye yeentetho ezithe zayothusa intlanganiso, umfo lo ebhexesha ethetha ngohlobo olundikhumbuze ooAbdurahman nooRubusana besagqadaza, wena ubeva ngembali kuphela. Ziingqondi zombini abathunywa abavela eChina uProf. Beauson Tseng, B.Sc. (Lond.), A.R.S.M., LL.D. osisizukulwana sama-73 senyange elalingumPostile kuConfucius ngokukaPetrose kuYesu Kristu. Abazali bakhe babe ngamaphakathi ezwe labo eLondon. Yena wafundela ubuInjiniya (Engineering) wazuza isidanga seB.Sc. (Lond.) wagoduka wagqobhokela ebuKristwini, wamisa uNokholeji omkhulu encedisana nentombi yoyisekazi entanganye naye (55) uMiss Po Swen Tseng, B.Sc. (Lond.), Ph.D. olapha naye njengomthunywa wesibini welozwe. Udade wabo longumntu weziphiwo zodidi oluphezulu emfundweni nongumbhali weencwadi ezidumileyo zengqobhoko, engumjikelezi ofundisayo (lecturer) engomnye wezithethi eziphambili eChina. Esi sipho siqondakele ngokudandalazileyo nalapha. Wayekho enkomfeni yaseTamburan, Madras (1938) eyayiyiwe ngamaAfrika angooS. Tema, A. Luthuli, J.C. Mvusi, noMiss Mina Soga, kanti wayekho eJerusalem (1928) kunye nombhali lo; athe ngeso sizathu wamisela ngokwakhe okokuba sithatyathwe umfanekiso sisobabini, ube sisikhumbuzo samagqala amhlophe zizimvi namhla esilwela ubuKristu. Ukum ndibhala nje loo mfanekiso. Ndimkhumbula kakuhle lo mntu eJerusalem ethetha entyingoza ngezwi elithe nkqo ekunye nogxa wakhe uMiss Helen Kiduk Kim, M.A. waseKorea, umlonji nalowo. He!

URev. Michael Scott lufafa oluphaya lwesoka laseTshetshi elisebenze eJohannesburg naseBombay naseLondon mandulo ngesimilo esinye sokufela wonke umcinezelwa. Thina simqabuke kutsha nje ezimanye namaIndiya ePassive Resistance eNatal efakwa entolongweni kunye ngokuchasa iAsiatic Land Tenure Act. Nyak'enye isenzo sobukroti esilwela izizwe zaseSouth West Africa amaHerero namaLawu (Hottentots) namaDambara (Damara) wathi evalelwe ngaphambili nguRhulumente watyhoboza iintango ngeentango zamaziko emvume yokuwela (Passports) nawelungelo lokungena phakathi kwi-U.N.O. (United Nations Organisation) wangena yena wawaneka umcimbi wezi zizwe ngokupheleleyo, waza emva koko wakhwela iEropleni sabona ngaye sel' ephakathi kwethu eIndiya encedisana nathi ezingxoxweni zokuyila uxolo ehlabathini, wazibonakalalisa ukuba ungowodidi lwabafundisi (missionaries) oluzikela nasezintolongweni ngenxa yabantu abantsundu.

UMiss Rajkumari Amrit Kaur, M.A. liGosa leMpilo (Minister of Health) ePalemente nomseki weembutho ezininzi zabafazi, wabe engunobhala kaGandhi iminyaka esondeleyo kuma 20. Uzalwa sisityebi iMaharajah of Kapurthala waza wathi ngokungena ebuKristwini enomnakwabo uSingh (owayeyiIndian Commissioner of South Africa mzuzu) bahlanjwa nguyise, balahlekana nobo butyebi buyintabalala. Wafundiswa eEngland waza wayintshatsheli kwiiTennis Championships nasezintlanganisweni. Sivakele isakhono sakhe nalapha.

UR. B. Gregg B.A., LL.B. waseColorado, U.S.A. wakha wahlala ithuba endlwini kaGandhi njengomdisipile wakhe. Ngumbhali weencwadi ezimbini zodidi ezichaza amacebo kaGandhi. UNirmal Kumar Bose, M.Sc. ngumbhali weencwadi ezili-12 ezibalulekileyo. Uneminyaka ethile esezintolongweni ngenxa yokulandela iimfundiso zikaGandhi. Ungomnye wabo basichazele nzulu ngaye.

USophia Wadia, M.A. yintokazi efundiswe eParis naseLondon naseColumbia University, New York yaphekwa yavuthwa. Yingcaphephe ngecala leencwadi ezingengqobhoko nemibongo, ethi xa ithetha ivakale ngezwi elinkqongoza kamandi. Ukhanyise lukhulu ngolwazi lweendidi ngeendidi zengqobhoko.

Umfo oqondakala kwasebusweni ukuba uxozekile ziziva zeemfazwe liJamani elinguDr. Heinz Kraschutzki elazalwa ngowe-1891 lalwa kwimfazwe yokuqala (1914–1918), laza emva koko lalahla konke oko kulwa langena kwiimbutho zoxolelaniso, langumhleli. Unkabi ube sisisulu seentolongo ngenxa yolu kholo, ebekwa ityala lokudiz' amahlebo emikhosi, wazimela waya eSpain; wanukwa nalapho wathiwa nka ngeminyaka esixhenxe egqogqiswa iintolongo ngeentolongo, wada wakhululwa, wagqibela ngokuba yiProfessor of History eRussia, nalapho wabuya wachithwa. Lo mfo uthi akuthetha ngamava akhe abuhlungu atsho sizibambe ngeenkophe iinyembezi.

UDr. Riri Nakayama, M.A. (Japan) usothuse ngokuzila ukudla iintsuku zosixhenxe ekunye noManilal Gandhi umngane wam endize naye ukuphuma eDurban. Izizathu zolu zilo phofu zahlukene kuba umJapan uthe uzohlwaya ngezono zamawabo zokuhlasela izizwe ezimsulwa. UGandhi yena uthe uzilela ukuzenza nyulu (self-purification). Ibe yinto eyoyikekayo le kuthi baboneli kuba ngesithuba esincinci babhitye bazintswabane, banga baza kufa, kodwa banyamezela bada bazigqiba ezo ntsuku besela amanzi odwa. Izila elingaka andizanga ndilive nangeendaba kwaXhosa ezimbalini. URiri lo yiBhishophu egqibeleleyo yehlelo likaBuddha eladaleka kuminyaka ema-300 phambi koYesu.

Elona nyange lale ntlanganiso nguRev. G.L. Paine, M.A., D.D. (Massachusetts, U.S.A.) obudala bungama-75. Ngumswayiba wogxibha onciphileyo, olumathambo makhulu, uhlwath' olumadolo ngokuka Maqoma. Kowabo ngumlweli wamaNegro, noxolo, waye ewazi phakathi amazwe eRussia, Poland, Czechslovakia, Hungary, Yugoslavia. Usincede kunene ezingxoxweni.

UProf. Kakasahib Kalelkar, B.A., L.L.B. yingwevu eyintang'am (oko kukuthi ngowesiTwayi nomPhunzisa 1885). Nguyena wab' eyintonga esekhosi kuGandhi ukususela mhla wabuya (1915) eSouth Africa, wakuwo onke amatsili namakhandilili akhe, wafakwa kahlanu ezintolongweni. Ziwelile eshumini iincwadi azibhalileyo. Ukhanyise kakhulu ngengqondo kaGandhi.

URev. Henri Roser (France) wafakwa entolongweni iinyanga zosithoba, gumbini linye yedwa imini nobusuku engavunyelwa nakufunda ncwadi naphepha. Uthi kum waphantsa waphambana ingqondo sesi sohlwayo koko wasindiswa kukucula amaculo ecawa njalo ngentloko, kwanokucengceleza izifundo zeBhayibhile azikhumbulayo.

UDr. Chakravarty, M.A. yiProfessor of English (Howard University, U.S.A.). US. Ghosh, M.A. (Cambridge) ebesilala ntenteninye naye ligosa likaNehru nelalinguthunywashe kaGhandhi, kuSir Stafford Cripps. UProf. Acharya Kripalani, M.A. lilungu lePalamente uDr. Kumarappa, M.A. ngumongameli womanyano lwabalimi oluqhuba imfundiso kaGhandhi. Maninzi ke amanye amagqala abaleseleyo kweli khulu labathunywa endinokuwachaza ngovuyo, kodwa la anele ukubonisa ukuba udidi lwamalungu ale ntlanganiso lolwabantu abangqondo zibhadlileyo ekunokufundwa nzulu kuzo. He!

Tagore

Indlu esingenela kuyo yeyomfi uSir Rabindranath Tagore isilumko sembongi eyathwa jize ngebhaso lama £4 000 (Nobel Prize for literature) ngomnyaka we-1913, kwanelobu 'Sir' ngowe-1914, wazalwa ngowe-1861 ukuqala kwelanga likaQilo, wafa ngowe-1941. Imfundo yakhe wayifumana eEngland eBrighton nasekholejini yombhali lo iUniversity College, Gower street, London, wayingcwangula yokubhala ngesiNgesi iiSonnets, Plays, Lyrics, Novels, Lectures, Music, Philosophy,

Journalism, Painting, Religion. Uqhubisene noGandhi ngowe-1915, waza wancama ifama enkulu yakhe wayijika wayenza isikolo sokufundisa ulimo namashishini okuphilisa abantu abalambayo basemaphandleni.

Uyise kaRabindranath Tagore wayeyi 'Zamindar' oko kukuthi isihandiba sesimamhlaba, umhlaba olinganiselwa ngee-'square miles' olingene ukujikelezwa ngenkabi yehashi elothi lihambe lide lidinwe kuba ububanzi bawo yingxizakhwe, ingoma kaTarabe. Indlu yakhe ke le singenela kuyo libhotwe lebhongo elakhiwa ngemali ekuma-£25 000 emagumbi azinkenkebula, ahonjiswe ngemithi enqabileyo eyaphuthunywa kumigama ekude. Izi-opstezi eziliqela eziphumela phezulu ebaleni elibanzi lesamente apho kubuthelwa khona ngabantu babone imigama emikhulu macala onke. Irhangqwe yimixanduva yemithi emagqomogqomo eyatyalwa kudala ngezandla yadala amahlathi anezixwexwe zemithunzi ekungenela phantsi kwayo izikolo zanamhla, kwaye kukho nezinye izindlu ezininzi zokuhlala iititshala nabafundi neeholo zezizathu ngezizathu. Eyethu intlanganiso ingenele kwiSitting Room (Lounge Saloon) ebunewunewu bungumangaliso. Qonda xa ndithi ikhulu lonke labantu lihlala ezitulweni kuyo, elowo enesakhe isitulo.

Ukusungulwa

Kube yimini yeemini ukusungulwa kwayo 1 kweyoMnga 1949, kubetha amagubu, umvuli inguDr. Katju (Governor of Bengal) ephahlwe nguMiss Rajkumari Amrit Kaur (Minister of Health) nonyana kaTagore ekuphethe yena ngoku kulo mzi. Ukuphuma kwethu ezintenteni sihambe ngoludwe lomkhoko olumabalabala, siphahlwe zii 'photographers' zamaphephandaba zinqakra njalo ngombane sada saya kuhlala. Kwenzekile ukuba upapashwe ngamaphepha lo mkhoko, kanti nam ndichaniwe eluhlwini oluphambili liphepha laseDelhi eliwukhuphe wacaca, *iHindustani Times* endiyigcinileyo.

Kuvulwe ngamaculo esiHindi nemithandazo yolo lwimi, isintsompoyiya esindikhumbuze ndaqonda ukuba ndisezweni namhla. Zawa ke iintetho eziphakamileyo phakathi kwesithukuthezi sabathabathi bemifanekiso abamana besukuma bengxabalaza phambi kwethu ngendlela engakhathalele mntu, kukho nabanye abanqola ngezabo iicamera ezincinci, yaye iyodwa impazamiso yeencwadana zabantwana abacela ukuba sisayine amagama (autographs) ethu kuzo, bewafuna onke la magama alikhulu babe bona besewakeni ngobuninzi. Zombini ezi zinto (imifanekiso neencwadana zemisayiniso) zithe kanti yintlahlela yento esiya kudibana nayo kuzo zonke iidolophu, ilisiko leli lizwe.

Le ntlanganiso yokusungula ingqungquthela iqhutywe phandle phantsi kwemithunzi yeengcasawula zemithi emagqabi izixwexwe etsho kwanga kusendlwini epholileyo. Le ndawo igama layo yi 'Mango Grove' (iBhoma leeMango) ehleli iliziko lakakade leentlanganiso ezinkulu. Ndiphawule ukuba apha intlanganiso ihlala dyadavu ingasukumi nokuba kugaleleka abantu abakhulu, ingaqhwabi nazandla, ingashukunyiswa nto. Kuwo onke loo mawaka abantu nabantwana akubanga kho mntu uphumayo zada zaphela zonke iiyure zayo. Ndimangalisiwe koku kuba ndiqhele apho abantu boyiswa nayiyure enye nasezikonsathini zabantwana bezikolo abasoloko beluthelelemvubu ukuphuma bengena.Ndifumene enje amaIndiya kulo lonke elawo endilihambileyo, kwacaca nokuba ancedwa kukungaseli nto zitshisayo. He!

Thina zindwendwe saziswe ngokubizwa kwamagama ethu, elowo ubiziweyo eme ngeenyawo. Ekuphumeni kuyiwe edinaleni. Sityiswe phantsi kwententekazi enkulu, umhalatushe ekuthiwa yi 'Marquee' enentlaninge yeeWeyitala (waiters), nabapheki; yalapha yonke imidungela yezinja zelali le, zalwa zatsho ngesiphithanyongo zidlavulana ngamathambo aphuma ekhitshini, saye singalali nasebusuku yingxolo yazo emkhondweni wamajubelo azuzwe emini.

NgoLwesihlanu 2 kweyoMnga 1949 esihlalweni kube nguHorace Alexander, M.A. ummemi wale ntlanganiso ngokugunyazwa nguGandhi ongasekhoyo, nabanye. Lo mntu ndimazela eBirmingham (1909) nowakwakhe. Ezazisweni ufunde incwadi evela kuDr. R. Prasad (usihlalo) ethi usabanjezelwe ngumsebenzi wakhe wobuPresident ePalamente wokuqingqa umthetho omtsha weRepublic. Esinye, isaziso sithe uPrime Minister Jawaharlal Nehru uzimisele ukuyivelela le ntlanganiso njengomlandeli kaGandhi malunga neveki yokugqibela enyangeni le. Wazise nokuba le ntlangano iya kuqhutywa iveki ibe nye apha eSantinikentan kuze kulandele ezimbini iiveki zokuba abathunywa bathi saa bejikeleza bebona iindawo ezibalulekileyo zelizwe eli laseIndiya ukuze ngeveki yokugqibela kuye kuhlanganelwa eSevagram kwiAshram kaGandhi apho wabonisa khona indlela yakhe yokuphakamisa abantu abazizilambi emaphandleni. IAshram le ligama lesiIndiya elithetha ikhaya lokuhlala nelonqulo kwanentsebenzo. He!

Uthe kuza kuwa iintetho kwizithethi ezikhethiweyo eziya kuchaza uGandhi isiqu nemisebenzi yonke yobomi bakhe, kuxoxelwe phezu kwezo ntetho, kwandule kuthelekiswe ezo nkcazo nenkqubo yamanye amazwe azama ukumisela intlalo yoxolo, kugqityelwe ngezigqibo ekovanwa ngazo.

Isithethi sokuqala ke ibenguProf. Kakasahib Kalelkar (esendiwenzile amabal'engwe ngaye). Ngumphambo wendoda lo, umfo ovuthelwe ngaphakathi ngokwevatala, othetha ngobugcisa ngokupholileyo, othandekayo, onomkhitha, oyazi ngentloko yonke into esezincwadini ngoGandhi lo, otsho sanga akangeyeki noko ebesikelwe ixesha elifutshane lokuthetha.

Uchaphazele amaqondo amaninzi ngoGandhi ekunzima kum ukuwacacisa ngesiXhosa kuba asekelwe engqondweni yamagama esiIndiya, Ahimsa (Non-violence), Satyagraha (Soul truth, truth force) inkinga ke leyo kuba xa azichazayo ezi mfundiso zikaGandhi uthe intsingiselo yazo isekubeni uluntu lonke malusebenzise amacebo athambileyo angalukruniyo uluvo lomnye umntu; inyama yomzimba mayilawulwe ngumphefumlo ukuze luphele uloyiko, kuba kukoyikana into eyenza lusweleke uxolo entlalweni yoburhulumente neyeziqu zabantu kufuneka siwafunde ngokutsha amandla omphefumlo esisekweni sobugqobhoka; masizame ukuzifezekisa zonke iintlobo zobukholwa ezikhoyo nemithandazo yeendidi zonke endaweni yokucinga elowo nalowo okokuba lolwakhe kuphela unqulo olulolona kunokungenwa ngalo ezulwini. Njengoko apha singamaBahais, Buddhists, Christians, Jews, Sikhs, Moslems, Theosophists, masihlambulule (purify) zonke ezi nkolo, sinyaniseke ngokungaphezulu elowo nalowo elukholweni lwakhe. Ezi nkolo zilusapho lwendlu enye. Wathi uGandhi zithandathu izono zezizwe ezichitha uxolo: kukuthimba amazwe abanye abantu enziwe izithanga (empire powers); bubusela; kukufumbelela ubutyebi obungafuneki nganto (acquisitiveness); kukuqhathana kumashishini (industrial exploitation); kwanobusafasafa (waste). Kufuneka sifunde ukuyibamba ngomkhala (restrain) iminqweno yethu; masiphakamise amashishini emizi esemaphandleni (village industries) ade akwazi ukuziphilisa (self sufficient), sidilize la afunjelelwe ndawonye ezidolophini (decentralisation), siyile imfundo edibanisa eyencwadi neyokusetyenziswa kweminwe (books and fingers). Umfo kaKalelkar uthe le mfundo yeencwadi ehamba nokusetyenziswa kweminwe sesona siseko semfundo eyiyo (basic education) adulusele kuyo uGandhi, yaye eyona ndawo icikidwa khona yi*Ashram* yakhe eliziko (institution) lokuziqeqesha (self-discipline) ukuze umntu akwazi ukuthandaza, ayazi inyaniso, awazile amacebo okunyhukrula ngesiqhanyonyo (non-violence), afunde ukubuncama ubutyebi (non-possession), ayeke ukufuna izinto ezingafuneki nganto (non-stealing) kuba uGandhi wayesithi loo nto ifana twa nesono sokuba; ahlale endaweni yophumlo oluzolileyo. Umntu ozimanya neli ziko (*Ashram*) ngojonge ezo nkalo. He!

Le ntetho ibe ngumtyabulo ovakeleyo ukuba ngowendlwamamevu, igcisa eliyaziyo ngamava into eliyithethayo.

Kulandele uGregg wavelisa amanye amabala e*Ahimsa* (non-violence) esithi ukuze uluntu olu lwahlukane nokunyhukutyhana makugxothwe indlala le, kuqaliswe ngolimo lwayo yonke iakile enokulimeka kudaleke amakhaya okugodukela. Kanene ngewayephelele phi na unyana wolahleko engagodukanga? Uwushiye umi wodwa lo mbuzo uGregg, phofu evuma ukuthi wagoduka ngenxa yokuba lalikho ikhaya lokugodukela kuba kwakulinywa kokwabo, kusetyenziswa izandla, into leyo eyenza umntu azihlonele ahloneleke abe nenkqubela ebomini.

Yiloo nto eyabangela uGandhi aqalisele kwimisebenzi yeminwe (ukuluka umqhaphu) esekeleze ukuphuthuma obona buntu.

Emva koku kufike ilixa leti yentlazane, lalithuba elihle eli lokulongalonga umzi lo kaRabindranath Tagore, orhawulwe ngamaqula amiselwe ngesamente, abukekayo, adada iintlanzi ezibomvu, kwanamabala esamente okudlala itenese, neegadi zeentyatyambo ezimabala onke omnyama ezimavumba ahlwabusayo ezimpumlweni nemithi yeentlobo zonke, umbono ongathi ngulaa myezo babekuwo oomakhulu bethu uAdam noEfa. Mhle lo mzi iShantiniketan. Ndiwufumene ulungele kanye umntu onjengam onqwenela iholide ephakathi kweempembelelo ezicingisa uxolo nenzolo nobulungisa kude kwingxokozelo yabantu abalawulwa likhwele nomona.

Ubushushu

Ngenxa yobushushu izinxibo zabathunywa aba mandithi zezona zonwabisayo kuzo zonke iingqungquthela endakha ndakuzo: kuba akukho mthetho; elowo unxiba nayiphina into ayicingileyo eya kumkhusela ekutshisweni lilanga. Sincedwe ngumzekelo wamaIndiya ngokwawo wona angenanto namnqwazi nazihlangu. Umnqwazi apha awukhathalelwe; kubekwa entloko icwecwe lelaphu elimhlophe elilingene nje ukugquma intloko elangeni. Libizwa ngokuthi yi'Gandhi-cap' kuba sisikhumbuzo somnqwazi wamabanjwa awayekuwo eJohannesburg (1908) uGandhi. Ezinyaweni akukho zikawusi, kuthiwa gangxa ithwathwa lembadada emtya mnye ukuze iinzwane zibethwe ngumoya, apho mna bendinzonzotheka ziikawusi zobusika nemincibitsholo yezihlangu (boots). Umzimba wangasentla ugqunywe yihempe emhlophe qha apho mna benditshutshiswa zii-'undershirt' neekhala nendulubhatyi neebhatyi ezinzima ndibila okwechebetyu. Ibhulukhwe ndim ndodwa oyinxibileyo (yaye iphantse yangutsotsi); amaIndiya ajinga i-'doti', oko kukuthi umbhinqo ovulekileyo ngemva ungena impepho ezimbandeni; wambi anxibe into ekhangeleka njenge-'undertrousers' yodwa. Baninzi abanganxibe nto ngentla; zibethwa ngumoya iimbambo neziphika. Oyena

93

mntu undincamisileyo ngumntu omnyama onentshebe, ekuthiwe ngowaseSouth India, indoda ese iqinile, ibhusha ngesishuba sodwa ngokwaseluSuthu, ayinamnqwazi nazixathula; inyakaza njalo phakathi kwabantu, ze; lixhonti lomfo wabe umzimba ulurhasha emilenzeni naseziqulubeni. He!

Ngenxa yeekomiti ezininzi ebezimiselwe imicimbi ngemicimbi kubonakele ukuba masichithakale thina mndilili ngeli thuba liya edinaleni zidibane iikomiti. Edinaleni kube yingongolotela ngento yokuba amalndiya awayityi inyama neqanda nentlanzi nayiphi into ekhutshwe ubomi; atya imifuno namasi neetayipete kuphela. Kubonakele ukuba makatye kwezawo zodwa iitafile okanye babe bodwa abaququzeleli bawo xa behleli bexubene nathi zintlanga ezidla inyama.

Sibuyele enkomeni ukujika kwemini saphulaphula uProf. Acharya J.B. Kripalani ilungu lePalamente elaxhathisa ithuba elide phambi kokuzinikela kuGandhi. Liqondakele lisaqala ukuba ngoku kuthetha indoda yasebandla nengcalamevu yemfundi. Ugqibe iiyure zombini emchaza uGandhi nomsebenzi wakhe ngesiNgesi esiyolis' udlubu, wathi egqiba yothuka se iqhwaba izandla intlanganiso nakubeni bekungaqhelekanga oko. Amaqondo akhe ngala: UGhandhi lo ngumntu ongqondo ingenakufezwa kuba liqili elizikhoth' emhlana (genius), engenakulandeleka ngemiba yengxoxo (above logic). Ube eyiqonda ngokunzulu into ayiqondileyo aze ayimele ayibiyele ayigoqele ngezizathu ezingenakuxengaxengiswa nto. Intshumayelo kaGandhi ithi obona bubi (evil) bukhoyo ebantwini lidedengu (fear) kuba umntu onovalo noloyiko akanakubanayo inyaniso. Ngoko ke wenza lukhulu ngoku wakhulula umzi wamaIndiya (1917–1921) nge 'Satyagraha' ewufundisa ububi bempatho kaRhulumente (This government is Satanic); wayifundisa yangena loo ngqondo emndililini wabantu bonke (masses), ezilalini zonke nasenkwenkweni embala (village urchin), yada yangathi yingoma ebubulwayo. Lwaphela loo mini uvalo ebantwini, bajika bangqeneneza ukukhalipha oku, bamlandela uGandhi kuyo yonke into ayishumayelayo phantsi kweli gama lithi *Ahimsa*.

Iintlobo-ntlobo zobubhukru (violence) zintlanu: i. Luvalo (fear); ii. bubugwala (cowardice); iii. ngumchasi-nto eyichasa ngokusebenzisa ububhovubhovu (violent resister); iv. nochasa engalwi (non-violent resister); v. nongacaphukisi mntu. Uzichaze ngokuzeleyo zonke uKripalani, esithi kuGandhi into elungele umntu omnye ilungele nabaninzi (collective). UBuddha yena wayethembele kwingqobhoko yomntu ngamnye esithi yoba ligwele kwabanye. Umphefumlo (spirit) nesiqu (matter) yinto inye kuGandhi, akazahlulahluli. Akazange ashumayele emahlwentshini uGandhi, wasoloko eqala ngokunceda iziqu ngelithi inye kuphela ingoma evakalayo ezindlebeni zomntu olambileyo, kukutya! Olambileyo akahlukani nesono. Sisono into emayibhangiswe phakathi kwabantu. Lowo ngumsebenzi ofuna ukhawulezisiwe (urgent) awufuni kucongconyiswa.

Lide latshona ilanga kuthetha uKripalani yedwa, engantyuntyi, ejula amagaqa eenyani odwa umfo othetha encume njalo, indoda eqhele isigqeba. Hayi usizi lomntu ophiwe ukuthetha ngomsindo wodwa, equmbe wasifolo esasuka. EkaKripalani intetho yomntu oncumileyo ayivakalanga naxa itshonisa ilanga. He!

Imithandazo

Emveni koku kuyiwe emithandazweni kuba besithandaza kwakusasa ngoms' obomvu nasemini emaqanda nangongcwalazi kungenelwe etyalikeni (mosque) yamaMoslem (Mahomedans), zonke izihlangu zikhululwe zashiywa ngaphandle kwesango. Ityalike le ayinazitulo; kuhlaliwa phantsi phezu kweenyawo ezisongwe okweentambo zesitulo. KumaIndiya ilula le nto, ayifundiswa ebuntwaneni. Yiloo nto ebanga izitho zibe zizigweqe, kuba kutyelwa phantsi kuhleliwe phezu kweenyawo ezisongiweyo. Eli siko lisitsalise nzima thina singalaziyo kuba eyethu imilenze ayisongeki, isuke ibe ziziqiqisholo zothiniko. Xa kuthandazwa kuvunyelwa zonke iilwimi neendidi zengqobhoko (religions). Ngoko ke kuthiwa ngokwesiko leeQuakers zaseEngland, ukuze nawuphi na umntu oziva eqhutywa nguMoya oyiNgcwele asuke enze loo nto imqhubayo afunde iziBhalo zakhe (Koran, Bhayibhile,

Gita njalo njalo), okanye ashumayele, okanye avume iculo mhlawumbi athandaze. Emithandazweni wova omnye ethetha isiLatin sodwa uqonde ke ukuba ngoweRoman Catholic ityalike; wumbi antsokothe ngesiTshayina; uqonde ukuba ngokaConfucius lowo; omnye atyandyuluke ngemibongo evangwe ngengoma xa eliMoslem likaMahomete, emana esithi, La illa il allah (there is no God but God). Komnye kumana kuvakala igama likaBuddha asingisa kulo, atsho alile. Le mithandazo yeentlobo ngeentlobo isankenteza nanamhla ezindlebeni. Ayilibaleki. Wova omnye ephindaphinda esithi, 'O Shanti Shanti!' wazi ke ukuba uthi 'makube luxolo' (Shantiniketan), abe eliIndiya (Hindu) lowo.

Andikholwa ukuba ikho enye intlanganiso ehlabathini enokuzidibanisa ezi ndidi zengqobhoko zivane phantsi kwentungo enye njengale.

NgoMgqibelo 3 kweyoMnga 1949 kukhokele intokazi enguRajkumari Amrit Kaur (Minister of Health) esendimchazile. Yena uchaze imigaqo kaGandhi yokwakhiwa kwesizwe (Constructive Programme) eyile: 1. Inkululeko (Swaraj, Independence) yesiqu neyombuso; 2. Ingqeqesho yokulwa nombuso ngendlela ethobekileyo (Civil Disobedience); 3. Ukuluka umqhaphu ngokwesiqu nokwezixeko; 4. Ubunye beentliziyo zabantu bonke kwiingqobhoko zonke; 5. Makubhangiswe ucalulano ngobuhlanga (untouchability); 6. Makuzilwe bonke utywala nentsangu; 7. Imizi yasemaphandleni mayizingqushele ngezandla umbona izenzele ngokwayo isepha, nematshisi nokuphala izikhumba nokuzimbela imingxuma yokuya ngasese endaweni yokuzimela ngamatyholo, neebhafu zokuhlamba umzimba endaweni yokungcolisa imifula nemilambo; 8. Imfundo yeencwadi kunye neyezandla (basic) neyabantu abasebekhulile (adult), neyabafazi, ukuze luphele ugonyamelo lwamadoda empathweni yabo; kufundiswe yonke imithetho yempilo (hygiene); 9. Intetho yesizwe mayibe nye; 10. Makufundiswe ulimo olunengeniso; 11. Abafundayo (students) mabalunyulwe ezingxoxweni zemicimbi yombuso (politics) efanele abadala bodwa kuba bona bantwana basafunda; 12. Makuncedwe abanesifo seqhenkqa; 13. Inkomo nomsebenzi wayo yinto ethe geqe ebalulekileyo empilweni yesizwe, ema iqondwe nzulu lulo lonke uluntu;

14. Yonke inkokheli mayizimisele ukumelana nentlungu (suffering) yentolongo nokumonxozwa.

Le ntokazi ithethe yathetha yee tya.

Ingxoxo

Kulandele ingxoxo nemibuzo, kwakho obuza ukuba kanene uGandhi uthini na ngezinonophu zezityebi? Impendulo ithe injongo yomfi uGandhi yayikukujika amatshawe abe ngamangqiba. Njengoko isityebi singumoni waphakade sesona wayefuna sisindisiwe, kodwa wadana kunene kukuba lukhuni kweentloko zezityebi.

Kulandele intetho kaJ. C. Kumarappa uSihlalo womanyano lwabalimi olusebenza ngamacebo kaGandhi wathi uGandhi ubezahlula kubini iintlobo zokuphila ngolimo, enye kukuvelisa into efunekayo, enye kukujika amasimi okutya (njengezimba) enziwe awecuba eliyiVirginia Tobacco ngenjongo yenzuzo yemali eninzi belamba bona abantu. Imali ke ngoko isuke idale isono nakwinto enyulu.

Kuyiwe edinaleni kwaza ngenjikalanga kwenziwa iingxelo ngenkqubo yokwakhiwa koxolo (Pacifism) emazweni ngamazwe. Umthunywa waseMelika uthe amalungu eemanyano zoxolo kwelakowabo ngama-500 000 yaye ingabantu abalunge kwiiMenonites neeQuakers, neePlymouth Brethren neFellowship of Reconciliation (14 100), neeConscientious objectors (20 000), neeJehovah's Witnesses nabamanyele ukulwa ucukulo lwamaNegro (Jim Crow) emithethweni ekuthe kumalungu alo abanye babanjwa bangamabhantinti athandelwa ngemixokelelwane yeentsimbi (chain gangs).

Kuthethe nabathunywa baseSwitzerland naseGermany nabanye kwavalwa ebusuku, kwaza kwavukelwa kwakule ngxoxo ngeCawa 4 kweyoMnga 1949 ngentetho kaDr. T. Kora (Japan) ilungu lePalamente, intokazi etsho azibamba ngeenkophe iinyembezi amadoda xa achaza ububi obenziwa yidamanethi yeAtomic Bomb kowayo kanye eHiroshima (ekwafa 240 000) naseNagasaki, ebalula abaziyo ngeziqu, azalanayo nabo awababona ngamehlo akhe beyucuke ufele lobuso, besezintlungwini ezingathethekiyo, abanye bewelwe zizindlu zabo bangcwabeka behleli, kwabanye kwasinda umntwana befile abazali, omnye umfazi washunquka imilenze encancisa usana olubomvu, nezinye izihlo ezilumezayo. Ude wema entethweni yakhe elila, nentlanganiso impheleka ngencwina. Ubuye wathabathisa esithi iJapan yona iphelelwe libhongo ngecala lasemfazweni. Ngoku izimisele ukwahlukana nezixhobo (disarmament) ngezizathu ezine: 1. Iphelile tu imali yokukhanda izixhobo; 2. Azincedi lutho izixhobo kuba imi yodwa namhla, yinkayoyo; 3. Umkhosi omncinci ngowona utsala imikhosi emikhulu yamazwe yimpi, ngoku kwentsimbi yomsila wenabulele (Rattle-snake); 4. Kokukhona iya kuqina ngokwasemphefumlweni (spiritually) iJapan xa ingenamkhosi.

Ingxinano

UKora uqhube wathi iJapan icuthekile yingxinano yabantu kunamhla kuba inabantu abazi 82 000 000 kwingqongana yomhlaba ongama 380 000 square miles (oko kukuthi ngumhlaba olingana nokusuka eMonti uye eKapa unyuke uye eKimberley ujike ngeBloemfontein ubuyele kwaseMonti). Incinci indawo ekunokutyiwa kuphilwe kuyo (22 353 square miles). Owona mninzi ziintaba norhexe nomrhagala. Liya phuphuma eli lizwe; liswele indawo yokuphokozela abantu balo.

Kuthelele nabanye baseJapan, India, U.S.A., France, Finland, kwavalelisa ngoManilal Gandhi (South Africa) othe ukuze sibe ngabaxolelanisi benene kufuneka sizoyise thina iziqu. UThixo ufuna sizigobe sigqubane nothuli. Uyise (Gandhi) wafela izizwe ukuze zikhanyiselwe, wazila ezilela abanye; nathi ke masizizilele iintsuku zosixhenxe ngempinda yale ntlanganiso eSevagram.

Kuvalwe ngomthandazo obuhlungu, kwayiwa esopholweni. Le ngxoxo iqukunjelwe ngokuhlwa zizithethi zaseGermany, India, China, Norway, kwavalwa.

Enkomeni

Kubuyelwe enkomeni ngoMvulo 5 kweyeNkanga 1949 isihlalo siphethwe nguMrs. Sophia Wadia, ingxoxo yavulwa nguAryanayakam,

M.A. inzwana yogxibha engumphathi wemfundo eSevagram (iziko likaGandhi leAshram) echaza le nto iyiMfundo esisiSeko (Basic Education) eqhutywa apho eSevagram ngokwenkokhelo kaGandhi. Uthe ingqondo kaGandhi yayisithi isixeko esi sasemaphandleni (the village) ngowona mfanekiso mncinci (microcosm) welizwe elizilawulayo (republic) apho yonke imfuneko yokuphila ifezwa ifezeke ngokuthabathela ezinxibeni (ngokusontwa nokulukwa komqhaphu) nasezitulweni nasekumiseni izindlu kuse elubisini lwenkomo nokutya okuvela emasimini.

Wonke umchaku ozenzele wona se uyipalamente yakho (Swaraj is in every yard you spin) kuba ukusindisa ezivenkileni zeedolophu. Phaya emaphandleni akukho zityebi nazisweli (no haves and have-nots) kumiwa ngobomi behlabathi (world citizenship), ilapha yonke into: ukutya, izinxibo, indlu, izinto zokusebenza (tools) zibe zonke zizezakho zikuphakamisa umxhelo nomphefumlo nobuchopho (aesthetic, spiritual, intellectual), apho wonke umntwana asisipho sikaThixo.

Okokuba abantwana aba bebekhathalelwe ngeyona ndlela zizizwe ngeyingekho imali echithelwa iimbumbulu, nemipu neemfazwe. Uxolo luya kufika ehlabathini mhla kwanonelelwa intlalo yamaphandle. Amashishini eedolophu makayisekele angayitshitshisi le ntlalo yamaphandle (supplement not supplant).

Impilo mayilawulwe ngumndilili lo wabantu (in the control of the masses), kufakwe uthando endaweni yonyoluko (replace greed by love). Nantso eyona Satyagraha. Wakufundisa ukuziphilisa (self-sufficiency) ungenisa ukuzithemba (self-confidence) udale amagorha angoyiki ndlala, imke ke imfazwe. Ngumsebenzi onzima kunene lo msebenzi wabaxolisi (Peacemakers Pacifists).

Ukuzikhusela

Ngenjikalanga kuvulwe umcimbi othi, 'Yiyiphi na indlela, yokuzikhusela ngaphandle kokusebenzisa izixhobo' (Non-violent Defence)? Ngowona mcimbi ube yinkohla lo. Kuba kaloku uxake amaKristu eBhayibhileni yawo ethi umntu okuphosa impama esidleleni mnike nesinye isidlele azenzele. Phofu elinye iqhaji lisihlekisile ngokusibalisela ngengwanyalala yomfo ongumKristu owathi akugqiba ukunikela esesibini isidlele wajika wambhuqa wamqusha umbethi lowo esithi, 'UYesu uvulile ukuba ndenze okwam ukuthanda emva kokubethwa ezidleleni zozibini; akanamthetho wakuba ndingaziphindezeli.' Okunene umndululi wale ngxoxo (Prof. S.H. Agarwal, India) uthe ethetha zaye zisiwa ngokuwa iindlebe zethu ukumva nokungamvisisi. Kodwa uzame ngokwendoda. Uchaze okokuba uGandhi wayethe makudalwe umkhosi woxolo (Peace Army) wama-2 000 amajoni azifungele ukuhlangabeza umhlaseli ngokuma bhuxe endleleni angalwi koko acule amaculo oxolo, afe, abulawe axolele ukufa engalwanga. Eli cebo walicebisa ngokuya amaJapan kwakusithiwa nanga es'apha, nanga esiza. Uqhube wathi ewe amajoni olu hlobo amelwe kukuba ngabantu abayigqobhokele ngokucacileyo imo abayenzayo, kuba le nkqubo ifanele ubukhalipha obungaphezulu kokukhaliphela ukubulala. Akunyali ukuthi ikhalipha lokubulala libe ligwala elikoyikayo ukufa. Ngowona unzima umsebenzi wokuzimisela ukungabulali kunowokuwisa izigede ngekrele ubulala. Indlela yale nto kukuba makuqale ngobhaliso lwamagama (register) amajoni azifungisa ukungabulali.

Ibambene nzulu le ngxoxo kwathetha othi umkhosi wolu hlobo awunakumiselwa ngokugaywa, umelwe kukuzivelela kubantu abantliziyo zihleli ziyigqobhokele le nto. Omnye uthe imfazwe elandelayo iya kuba yeyeAtomic Bombs zodwa, ingafuneki nganto ke imikhosi yabantu. Ngoko ke into ephambili yinto esiyiyo ngoluvo kunaleyo siyenzayo. Kulandele othi isizwe esihleli singaxhobanga (disarmed) asinakufumane sihlaselwe ngeBombs. Kwaphendula othi into emelwe kukhuselwa ngumphefumlo wethu kunezinto esinazo (possessions), ngoko ke uRhulumente waseIndiya xa ngaba unyanzelisa uqeqesho lokulwa (military training) ezikolweni makaxelelwe ukuba nolu uqeqesho lwabaxolisi lulunge ngokulinganayo nolwakhe. Umthunywa waseFrance wenze amabali abonisa ukuthi phaya eFrance iqhubeke phantsi kobunzima obukhulu le ndlela yokungalwi apho kuphethe amaJamani. Ixhonywe ethala le ngxoxo.

Ngokuhlwa siye kubonela umdlalo omhle wamasinala enxibe ezimbejembeje kubetha negubu. Salala.

Ngengomso 6 kweyoMnga 1949 isihlalo siphethwe nguMaude Brayshaw inenekazi eliqhele ukuba yiNkulu zeQuakers eEngland, ezibambe ngokuqinileyo iintambo ngenxa yamava enawo. Umcimbi ekungenwe kuwo ubengoweziSeko zobuXolisi othe wasungulwa nguDr. Wilfred Wellock esendimchazile ngokuzeleyo kwanale ntetho yakhe. Uthe impucuko esekelwe phezu kwamashishini angumgando ezidolophini (industrial revolution) eEngland isingisa entshabalalweni yobuzwe, kuba amaNgesi (50 000 000) anomhlaba omncinci kakhulu onokulinywa (30 000 000 acres), baye ubuninzi babantu babo (60 per cent) buphila ngemisebenzi yeentsimbi zoomashini endaweni yolimo. Le meko ke isuke inyanzele okokuba iEngland ityhutyhe lonke ihlabathi ifuna izinto (raw materials) ema zisondezelwe abo mashini, ize loo nto iyiqubanise nabantu bamazwe asebukrwadeni emakuliwe nabo boyiswe khon' ukuze zizuzwe ezo mpahla zifunekayo koomashini baseEngland. Isiqhamo soku emaNgesini kukuhilitheka kwengqondo esuka ithi ti, iziphozise ngokugalela iinzinzilikihla zeemali (£2 000 000 000) kwicuba lokutshaya nakwiFootball-Gambling, neHorse-Racing, nokukhanda izixhobo zokulwa iimfazwe, ize ngeli kusuleleke namanye amazwe ngezi zono.Isitshixo sosindiso (solution) sisekubeni makwenziwe inguqu; kubuyelwe emisebenzini yasemakhaya phaya emaphandleni, kubuywe umva incitshiswe imisebenzi yomashini basezidolophini.

Ibe siqhazolo sentetho ende nenomdla le, yaye ikhutshwe ngobuchule bobuciko basebandla (Parliament).

Kuxoxwe kunene phezu kwesi sikhokelo, kwabaluleka uDr. Mordecai Johnson osekele ngokuthi ingcali enguMatthus ithi kukho nengxaki yokuba namhla ukutya okulinywa lihlabathi lilonke akwanele ukuyityisa yonke imilomo ekhoyo. Kwakhona ingqobhoko ekhoyo (organised religion) isuke yasisimungunyagazi (exploitation) kuba incedisana naboyisi bezizwe (imperialisms); ngoko ke nayo mayenze inguqu ilungiselele ikamva. Abanye abaxoxileyo ngooBarrington, nombhali lo, noProf. N.K. Bose, noDr. A. Muste noDr. Tseng, noDr. Sayre, Dr. Zander, kothukwa liphelile ixesha besanxaniwe abathethi, ziphakamele phezulu izandla zabafuna ukusukuma bathethe.

Ekuyisongeni ingxoxo uDr. Wellock uthe umashini lo okokwakhe akasiso isono, nto nje, uluntu lusuke lulahlekane nengqondo xa luphile ngomashini yedwa. NguGandhi owuchanileyo umkhondo wokuba ingqondo yenene izibonakalalisa ngesimilo esifunyanwa ngesiseko semfundo yobuchopho ehamba nemfundiso yezandla.

Emva koku kugqitywe ekubeni yanele ngoku inkcazelo yenkqubo kaGandhi nezinye iziseko zamanye amazwe. Ingqungquthela ngoku iza kwahlulahlulwa ibe ziikomiti ngeekomiti eziphicotha imicimbi edweliswe liGqugula, ethe yangamaqondo amaninzi.

Ubuhlanga

Ngenjikalanga kusingethwe indaba yezidubantini zobuhlanga (Communal Riots) phakathi kwamaIslam (Pakistan Moslems), Islam namaIndiya (Hindu), isihlalo sanikelwa kuMordicai Johnson (U.S.A.), kwathetha amaHindu amabini aphuma eEast Pakistan (njengoko engezanga amaIslam ngokwawo). Owokuqala uSatindrenath Sen uthe intsusa yengxabano kukuqhekezwa kubini kwelizwe lilinye babebodwa abakaMahomete, abewodwa amaHindu; ngokukodwa ukwahlulwa kwemali, ngokuthotywa (Devaluation) eIndiya, nokungathotywa ePakistan, into leyo etsho kwayinkohla ukurhweba, kwaxatyanwa kuxatyenwe ngabananisi. Imfundiso kaGandhi ayinanzwa mpela ePakistan.

Kulandele uNath Kusari wathi yena kudala (1921) engummi oliHindu emaMoslemini kunganyembelekanga, kodwa kuyoyikeka ngoku. Mhla wagwintwa uGandhi kwazala endlwini yakhe ngamaIslam elila. Abantu bona bomndilili bayavana. Inkathazo nantso iphuma phezulu ezinkokhelini ezisoloko zirhanelana, zisinekelana, zityholana, zibekana amabala.

Emva koku kuvaliwe, kwayiwa ezikomitini.

Ubuzwe

Kuse ngoLwesithathu 7 kweyoMnga 1949 kuvulwa umcimbi wobuzwe (Nationalism) nguProf. Amiya Chakravarty, otsho ngezintsokotho echaza le nto isisizwe, esithi ingozi yobuzwe kukufuna ukugonyamela ezinye izizwe ngokukodwa ezingafundanga (undeveloped) zona zisuka zibe sisulu esibawisa izizwe ezinemali ngokuqhatheka lula (exploitation). Ngoko ke yimfundo nempucuko into emakuqalwe ngayo ngaphambi kokuziduba ngobuzwe. Kuthi khona kwakuhlangana iintlanganiso zezizwe (international conference) benzakale abaphethweyo kuba abameli babo ngabalawuli aba kanye babacinezelayo kuba bengaboyisi. Oyena mthandisizwe (true Nationalist) ngowenza sihlonipheke isizwe sakhe, singoyikwa, singathiywa.

Ixoxiwe le ntetho, kwaqala ngomthunywa othe izizwe ezi (nations) yinto eyintsomi (myths) kuba amaJamani la ziBalto-Slavs ngoluthi lomlibo. Umbhali lo naye uphose izwi lokuthi linobungozi eli gama leNationalism xa lintyontyelwe amakhwelo agwenxa ziinkokheli ezicinga kakubi. Omnye umthethi uthelele ngomzekelo othi emidlalweni yogqatso lweOlympic Games kuye kubonwe ithwazi (sprinter) lomntu ontsundu ebaleka, kuthiwe naantso iNegro, kodwa lakuphuma phambili kuthiwe hayi liFrench kuba livela kwizithanga zaseFrance.

Omnye uthe buyafuneka ubuzwe obu nakubeni bugqwethwa ngabanye abantu.

OwaseJapan (uP. Sekiya) ubuze umbuzo othi akukho zwi na ngeAustralia eneenkebenkebe zemihlaba engamiwanga mntu phofu iwavalele ngaphandlc amaJapan aswele indawo ngenxa yocalulo lobuzwe (racial discrimination)? Lo mbuzo awubanga namphenduli.

OwaseIreland uthe onke la magama ashwankathelayo njengala eCommunism neNationalism awalunganga. OwaseMalaya uthe kwelakhe ilizwe eli gama leNationalism lize namaNgesi awayethimba umhlaba awenza isithanga. U Vera Brittain uthe eli gama libi xa lisingisele kuburhulumente kodwa lilungile xa lithetha impucuko. UMordicai

Johnson uthe nokuba eli gama liya kuyekwa lime kweyalo indawo into yona efunekayo ehlabathini yintshukumo entsha eya kuthi izenze izifeze ezi zinto zizondelelwe ziCommunists. Okwangoku iCommunism ilithimba ihlabathi ngesizathu seenjongo zayo zokunciphisa indlala nokweyisa umvalo webala.

Kuthethe nabanye waza ekuyiqukumbeleni ingxoxo uChakravarty wathi yinyaniso le ithethwa nguMordecai Johnson malungana neCommunists, waye ehlomela ngokuthi kufuneka ingqondo yobuzwe ijikwe apha emazweni amatsha anjengeIndiya ingayi kungena kumgxobhozo wesizwe esijonge ukuxhaya iimfazwe (militarist state).

Ekutshoneni kwelanga emva kwale ngxoxo siye kubukela ukuvulwa kweLibrary entsha esisikhumbuzo sikaC.F. Andrews wodumo lokuncedisana noGandhi kudala emisebenzini yaseAfrika (South and East) naseIndiya, igorha elibuso babufana kakhulu nobukaBishop Smyth (Fort Hare) osweleke nonyaka ekuma-92 eminyaka ubudala.

Ngokuhlwa entlanganisweni yomdibaniso kuthethe incilagotshi yemfundi uProfessor Olof Rydbeck (Sweden), ingqangula ephala neengqanga ezisemafini kwiEurope iphela kwizifundo zobugqi (Physics) kanye ezi kuthiwa zayiyila iAtom Bomb, isisusumba somfo ngesithomo.

Uthe le nto ingumntu ayinakho ukuthintelwa kwimpando yolwazi lokufuna ukuyila izinto ezintsha. Ingozi yona nantso kweli gama kuliliselwa ngalo lempucuko yobuzwe (Cultural Nationalism) ebe kuxoxwa ngayo emini nje; kuba yiyo kanye eyalahlekisa amaJamani kumalungiselelo emfazwe, kuba azigwagwisa ngokuthi ngawona aqwelileyo kuzo zonke izizwe ngempucuko yobuzwe bawo (superiority of German culture). Yena ubona ngoloyiko ukuba ngathi namaRussia nawo akuloo ngqondo kunamhla.

Uqeqesho lwezazi

Into emayenziwe makugqojozwe kuqeqeshwe izazi ezi (scientists) zifundiswe imingxilo yoxolo (the ways of peace) ukuze zikwazi ukuxhathisa zakufika izilingo zokuba zirhwiqilizeliselwe kwiintlondi zeemfazwe. Yena isiqu ukhe wacengwa kakhulu wagaqelwa ecelwa ukuba ayile isoko lentsimbi eya kuthi phantsi kwenzonzobila yolwandle ibe neendlebe zokuyiva inqanawa edadayo naphi na iyidubule ngedamanethi (acoustic mine) itshone; kodwa walile ukuyenza loo nto nakubeni isemandleni olwazi lwakhe, ngesizathu sokuba alungebuye luhambeke ulwandle ikhe yakho into yolo hlobo. Ewe, neyona migudu mihle yezazi ijikwa lula yenziwe izixhobo zokubulala.

Sisimilo sesiqu somntu into enokuthenjwa. Ngoko ke ulwazi lobugqi yeyona nto inokuba namandla ekudaleni uxolo njengoko ihlabathi liye lisazana ngemfundo. Emva koxolo loba nakho ukububhangisa nobuhlwempu ncakasana.

Masingancami ke ngemeko esikuyo ezweni lanamhla (modern world). Itsho le mambane ngentetho ebhadlileyo nelandelekayo, yaya yee tya.

Nengxoxo elandeleyo ibe yephakamileyo yayeyeengqanga ezidada emafini emfundo. Kuqale ngoProf. B. Tseng (China) wathi inkinga esiqubisana nayo apha kwizazi isekubeni ziyoyiswa kukuyiqeqesha ingqondo ikwazi ukusibona isimo sesimilo senyaniso (perception of moral truth) kuba zisuke ziqwalasele umphandle wodwa womntu, ukanti isimilo yinto engaphakathi entliziyweni. Ngabantu abasemngciphekweni oyingozi kuba izazi ezi (scientists) zibaqwalasela abantu kuphela ngokwento ephathwa ngesandla (material) kanti ngokwethu iziqu siyinxalenye yale nto siphicotha yona, kuyalambatha ngecala lesimilo nelomphefumlo (in the sphere of morals and spiritual understanding). Yinkinga ke le esinokuyikhanyiselwa kuphela ngokhanyo oluvela kuThixo (divine light).

Yimfundi engqondo inzulu lo mfo (philosophical student) ekucinga kukhawuleza ngokombane iphendule engxoxweni ngokusemxholweni ngamazwi engathi iwafunda encwadini.

Ephendula umbuzo uProf. Rydbeck uthe ezweni lakowabo kugqitywe ekubeni kwenziwe iinguqulo ezinkulu emfundweni yezikolo ngenjongo yokuba isimilo sabafundi singashiyeki ngemva kwimfundo yezinto zobugqi (technological progress) njengokuba ibonakala imumethe iingozi ezininzi eluntwini.

105

Kuxoxe noA.J. Muste (U.S.A.) wafunda incwadi abeyibhalelwe nguProfessor Einstein (wodumo lwemathematics and Theory of Relativity) ethi yena akalindelanga lutho luya kunceda kwizazi zeAtomic Bomb kuba zisuke zigilane ukungena kwimiba yezinto zemibuso (politics). Ngoko ke yena Muste ubona ngathi izazi ezi zingxamele ukuziphatha ngokwamakhwenkwe edlala iceya abulibale ubutyala (responsibility) ezibuthweleyo ngobomi boluntu. Le ntetho kanye ingqinela uProf. R. Rydbeck).

Kulandele uKallinen (Finland) wathi indalo yomntu imacala mabini, iyakwazi ukuyenza eyona nto ibukekayo ibe ntle ngokugqibeleleyo kwanengcolileyo ngokupheleleyo. Usekelwe nguBovard (Switzerland) ngelithi akwaba bonke abafundi beScience bebenokunyanzelwa njengamagqirha amayeza (Doctors of Medicine) bafungiswe isifungo sikaHippocrates sokuba imfundo yabo baya kuyisebenzisa ngesimilo esinyulu. Naye uhlonyelelwe ngu-Dr. Kora (Japan) ozekelise ngentlungu yabantu baseHiroshima kowabo ngengozi yeAtom Bomb.

Ekuyisongeni kwakhe intlanganiso uSihlalo Dr. (Miss) P. Tseng (China) lowa wayeseJerusalem uthe le ngxoxo idale umvandedwa (contrition) wentlungu yenyani, wayicela indlu ukuba inyuke yonke ngomthandazo othe cwaka ithandazele ukuba uThixo asulungekise isimilo soluntu lonke. Kwavalwa.

Usuku lokugqibela

NgoLwesine 8 kweyoMnga 1949 usuku lokugqibela apha eSantiniketan imini le icandwe yaziqendu ezithathu: ngeyakusasa kuhlangene iikomiti ezilishumi eziphicotha le micimbi, 1. Iziseko zoxolo (fundamental peace principles); 2. Ukusetyenzwa koxolo (basic programmes of peace action); 3. Ingqungquthela yabaxolisi bonke; 4. Iindlela zokuthintela izizathu ezibangela iimfazwe; 5. Ukutya, nabantu ehlabathini liphela; 6. Imfundo esisiseko (Basic Education) eIndiya; 7. Ukumanywa kwehlabathi (World Organisation); 8. Imigaqo enokwamkelwa ngabo bonke abaxolisi; 9. Inkolo yokusebenza ngohlobo lokungenzakalisani (Non-Violence as a Creed); 10. Ukuqeqeshela ingqobhoko kuqalele ebantwaneni. Abagcinizihlalo bezi komiti bozenza iingxelo zabo entlanganisweni yangokuhlwa.

Ebhomeni leeMango

Emalanga kube yimbizo eyingqibelankqoyi yesidlangalala sentlanganiso yaso sonke isixeko saseSantiniketan phantsi kwemithi yeBhoma leeMango (Mango Grove) leya kwakusungulelwe kuyo. Kunyulwe izithethi ezihlanu zokuthethela emajelweni (microphones) kuloo ngxwabilili yabantu. Nazi ezo zithethi: (a) Madame Magda Trocme (France), (b) Prof. Beauson Tseng (China), (c) Prof. D.D.T. Jabavu (S. Africa), (d) Pastor E. Ewalds (Finland), (e) Rev. R. Newton (U.S.A.). Izihloko zeentetho zezi: owokuqala uchaze izwe elilaseIndiya alibonileyo ethelekisa nento abeba liyiyo. Owesibini uthethe ngabaxolisi ekuthiwa phambi kwabo banamabhongo kodwa xa behletywa kuthiwe zizihiba (idiots); owesithathu uthethe ngokunqaba koxolo kwelakowabo ilizwe elalawulwa ziinjengele zemikhosi okoko lamanywayo (ooGen. Botha, Gen. Smuts, Gen. Hertzog, Dr. Malan) apho kufuneka lufundisiwe uxolo; owesine uthethe ngemfundo elungiselela lona (Education for Peace); owesihlanu uchaze imigudu yeMelika neIndiya yokudala uxolo ehlabathini.

Elowo unikwe imizuzu elishumi, waza uSihlalo G. Ramchandran waqoshelisa ngokuthi ezi zithethi ziphuma kweyona 'United Nations' yenene kuba apha eIndiya ayizange ibe kho indibano enjengale emxhelo udibeneyo wezizwe ngezizwe. Zizuze lukhulu ezecala lakhe laseMpumalanga. Ngoku ke iindwendwe ezi ziza kulijikeleza elaseIndiya zibone ezinokukubona, ukuze zibuye zihlangane ngosuku lweKrisimesi kundawo eyiSevagram (500 miles) ngecala laseNtshonalanga ziqhube enye iveki apho.

Bhazalala

Okunene ngoLwesihlanu 9 kweyoMnga 1949 kuthe bhazalala kwayimpithizelo efana neyeenyosi zingqutywe luphondo lwekhwange ukuqokelelwa kwempahla yethu ezibhasini eziya esitishini saseBholpur. Umgama (90 miles) wokutya eCalcutta siwufeze emini emaqanda safika sihlangatyezwe ziikomiti ezivuza ububele, ubuso bazo bubobotheka ngenkenkesi yoncumo. Ehla! Sabunyathela buzihlalele ububele singeniswa ezimotweni eziya kulaa mzi sasifikele kuwo eUpper Wood Street. Apha sithe sabizwa okokuba siye kuhlala kwimizi ngemizi ngale ndlela yeendwendwe zeSinodi neKomfa yetyalike. Mna ndalathelwe emzini wesigwili segqwetha elihlala kumphokomela wesakhiwo esingathi seseRhuluneli, esimabanga akhweleneyo. Lo mfo uneemoto ezintlanu, neenkalimeva zombini zeeRadio Wireless ezixabiso lisekhulwini leeponti inye, enye ikumagumbi akhe, enye ingakum kuba undabele indlu iphela neendawana zayo zokuqubha nezangasese. Kuthe kanti bonke abathunywa aba bakhethelwe amakhaya eengcungcu ezimilomo mide ekrolonca incindi esenzulwini. Ndifumene zifele apha iincwadi ezifundekayo, ndafunda ndifundile, Lawu. Ezimotweni zakhe undinyulele eyam ndodwa kunye nomqhubi wayo wathi yeyakho ke le, iya kukusa naphi na apho unqwenelayo kwezi ntsuku zimbini ulundwendwe lwam, kuba ububanzi beCalcutta abunakufezwa ngezicatyana zakoTshiwo. Okunene kube njalo, kwasa ngoMgqibelo 10 kweyoMnga 1949 le moto ibomvu isisibhekede isenza ingqobe ukunyuka isihla isixeko esi, umqhubi esalatha ooni nooni esithi le indlu yeyento ethile, leya yeyenye into, amaqakabhodo aphaya ngomphakamo nabengezelayo ngobuhle; kuthi kwakufika ilixa lokutya afike ngokwakhe umnumzethu endifikele kuye, andise kwihotele yodidi oluphezulu apho kudekwe izinamnam zodwa, sizenzele ke mfondini.

Emini emaqanda kungene ikomfa yeembali zeencwadi (World Association of Writers) ebizwa ngokuba yiP.E.N. (Plays, Essays, Novels) ebe ndithunyelwe isimemo kuyo kwa ndisafika kweli lizwe. Amalungu ayo abemaninzi ngokumangalisayo, baye bekholise ngokuba ngabantu abanamagama adumileyo. Kujikeleziswe iziphungo, baziswa bonke omnye komnye kwayintswahla.

Ingqungquthela le yabaxolisi yayimiselwe isiyikayika sentlanganiso yangenjikalanga yokuba ithethe phambi kweCalcutta iyonke ngobukhulu bayo, ethe yangenela kwibhotwe leNizam of Hyderabad. Umnini weli bhotwe kudala sisiva kusithiwa ngomnye wezityebi ezihlanu eziphambili kwihlabathi liphela. Igama lakhe nguAga Khan, ithole lomnombo ozalwa yingotya (progenitor) uMahomete ngenkqu. Ngeso sizathu ke izishumi zawo onke amaMoslem zinikezelwa kuye yonke iminyaka. Uhlala eParis (France) kodwa enyakeni wenza uhambelo eEast Africa naseIndiya, abekwe esikalini alinganiselwe nesilivere, ibe sisipho kuye yonke loo mali; ngomnye umnyaka aveyishwe negolide, nayo ibe kwa yeyakhe, inqwaba yona, kuba ngumqhabasholo wendoda ngobunzima (217 lbs). Nyakenye kuqokelelwe iidayimani zada zalingana naye, waziphiwa! Kukho nebali elithi eParis wayenegumbi akholwa lilo kwihotele awayethanda ukufikela kuyo. Kwathi mhla wafika ngequbuliso seliqeshwe yenye injinga wakhathazeka, wasel' eyithenga yonke loo hotele ngemali ekwisigidi seeponti (£1 200 000) yayeyakhe unanamhla esenzela ukuba alale kwelo gumbi engasaxoxiswa bani. Ingenelo yakhe ngonyaka (income) iqikelelwa kwi-£1 300 000; ibe imali elingana nobutyebi bakhe ikuma £600 000 000 kuba izizithanga zemihlaba edluleyo kumashumi amathathu. Kaloku onke amadoda endiwaziyo aziintloko zonqulo ayahlutha. Nditsho ngokukhumbula uFather Divine umdakasholo waseNew York, noShembe kwaZulu, noTata uLimba eBhayi, noSigxabayi ebaThenjini, noKhonkotha eKapa, nabanye eMonti. Abawothi umlilo kuba iintlanga ezintsundu ziyigalela zicimele imali kubantu ezinqula kubo. Abelungu bona baqhuba ngentelekelelo bekhangele.

Apha ke eCalcutta iNizam (inkosi) le izakhele iqakabhodo lomzi ongangale Bazaar intsha yaseKapa eTerminus Station, umhohoma ophaya, olingene ukuhlala amadoda alikhulu enabafazi bawo. Inkundla yayo enengca ende ilingana nebala lokudlalela ikrikethi, yaye igqunywe yonke ngententekazi enkulu ukulungiselela intlanganiso yethu enamawaka amathandathu abaphulaphuli, thina sihlaliswe kwiqonga (pavilion) eliphakamileyo eliyibonisa yonke le ndimbane.

Kuqhutywe iiyure zontathu (3–6 p.m.) kuthetha ishumi elinesithoba lethu elileli: Vera Britain (England), Ramachandram (India), Gregg (England), Wadia (India), Alexander (India), Acquah (West Africa), Barrington (New Zealand), Chakravarty (India), Gandhi (South Africa), Hussein (Egypt), Kratshutski (Germany), Kallinen (Finland), Wyn (Burma), Marchand (France), Muste (U.S.A.), Saleh (Iraq), Tseng (China), Wellock (England), Zander (Palestine).

Isimanga kum kukuzola kwabaphulaphuli de iphume intlanganiso engekho nomnye umntu ophazamisileyo ngokuphuma. Kunjalo nje bayanconywa abantu baseCalcutta ngokuyimamela into ethethwayo. Le dolophu indikhumbuza iKapa ngobuninzi bamatshantliziyo emicimbini yombuso (politics), kwanobuninzi bamaKomanisi (Communists). Ziphithiphithi zivakalayo eIndiya kweli thuba lohamhelo lwethu zilapha eCalcutta, iziko labasemsini neziphekamafutha. Kuthiwa ngumntu wale dolophu owagwinta uGandhi. He!

Ukubonwa kweIndiya

NgeCawa 11 kweyoMnga 1949 sivukele kumalungiselelo ohambo lokubona iIndiya, saziindidi ezine; kukho abaya ezantsi eMadras, kukho abaya kwicala leBombay, abanye besiya eMpumalanga, mna ndadibaniselana nabaya entla eDelhi (eyona London nePretoria yeli lizwe) ngenjongo yokubona amaziko engqobhoko emilanjeni yeJumna neGanges eBenares, nawemfundo eLucknow naseAllahabad, neentaba zeHimalaya.

Imoto yam ndiyicele ukuba indise ezoo ndibone ingwe yenyaniso iBengal Tiger namanye amarhamncwa anqabileyo. Kuthe sisaya sabona, phakathi kwesixovuxovu seemoto neenqwelo, nanko umntu eqhuba inkomo yena ethwele inkonyana yayo ezalelwe ezitratweni ezo njengoko ziphila ngokucholachola nokuqhawula emagotyibeni omendo; kanti kwangaloo mini kuza kuhlwa ndibona omnye eqhuba imazi yenyathi ezalele kwaphakathi edolophini. Zizodwa izimanga zaseIndiya. Igugu lam ndilifezile ndayibona ingwe edla (eyoyisa) ngamabala. Kaloku ukudla oku kukoyisa; noDlangamandla ngulowo weyisa ngamandla ngokwesiXhosa sakudala. Ayikho eAfrika ingwe emabala afana naweyaseIndiya wona ajilekeza umzimba wonke ngezibhaxu. Ezethu iingwe zingqoqo ezimachokochoko. Le yaseBengal lunavathi olubukekayo, umnyobo omde le kwihlosi. Ndiyondele ithuba elide, waza umhlobo endihamba naye wathi, kuyenzeka asinde nobom bakhe ehlathini umntu ehlangene nengonyama, nomkhombe, nendlovu, kodwa ungumfi mhla wathana nqwakaqhwa nesi isilo (ingwe) kuba sikhohlakele qha, asiyeki nto ihamba, noko sihluthiyo, sibulala ubuhlanti buphela sitye ibhokhwe enye yodwa.

Ndiyile nasezindlovini ndafumana zinganeno kwezaseAfrika ngesibili, ndabona neemvubu, neentini, ndagqibela ngogqoloma, umtyululu onyawo zimashumi mabini ubude ndazuza itekisi endishumayele phezu kwayo ndiseseIndiya. He!

Emini emaqanda sibizelwe entlanganisweni kaSarabayi ingcali yemidaniso ekuthiwa yephucukileyo (cultural), saphuma kuyo sisukela idinala enkulu yethu bathunywa kwibutho lamaJain wona ashumayela uzilo lwenyama neqanda. Sityiswe imifuno yodwa nobisi neetayipete, izitulo iziikhaphethe ekuhlaliwa phezu kweenyawo ezisongelwe ngaphantsi, phofu mna ndaxolelwa ngenxa yobugadalala, ndafunelwa isitulo. Kwimifuno kubekho nomvungampunzi oqholwe ngepepile ebomvu etshisa kabukhali. Kuwe intetho yombulelo, kwabuthwa, kwaza emveni kwemini sadlulela kugayi olukhulu lokuthamba kwamakhwenkwe eBoy Scouts, esifike kudekiwe nalapho.

Emva koku (4:30 p.m.) imoto yakowethu isukele umtshato wentombi yomkhuluwa walo mfo ndihlala kuye okwasisifundi naye. Imitshato emikhulu eAfrika ndikhe ndiyibone, kodwa lo wesityebi saseIndiya yenye into, kuba indleko yawo ifikelele kumawaka amahlanu eeponti imali echithwe ngezinto ezibonakalayo: iintente ezintathu ezidityaniswe zagquma yonke inkundla, zafakelwa amakhulukhulu ezibane zeElectric zemibala yonke, zijinga ezintsikeni, ezitulweni, entungo, nasekhusini labafundisi abahlanu abaphethe le nkonzo phantsi kobunewunewu obufana nobamaNgesi aseTshetshi; balapha abelungu abaqeshelwe ibhayaskophu yemifanekiso ebalekayo, zilapha izinxibo zesilika nezityo eziphakwa imini le. Ndisabala ntoni na ibonakala nje apho imali yeyele khona? Kuthe xa siphuma esangweni saphiwa ibhaso thina bamenywa, umntu ngamnye ibhotilana yesilivere ezele yisenti (scent) evumba ngathi sisindiyandiya sozamlandela, elithe kanti lisalele ezimpahleni ebe ndizinxibile, ndabuzwa ndibuziwe ngabantu emva koko okokuba ndiziqhole ngantoni na?

Unjalo ke umtshato wezinonophu eIndiya. Ukusuka apho imoto yakowethu yenze amatshelu isukelisa enye intlanganiso ebesimenyelwe kuyo kwelinye icala ledolophu elikude Kunene, sesixiniwe nakuphela kwexesha letreni esimelwe kukukhwela kuyo. Sifike ngesimathontsi abanzi kule ntlanganiso sazalisa nje idinga, saphuma sasukelisa uloliwe kwisitishi esisempelazwe kwelinye icala.

Inkulu madoda iCalcutta, iyelele kwiJohannesburg xa uphuma eBenoni usukela into ekushiyayo eseRandfontein. Sigaleleke kwaloliwe sekunyembelekile, amaphaphu esezifubeni, sel' ephethwe ngezandla amalaphu aluhlaza eegadi zamaIndiya okuphekuza ujujuju, sanela nje ukutyhoboza singene yaye induluka inqwelo. Dolophu yokuqala sifunzele kuyo yiBenares ngesiNgesi. Abaninintetho bathi yiBanaras, besithi ligama eliphuma kumdibaniso woBaruna Assi owajikwa waba nguBaranashi, wagqibela ngeli langoku. Umgama (450 miles) uphantse walingana noweDe Aar–Cape Town (500). Ukuze uqonde mfundi ukuba uloliwe weli lizwe uyabaleka; sinduluke ngo-9:00 pm safika ngentlazane 11 a.m. ebenares, isixeko esingangeDurban (300 000) esimi phezu komlambo iGanges onqulwa njengesithixo ngamaHindu (uhlanga olungatyi nyama, nolungcwaba ngokutshisa izidumbu). Sibone lukhulu apha. Siqale saboniswa isikolo sodumo senkolo yeTheosophy eyasekwa nguMrs. Annie Besant mzuzu endikhumbula kudala (1908) eLondon ndiphulaphula uBesant lowo ewisa iintetho (lectures) ngayo le nkolo eyichaza esithi yeyona inokudibanisa zonke iimbedesho. Ulapha nomfanekiso wakhe wesithombe (statue) osisikhumbuzo sakhe. Siyicokisile ukuyihlola le ndawo, saza saculelwa neengoma ngabantwana besikolo, sadlula. Singene edolophini sahlola itempile ebaluleke ngegumbi elithile layo eligangathwe ngelitye elimhlophe (marble) elizotywe imaphu (map) yeIndiya iphela ikroloncwe ngobungcibi elityeni elo iqalela ezantsi kwiCape Comorin inyuse iye kwiintaba zeHimalaya, yonke into ilinganiselwa (to scale) kamandi: iintlambo, neenduli, nemilambo, neentaba, nezitywakadi zamathafa. Ukwenziwa kwayo kuthabathe iminyaka emihlanu kusebenza iingcibi ezikhethiweyo zentsimbi, ezithe ekuyiqulunqeni zenza yabengezela yaguda ngokwekomityi yonke. Ngamagcisa amaIndiya la, masiwancame. Sidlulele kwiBenares University edumileyo, ebafundi bangama-5 803; thelekisa ama-382 eFort Hare. Apha ndibhaqene nomntu endimaziyo, umfana oli-Indiya ebendimbone nyakenye eMaritzberg engumbhalelimaphepha. Ngoku ukwinani labafundi balapha. Kubekho nendodana emhlophe yaseCalifornia (U.S.A.) ethe xa sincokola ngobubanzi bezixeko zeli lizwe yathi hayi eyona dolophu inomhlaba obanzi wayo yiLos Angeles eCalifornia kuba owayo umhlaba ukuma 700 square miles. Ngenjikalanga bahlanganisiwe abafundi saza sawisa iintetho zeziyalo sagoduka salala. Kaloku sibe sibasixhenxe silundwendwe lwegqirha elimfazi ukwaligqirhakazi, emzini obanzi kunene.

IGanges

Kuse olungaliyo ngoLwesibini 13 kweyoMnga 1949 sasiwa emlanjeni iGanges (iGanga ngesiHindu) ophuma entla eHimalaya, ufike apha se usisithwexeba esingathi lulwandle oluluhlaza oluhambayo. AmaHindu athi ngunozala wawo lo mlambo (Mother India) ngezi zizathu: amanzi awo angcwele; ayayihlambulula yonke into engcolileyo; isidumbu esihlanjwa kuwo siyoluka sibe ngumthentelezi othe tse nokuba besigogekile kuqothola; uyazihlambulula izono zomntu.

Ngoko ke maninzi amaxhego afudukela apha eBenares ephuma kude esenzela ukuba aze ahlanjwe kuwo mhla afa, angaphosani nezulu. Zithuthelwa apha izidumbu zamaHindu zihlanjwe ngamanzi alo mlambo, zitshiswe (cremate) ngomphongo womlilo, uthuthu lusasazwe emanzini, amathambo agoduswe ngesikotile. Siyibone ngamehlo le nto, saqala sehla ngamabanga (steps) amaninzi esamente ukuya ezantsi emanzini njengoko iindonga zongamile. La mabanga anamakhulu ngamakhulu eminyaka amiswayo afana nezituphi zezindlu, kusenzelwa ukuba afikeleleke amanzi nokuba umlambo lo uwuthile. Thina sithe sakufika emanzini saqesha iphenyane (boat) nababhexi (rowers) balo, sanyuka sisihla loo nzonzobila iiyure zontathu sibona izinto zamehlo, izidumbu ngezidumbu zamadoda nezamankazana zithwelwe ngamanqwanqwa embambosi (bamboo stretchers) zibekwe phezu kwenqwaba yeenkuni emva kokuba zihlanjiwe, kulunyekwe umlilo, uvuthe ngemiqulu engqingqwa yamalangatye, itshe iphele inyama, athi uxhongo oqhawuke edolweni anqandelwe kwasemlilweni ngamaxhayi. Lide litshone ilanga kubaselwa lo msebenzi. Kukho nezidumbu eziza ngololiwe zivela kude. Kuthiwa esinye safika sivela eParis (France) isesesityebi esadiliza imali ngomyolelo othi maze sithunyelwe eBenares senziwe isiko lesizwe. He! Ngesi sizathu le dolophu kuthiwa likhaya lengqobhoko yamaIndiya, balapha nababhedeshi belanga (Sun-Worshippers) esibone omnye wabo ehleli ephempeni azakhele lona ezama ukujonga ilanga, eyiphekuphekuza ngezandla imitha yalo kuba imphandla.

UBuddha

Lwaqalisela apha nonqulo lukaBuddha, ukuze nje kuthiwe iBenares le liziko nesazulu lonqulo kumaHindu. Isiqalo sonqulo lukaBuddha silapha, kwindulana ekwiimayile ezintlanu, iSarnath. Phawula ukuba apha kuthiwa kubantu abane abaphilileyo ehlabathini wonke owesine ngowonqulo lukaBuddha ekukho nabantu abamhlophe kubo. UBuddha lo ngumHindu owazalwa kuminyaka ema-320 phambi koYesu, waza wabaluleka ngesimilo sakhe sobungcwele ezigcine ngobunyulu obudlule bonke abantu bexesha lakhe. Kwathi ngaminazana ithile elapha eSarnath, elele phantsi komthi weBanyan (okhangeleke ngathi ngumgxam kum), wafikelwa ngumbono wasezulwini ngokukaJohane ePatimo, kwaza kwaliqika inkwane (inkwethu) emehlweni, kwee danga ukhanyo, wazuzana nokhanyiselo lomphefumlo (enlightenment), wangenwa nguMoya oyiNgcwele (annunciation) washumayela ngohlobo olungummangaliso kwagqobhoka abantu abahlanu loo mini. Intshumayelo yakhe yayijoliswe ezonweni zonke nezabantu bodidi oluphezulu (Brahmins) ababengabantu abaziinkokheli zemfundo nonqulo kodwa beziphakamisile bebacekisa abanye abantu ekuthiwa ngabodidi oluphantsi (untouchables) amabangachukumisani nangomnwe nabo. La magqobhoka mahlanu angenelela angabapostile bokuqala bakhe, athi saa ehlabathini, ahamba egxumeka amagatya alo mthi weBanyan eCeylon, eBurma, eKashmir, eTibet, eRangoon, eBangkok, eChina kwaya kuma ngeJapan, kwaza kuzo zonke ezo ndawo kwema imingcungcume yeetyalike eziqingqwe ngobuchule kwahonjiswa ngemifanekiso nezithombe. Abalandeli bale ngqobhoko bayayibanga ncndawo yokuba bangaphezulu kumaKristu ngamanani obuninzi.

Sigaleleke apha ngemoto, sehla, sakhululiswa izihlangu, sangeniswa kule tyalike yokuqala yesiseko sobuBuddha sayisingasinga sagqiba, saphumela phandle kulaa mthi weBanyan sawujikeleza sangcucalaza phantsi kwawo ukuzicengela amathamsanqa. Emva koku sibuyele ekhaya, saza sasiwa kwimpungo yeti kwaNokholeji, saboniswa namanye amacala ale dolophu, kwacaca ukuba ukuhamba oku yimfundo, kuchitha uqaphelo lwengqondo esuke ifinyele kukungaboni nto zintsha. Sixelelwe nokuba inani labantu abafika eBenares ngemini nganye kudibene nabagodukayo liyadlula kumawaka amabini. Ngumntu njalo kuloliwe abehlayo nabakhwelayo; kube yenye into mhla kwafiphala ilanga (eclipse) kuba beza bephuma ngankalo zonke kungene amawaka aseshumini kulo mlambo weGanges, beme emanzini ngxithisi bethe nqa ngezifuba ngalo lonke ixesha licimile ilanga de libuye likhanye.

Allahabad

Siyigqibile ke ukuyibona idolophu yaseBenares ngenjikalanga saya kuloliwe sadlulela kwesinye isixeko esibalulekileyo iAllahabad (85 miles), sagaleleka ngongcwalazi lwemivundla siphuthunyiwe esitishini yikomiti yakhona, isihandiba seZamindar (uZwelibanzi) kwangemoto. Lo mnumzana usithe ntimfa kumzi omkhulu wakhe wamatye one-opstezi ephakamileyo nezicaka ezininzi kuba lilungu lePalamente. Kaloku kweli lizwe kuya izinonophu zodwa emkhandlwini webandla; kuba kuthiwa inkwamba ayinakho ukumela bantu enkundla kuba yosuka iqalaqalaze inxuse amaqithiqithi awa ezandleni zabahluthayo. Silele kamnandi ebuncwaneni savuswa sekufika abaphuthumi bethu, abafana abahlanu abakhutshwa yiUniversity of Allahabad okokuba babe ngamahlakani okusibonisa esi sixeko 14 kweyoMnga 1949 yonke loo mini. Ubukhulu baso buliphinda kabini iBhayi (295 000) abafundi beUniversity yalapha ngama-3 502. Kodwa eyona nto ingumtsalane kumaHindu apha yintlangano yemilambo emibini yodumo iJumna neGanges, ongafika oololiwe bezele futyu ngabantu abafikayo nababuyayo kule ntlangano engaphezulu le kuneyeTsitsa neNxu kwesika Mditshwa emaMpondomiseni. Ekufikeni kweli lizwe ndayibona lungcumevu le milambo kuba kwakuse kuhlwile ukungena ngebhulorho yeJumna. Ngoku singene emini ngeyeGanges. Le milambo ihlangana esithabazini sethafa esibutsolo bude (peninsula) ukuya endibanweni. Imoto iye yasibeka elungqwini lodidi lokudibana kwayo isithi thu ngasekunene iJumna iyintywenka eyoyikekayo yesiziba esiluhlaza ngokolwandle amanzi ayo engcamba ngokuthe cwaka ngobunzulu obukhulu (60 feet) beendonga, ibe ibhulorho naantso ibonakala ibomvu esithubeni seemayile ezimbini yona iyimayile enye ubude. Ngasekhohlo naantso iGanges iphumela phantsi komnyobo webhulorho ebude buzimayile ezintathu. Awayo awangcwenganga, alatyuza ngokuqukuqela ngobunzulu obunganeno koJumna noko emaninzi ngaphezulu. Kuzele apha ngabantu abasezintenteni nakwimichankcatho yeembambosi. Bulapha nobutyhifilana beevenkile zezinto ezityiwayo njengoko amaIndiya eyindwebele inkrwebo naphi na, noko apha ibuxhofuxhofana obungahonjiswanga bungahonjelwanga nangabaninibo.

Balapha ke nabafundisi nabashumayeli babo beenkolo ngeenkolo emakufikelwe kubo ziindwendwe ezi (pilgrims), zenzelwe amatikiti namasiko engqobhoko yazo. Bambi abahambi baphethe nezitofile ezizele luthuthu lwabafi oluza kugalelwa emanzini entlangano yezi zithixo zibini zamaHindu, iJumna neGanges.

Kaloku nyakenye uthuthu lomzimba kaMahatma Gandhi lweziswa apha nge-eropleni lwasasazwa ngokwesiko lakowabo entlanganweni yale milambo. Le miqodi ngemiqodi yabantu sibone isexhaphetshwini lokukhulula ihambe ze ingene emanzini ngecala leGanges iye kancinci kwiJumna kuba amanzi ayo aqala agilwe abuyiswe umva ngenxeni yokuba enganeno ngobuninzi, axele aweNxu igilwa liTsitsa. Kuyo yomibini le milambo kudada amaphenyane neenqanawa zorhwebo. Ingozi yayo kukuthi xa kunyibilike ikhephu phambi kwexesha lalo phaya kude eHimalaya, kubonwe ngayo se izele iphuphuma ngobusuku, iwagqume onke la mathafa, itshayele zonke ezo venkilana zasentlanganweni; nemizana efumane yagxunyekwa, iduduleke, amanzi angene nasedolophini, kube yinqasanqa khunubembe wonke umntu, kusinde iibhulorho eziya kuba zona zingcotshile ngoku kweengwamza, bucace ubulumko bokuba zibe zakhiwa zaphakama kwantlandlolo. Ekubeni sizanelisile ukuyibuka le milambo sijikile sabuyela ngecala lasedolophini, sathi sisahamba see thu kumdlalo omhle wamadodana ami macala mabini omgca, edlalisa ngokutsalana ngezandla equbulana

ukuwezana loo mgca. Lo ngumdlalo ofuna izigadangu ezinemisipha.
Aba sibabonileyo bomelele kanye. Nababoneli baninzi kakhulu
behlahlamba yile nto. Kuthiwa ngumdlalo othandwayo lo kweli lizwe,
waye uba nogayi olukhulu lwenkuphiswano eye ibonelwe yindimbane
yabantu. Ukugqitha apho sithe ntla ngeshumi lamaxhalanga aphicotha
isidumbu sehashi, egilana kweso sivivi. Kaloku anqabile ukubonwa
apho ndihlala khona, ngoko ke ndiyibonele ithuba elide le nto. Phaya
edolophini sijikeleze kakhulu ezivenkileni sithenga neentwanantwana,
saza sadlulela kwinkundla ephakamileyo yamatyala (Supreme
Court) edume kunene nakude ngesizathu sobuhle bezakhiwo zayo
kwanamagqwetha angamachule. Ezi zakhiwo zezelitye elimhlophe
lenyengane (marble) echokochwe ngoobendlela, zaye zinamagumbi
amaninzi asetyenziswa ngamagqwetha odidi lweeAdvocates, kanti
phandle apha maninzi amaphempe amagqwetha ohlobo lweeSolicitors
kwanabantu abeze kufaka izimangalo. Kube kuphithizela okwenyani
ndaqonda ukuba amaIndiya la afana nathi ngokuwathanda amatyala
nokuchitha iimali ezinkulu ngawo. Mandithi mabini amagqwetha
ebendilazi ibali lawo ndingekacingi nto ngakuyibona iIndiya
ngawalapha eAllahabad, uSapru noNehru. USir Tej Bahadur Sapru
wasinga eLondon ngomnyaka we-1923 kwiRound Table Conference
wathethelela amaIndiya aseEast Africa awayecukulwa ngemithetho
yokuwavalela kwelo lizwe waza waqubisana apho noGeneral Smuts
kwakhonya iinkunzi ezimbini loo mini. Ndisazigcinile izicatshulwa
zobuciko bakhe. Elesibini igqwetha nguMotilal Nehru uyise walo
mfo ukhokela iIndiya namhla uJawaharlal Nehru nodade wabo uMrs.
Vijayalakshmi Pandit omele iIndiya eNew York. UMotilal lo watyeba
umtyebo waza wazakhela umzi ongqindilili endiwuboniley apha,
ibhotwe elingummangaliso ngobukhulu nobuhle. Ndiwabonisiwe
amakhaya ala madoda mabini imikhango engathi yeyeekumkani.
Uzalwa apho ke uNehru lo uphethey, akanguwo mxhoxho ovuk'
endleleni. Abaphathi beUniversity yalapha basimemele kwiziko
labo basamkela ngobubele obushushu basihlanganisela intlanganiso
yesikhawu yokuba sithethe kubafundi babo, yatsho boma amathe

iponi uDr. Wilfrid Wellock othe walandela mna ekuthetheni. Isihlalo sibe siphethwe yinkab' amalanga, umdak' omnyama weProfessor eyafunda kholejini-nye nombhali lo eLondon koko kuminyaka yamva yena, yaza naloo nto yabanga ukubungezelelana kuthi. Ndifumene beliqela apha abafundi bebala lam abaphuma eEast Africa beze kufunda ngeScholarships zaseIndiya kanye kwezi athe uMiss Letitia Tsotsi wavalelwa kuzo nguRhulumente weli lethu sel' esinikiwe.

Umjikelezo wethu ngeemoto kule dolophu uwonke ube ngama-56 eemayile, eBenares ube ngama-54, eCalcutta 92, into ebonisa ukuthi umsebenzi wokucokisa ukubona izinto ezibalulekileyo zesixeko esikhulu seli lizwe asiyonja idlalisa umbudlwana. Ke ukushiya iAllahabad sihambe iimayile ezili-140 ngololiwe wobusuku kwaya kusa, 15 kweyoMnga 1949 siseLucknow (350 000) isixaxabesha sesixeko esiyidlulayo neDurban ngobuninzi babantu, isixeko samabali amaninzi esiwakhumbule kwiEnglish History eyayifundiswa ngamaxesha ethu (1901) e*Royal Readers.* AmaNgesi ayekholose kunene ngale dolophu, kusiliwa amadabi amakhulu neenjengele ezikhaliphileyo zamaIndiya. Ngoko ke izele zizakhiwo ezingamanxowa eenqaba zokulwa, nezeetempile ezinkulu zonqulo lukaMahomete, esizibonisiweyo, namabhotwe ePalamente, kuba yakha yanethuba isisizikithi (headquarters) solawulo njengoko isesazulwini selizwe. Ngethamsanqa ndifikele kwiAshram (iziko labaFundisi beliZwi) kaDr. Stanley Jones umbhali wencwadi edumileyo, *Christ of the Indian Road,* umMelika owayenesipho sobuvangeli, nowayekho eJerusalem (1928). Baninzi abantu abangeniswe ebuKrestwini kukufunda le ncwadi. Ngecala lemfundo yobugqirha iMedical School yalapha yenye yeziphambili kweli lizwe, yaye idumile neUniversity efunda ama-3 093 ekuthe ngeCawa edluleyo izithsaba zayo (degrees) zazuzwa ngama 2 000 ezityudini, isithethi (Graduation Orator) inguDr. Rajendra Prasad lo sendimchazile. Siyifumene nalapha imbeko yokuba simenywe siyihambele le University baza abanye bethu baphosa amazwi entlanganisweni yabafundi. Emva koko senzelwe isidlo kweyona hotele (Burlington Hotel) yoochwenene ngesimemo

seRhuluneli (Governor) yeli phondo, ichubanzipho lesihandiba
esiyintloko yeshishini eliqeshe amawakawaka abantu, isachwethe
sehomba eligalele iibhulukhwe ezimazembe; kwaye kwabe kukho
izikhulu ezininzi nezamaNgesi ezihlaliswe phakathi kwawo. Thina
zindwendwe sibizwe ngamagama ukwaziswa, sathetha ngokufutshane
sonke. Ekuphumeni apho ndisutywe ziinqununu ezimbini ezithe
zinqwenela ukuba nondwendwe oluphuma eAfrika. La madoda andise
ekhayeni lawo elikwiimayile ezintlanu kwelinye icala lesi sixeko
ngemoto efanele izikhakhamela zodwa kwibhotwe elimakhazikhazi.
Ndifike kuzizipili ndongeni zonke, ndasindlekwa kwayiloo nto ngala
manene andincamisa, lawundini. Kule idolophu sijikeleze ama-34
eemayile saya kulala kwakuloliwe wobusuku sasinga ngoku eNew Delhi
(280 miles). Endleleni uloliwe ume kwidolophu enkulu engangeBhayi
(150 100) iAlligarh edume ngokuba yiyo eneyona University inkulu
ehlabathini yamaMoslem (Moslems) efunda izityudini ezima-4 019
ezinqula uMahomete. Izakhiwo esizibonele mgama zingqindilili
izezezitena ezibomvu ezikhazimlayo.

New Delhi
Sigaleleke emini emaqanda, 16 kweyoMnga 1949, eNew Delhi ikomkhulu
leIndiya yonke ngokweLondon yaseEngland. IngangeJohannesburg
kuba abemi bayo ngama-700 000, yaye imi ngezikina ezibini; esokuqala
yiDelhi yakudala emiwe ngokwesiIndiya kukuxinana kwezitrato
ezilucenyu apho kungumgando wokuhlala ndawonye komntu nenkomo
nedonki nabantwana; esinye yiDelhi entsha le yamiselwa yikumkani
yamaNgesi uJoji ethafeni elibanzi elicandwe ngobuchule nebhongo
kwazotywa izitrato ezibukeka njengezaseWashington (U.S.A.) aza
agqityezelwa aqongqothwa amabhongo zizilumko zokwakha xa ziyila
amabhotwe okuhlala iGovernor-General yegazi lobukhosi (Lord)
baseEngland ukuze nje izwe laseIndiya lithiywe isaci sokuba 'licici
lezithanga zamaNgesi' (Jewel of the British Empire).

Kwakungazeki ngoko ukuba indlu yolu didi yoza ihlalwe ngumntu
ontsundu onjengoRajagopalachari (endifike ekuyo) okanye uDr.

Rajendre Prasad (President). Zilapha izicihaha zezindlu zePalamente ezingaphezulu ngobukhulu (kokwam ukubona) kunezaseWestminster, London. Ingqukuva ngommo le palamente yaye inamabanga amaninzi; icacile ukuba yafunelwa ingcaphephe yomzobi yaza yonwaba, yakrola, iyila owona mbono uchwayitisa amehlo, yaqala ngozozobe lomendo omde ophahlwe yimithi yemigqomogqomo nemihlaba ebanzi emacaleni elungele iindimbane neziyunguma zamhla wesizathu esikhulu. Ngethamsanqa kum uGhosh, ebendilundwendwe lwakhe, ngosuku olulandelayo 17 kweyoMnga 1949, uthunywe isigidimi nguNehru amakasise ngesiqu kude entla esikhondweni seentaba zeHimalaya (150 miles) ngemoto, eyedwa nomqhubi, wathi kum nali icham lokwalama ezo ntaba. Ndivumele phezulu imoto yona sisixangxathi esintamo inkulu esibaleka okwe-eropleni. Indlela esihambe ngayo nguhola (Main Northern Trunk Road) wesamente emnyama (Tarmac) osinga koomaPersia, Kashmir, Rawalpindi, Armitsar, Simla, Tibet, Himalaya; ayinamagobhe, ithe tse, yonke iphahlwe yimithi yakudala eyatyalwa kwizizukulwana ezikumawaka amathathu namane eminyaka yakudala, yacoselelwa ukudweliswa ngokokuze ibe yingxonde nekhusi ezimvuleni naselangeni kubahambi. Emigameni ethelekelelweyo kugxunyekwe izindlu ezinkulu ngathi ziihotele koko zimi nje zodwa zingenamntu, okomtshonyane osethafeni, zibhalwe ngaphandle igama elithi 'Rest House'. Zezokuphumla kodiniweyo xa afuna ukulalisa avukele kwasendleleni, okanye ukuphepha amahlwantsi engqele nesaqhwithi, okanye ukongeka kwimikhuhlane neenkxwaleko zohambo.

Sihambe ngokonwaba, umfana enyamekile ukundalathisa laa nto, naleya, nokuphendula imibuzo yam engapheliyo; kuthi kuphi aphumze umqhubi lo ayithabathe ngokwakhe ivili, abuye ayibuyisele; waye umqhubi wethu lo ingumximondulo wohlanga olunezigalo iSikhs (Sheiks ngenye indlela) amadoda ayigquma ngompantsho omkhulu intloko, angachebiyo, owofika efana onke ngentshebe noboya obuninzi emzimbeni, amaxhonti wona.

Kambe ndibe ndise ndiwaqonda ngoku amaIndiya ukwahlukana kwawo ngeentlanga zawo nangezinxibo. AmaMoslem aqondakala ngomnqwazana oyi 'kofiya', ifez eba nomtya xa umniniwo engumntu owakha walivelela ibhotwe likamaHamete eMecca. Awodwa amaParsee, awodwa amaDravidi antsundu njengathi akholisa emzantsi weIndiya, awodwa amaHindu. He!

Into emangalisayo kule ndlela bubuninzi beemfene neentsimango neenkawu. Zizo zodwa. Wobona zinyalasa ngokuthanda naphi na, umsila usongelwe phezulu, ugqajolo lona. Yimihlambi ngemihlambi, usapho lukhokele, inkunzi naantso ngemva yaluse into ehlasela usapho. Kaloku izilo zanda ngokupheleleyo kuba azibulawa, azizingelwa; nenkomo ayixhelwa ngamaIndiya, AmaMoslem wona afana nathi ngokudla inyama. Ayibethwa nempahla etsala inqwelo; umntu usuka alingise ahelemise qha okanye anqothole nje iqonde yona kwangoko. Awukho umphindwa nefoslarha. Emadlelweni kwaluswa iinyathi neebhokhwe neenkomo. Kule ndlela akukho zinduli, nto ininzi yimigxobhozo nenjica, nentsinde, namahlathi ashinyeneyo. Amasimi sibone enkcenkceshelwa ngemijelokazi emisinga ingangomlambo, ekhutshwe kwiJumna. Kwiindawo ezininzi siphawule ukuba ilizwe likhuthuke ngokulusizi (erosion), zaninzi iitempile ezithe ngcu phezu kodonga ngenxa yokukhukuliswa komhlaba, sezingamanxowa abudala bubalwa ngamakhulu eminyaka. Ilizwe kobu buthuba likhangeleka lidala ngokwexhego elidiniweyo, kanti liyalingana neAfrika koko lona linamabali amaninzi okumiwa nokusetyenziswa kwalo. Apha endleleni siphambene futhi neenqwelo ezitsalwa ziinkamela zisisa ukutya eDelhi. Imoto ide yemisa kwidolophu enkulu iAmbala (190 000) okokuba sifumane into etyiwayo; sangena kwihotele yomlungu kusitya abelungu abaninzi, satya nathi akwabikho kuxoxiswa ngokutya phakathi kwabo. Sigqibile sadlula, kwathi kuphi lazaliseka ibhongo lam.

Himalaya

Ndive umlingane wam esithi, 'Jonga ke nanziya zithe thu iintaba zeHimalaya zithe wambu iingqweqwe zekhephu.' Le nto yenze ndathi zulubembe entliziyweni yimihlali yokuba ndide ndazibona ezi ntaba. Kaloku zezona ziphakamileyo ehlabathini. Zilingana nomgama wokunyuka iimayile ezintandathu ukusuka kumgangatho wolwandle: Mt. Everest 29 002 (feet), Godwin Auster 28 250; Kanchinjanga 28 146. He!

Ekugqibeleni sifikile eRajpura isixeko samaphempe sabantu ababhacileyo (refugee camp) endithe entliziyweni ngawona maMfengu ke la kuba lusapho lwenkcithakalo.

Aba bantu (40 000) bachithwe zizidubedube zokuxabana kwama-Moslem namaIndiya (Moslem–Hindu Communal Riots) bachithakala emakhayeni abo baza bangcuchalaza apha ethaleni lakwalunce, ezintenteni, ezingqeleni, belinde inceba nosizo. Kuthiwa zikho nezinkulu ngaphezulu kwale ikampu yamabhaca; enye inama 100 000 abantu. Akukho lusizo kubo ngaphandle koluvela kurhulumente, lo ngoku uthume umphakathi uGosh ukuba eze kulungisa izikhalazo.

Amaxhalanga

Lo gama kuxoxwayo, njengoko ndingalwaziyo ulwimi lwalapha ndihamba – hambile kanobom phakathi komzi lo ndada ndee mandla izala ekuphoswa kulo amathambo oodonki nezinye izilo ezifileyo, inqwaba enkulu, aza alapho ke amaxhalanga atsho kwamnyama; ndawabala, adlula kumakhulu amabini, ndawondela ixesha elide. Le nto ukuhamba yinto ngobunto, madoda. Ude wagqitywa ke umcimbi ebesizele wona saphinda umkhondo sekuhlwile (7 p.m.) ukubuyela eNew Delhi saya kufika kwesikabhadakazi (12) sidinwe sangamakhekhesi, sithembele ekulaleni imini yonke ngeCawa ngomso, 18 kweyoMnga 1949, koko zavela zona izizathu zokuba sivuswe kwakusasa siye emicimbini esifunayo: izimemo zeentetho (lectures) neempungo imini le. Kubaluleke idinala yangokuhlwa yodidi lweengcungcu, yokuba saziswe kwindedebe yaseMelika efunde yema ngeenkwenkwezi yaza yamenywa ngumbuso ngeento ezithile, iChancellor, Washington University St. Louis, U.S.A., Professor of Physics, Nobel Prize Winner; ingangalala le igama layo nguDr. Arthur H. Compton, Ebengoyena 'ndabezitha' ondaba emaphepheni kweli thuba, onke emthetha emthethile njengomntu omenywe ngumbuso ukuba eze kuphalaza amacebo malunga nemfundo neminye imicimbi yamaIndiya. Ummo walo mntu osoloko encumile unombizane, umfo unesiqu, mde (6 ft), ngumphingilili ophaya, unobubele kuba injalo kakade imfundo ebhadlileyo; amakratshi nemisindo abonwa kwimigqwagqwane; yaye nenkosikazi yakhe imfanele totse ngewonga, nomphakamo, nobubele.

Mandingayishiyi indawo yokuthi ekujikeni kwelanga xa imoto yomwethu ibindijikelezisa idolophu, sibone ngesithuthuthu sepolisa sigqotsile simisa yonke into ehambayo, kanti sigabula izigcawu kuba kusiza umntu omkhulu inkulumbuso uJawaharlal Nehru olandela ngemoto yakhe esiya kuvelela izihlobo. Kuthiwa lisiko eli; makume yonke into xa adlulayo. He!

IPalamente

NgoMvulo 19 kweyoMnga 1949 kube yimini yeemini kum ukuya kubonela ipalamente yaseIndiya ngaphakathi, kanye ngomhla wengxoxo ebikade izalise amaphepha yadala unxunguphalo ezweni lonke, i'Hindu Code Bill' esekeleze ukunika abafazi amalungelo amatsha kwizinto zamafa xa kusweleke indoda: lada lakho nexhala lokuba umbuso kaNehru uza kuqhabalaka, kwabetha uvalo emadodeni. Nakubeni besixhotyiswe kakuhle ngamatikiti okungena kuthe kanti kuza kuba yingongolotela kuba izitulo zababoneli zidlule ewakeni, aye amapolisa alawula iminyango ecikida kabukhali ndaweni zonke kulo mzi unyuka ngamabanga (stairs) angapheliyo ukuya egali (gallery) esemafini ngenjikelezo enkulu. Kuphele iyure yonke silapho sicikidwa sada ekugqibeleni sangena, kodwa sema ngeenyawo zizele zona izitulo, ndancedwa zizimvi, kwakho mfana uthile onosizi ngam wandincamela esakhe isitulo, ndabulela ndadombozisa kuba besendiphelile kudinwa. Kowu! Inkulu kanene le ndlu! Yaye izele yema ngodonga, amalungu ehombe ngezecawa, emaninzi, nawasetyhini, kuthethwa ngesiNgesi sodwa, kwamandi ke kum kuba kudala ndayincamayo eyaseKapa ngokungasiva isiAfrikansi.

Kuxoxwe ithuba elide, ndahleka ndoma kwakuphakama mphakathi uthile esithi 'On a point of order,' emisa obethetha, kanti wenza nje iqhinga lamakhumsha namarhumsha endiwaqhele eBloemfontein xa efuna ukuthetha ngokwawo, wahlaliswa phantsi kwangoko ngusihlalo (speaker) ondwebe ngokukaqebeyi owaziyo la maqhokolo, esithi, 'No, that is not a point of order; sit down!' waye umfo ezibambele kufuphi iintambo. Abacholi beendaba babemalunga namashumi omathandathu apho mna ekhaya ndiqhele isine nesihlanu kuba onke amanani ezinto apha eIndiya akholisa ukuhamba ngokwamanani eenkwenkwezi (astronomical).

Kuthe lakusondela ilixa lokuyisonga ingxoxo kwaphendula umninimcimbi uDr. Ambedkar, iqeberha ngesiqu, iGosa lemiThetho (Minister of Law) elafunda phesheya lada lakwazi ukukhumsha isiNgesi ngokomlungu, labaphendula bonke abahlabi labaqwaka bee tyho sinalala lashwabadela ngokwendlovu isiphula umqungu. Zatsho kakhulu izandla.

Kugqibele ngenkulumbuso uNehru, iqikili lamaHindu elibuso butsolo, bufanelweyo ngumnqwazi ombhoxo omhlophe (Gandhi Cap) elimehlo atshawulayo njengakaDr. Aggrey. Ngobuchule obuncomekayo ubulalisile uboya babachasi kuba uthe wabaxolisa ekubeni bebevungama kanobom, yaza yaphuma indlu ingenzekanga ingxabano ebekusithiwa imbovu. Kuphunywe ke iluxolo ngeti yasemini emaqanda, ndaza ndanoyolo lokuphunga neqela lamalungu anoDr. Ambedkar lowo. Emva koko sijikelezisiwe kuwo wonke umphakathi wePalamente kuloo magumbi ayintlaninge, sahamba sada sadinwa, sancla, saphuma saya kwidinala yesimemo somnumzethu othile obesimemile. Ukubuya komhla sithe gqabagqaba ukuvelela izakhiwo ezidumileyo zaseNew Delhi. Mandithi eziphambili zezi: Indlu ekuhlala kuyo iKumkani yaseEngland xa ifikile, kodwa ngoku ihlala ibamba layo (Viceroy) elingumntu ontsundu namhla ibamba uDr. Rajendra Prasad (President of the Republic of India). Eli bhotwe liwatsala amehlo omntu esekude ngendlela eyodwa ngenxa yeqakabhodo leqhubu elithe ngcu phezulu esazulwini sophahla. Esinye isakhiwo yi-'All India War

Memorial Arch' ekungenwa ngayo xa kuyiwa ePalamente, abe umhambi esondela kwizindlu ezibomvu zamagumbi oonobhala bePalamente (Secretariat Buildings). Nganeno xa usinga ngecala ledolophu nantso iConnaught place; ugqithe kube kusithi thu iintsika (Minarets) zakudala emanyangeni ezaye zizimpobole zokwaziselelisa apho ungakhona umnquba wonqulo. Libe lapho nesango elihle (Alladin Gate) elizotyiweyo ngobugcisa etyeni elikhazimlayo; kube ngamangcwaba eekumkani zasemanyangeni ooSultan Nizamiddin, noSafdar Junga noHumaya. Zininzi ke nezinye izinto ezibalulekileyo esizithe ntla nje umphandle asangena, saba siyigqibile imbono yaseDelhi. Ngosuku olulandelayo 20 kweyoMnga 1949 ndibulisile ndakhwela kuloliwe wasemini emaqanda osinga ezantsi (south) iimayile 122 ukuya eAgra.

Iindidi zamaSundu
Olu hambo lucando ezweni elichumileyo ngenxa yobuninzi bamanzi emilambo emikhulu. Apha imithi ikhula iphelelisele, ngokukodwa amasundu, athe kanti aziindidi eziliqela: likho elimasebe angqindilili elibeleka amabhumbulu anencindi eyenza inyhobhanyhobha; likho eliphuma iinkozo ezisemaqokobheni (betel nut); kube lisundu ekuthiwa lilala (fan palm) elizala igatya elingathi sisandla esikhulu esinceda xa kushushu ngokuphephetha impepho nokuphunga iimpukane; elinye lelekhokhonathi (cocoa-nut) elimagqabi afulela izindlu zamahlwempu amanye alukwe abe ziihombiso nemitshayelo; igaqa lalo liqhekezwe limpompoze amanzi amandi aselwayo ukuze ityiwe ukutya le nto ilukhoko olumhlophe ingumgwintsa ojiyileyo oba ngumqhuwabevu ukuyola kwayo; maxa wambi iyomiswa ngokomqwayito inge lugagado emva kweentsuku eziliqela igqatswe elangeni se iligagadele, ikhandwe itsitse amafutha la siwathenga ezivenkileni. Amaqokobhe enziwa imicephe yokusela nawokutya, kwaneenkuni zokubasa; incindi ithi yakubiliswa yenze iswekile ebomvu; impepha yamaxolo yenza oomatrasi bokulala, neekhaphethi zekrikethi nemitya, neentsontelo. Isebenza izinto ezininzi imithi yolu hlobo, kanti owona mthi usebenza izimanga ziimbambosi (bamboo).

126

Imbambosi

Inemisebenzi emalunga namashumi omane imbambosi. Isizathu soku sisekubeni ngumthi okhula kamsinyane apho kukho amanzi amaninzi kunye neemvula ezinkulu ezinobushushu belanga. Ukhula iinyawo ezimbini ngemini untinge ubheke phezulu ude ube likhulu leenyawo ngobude, ube uxanda iinyawo zombini ngobubanzi phaya esikhondweni esiphezu kweengcambu. Iingcibi ke zenza iinto zamehlo ngawo kuba zenza iibhedi zokulala, iingcango, izitulo, iitafile, ikhabhathi, irhaladiya yokwahlula amagumbi, imatrasi, umkhusane, imbiza, ithunga, isixengxe, isando, itanki, ingqandulo (chisel), ifatyi yamafutha, umthayi, indlu iphela yendoda nomkayo, ijiti (oko kukuthi ibhulorho engena elwandle ebizwa ngokuthi yi-'jetty'), intonga yendoda, iponti (pontoon), oko kukuthi ibhulorho edadayo enjengaleya yasemaMpondweni ePort St. Johns, isigu sokugcayisela iintlanzi, imasti yenqanawa, ixhayi lokuphakamisa impahla (crane). Isihlenga (raft), iphempe elimiswe ephenyaneni, isigwexo (oar), iphini lokubambisa iintlanzi (fishing tackle), umchankcatho, ibhulorho, isiqosho, umvinqi, isikafula (scaffolding), imibhobho yokunkcenkceshela, oophoyiyana (toys), indlwane yeentaka (cage), impempe, ivantyi, umphini wentshuntshe, udondolo, umnqayi, isambrela, intonga yesiwephu, umgangatho wendlu (floor) umphambo, ukhuni lwemidlalo yabathambayo (gymnastic horizontal bar), ileli, ikomityi. He!

Agra

Uhambo lokuya eAgra (122 miles) ndiluqale emini emaqanda ngemihlali yokucinga ukubona idolophu iAgra (310 000) ebalelwa phakathi kwezimanga ezisixhenxe zehlabathi (Seven Wonders of the World) ngesizathu sokuba ineyona ndlu intle kulo lonke ihlabathi neyakhiwe ngohlobo olungummangaliso, endiza kubuya ndiluchaze.

Sihambe sahamba sada safika ngorhatya kwesi sixeko simakhulukhulu eminyaka semayo phezu komlambokazi iJumna (lo sendibalisile ngawo), silikomkhulu lokumkani wamazwe ngamazwe (Emperor) owongamele izikhulu zooZwelibanzi (Rajahs, Nabobs, Nawabs).

Ndifike ndihlangatyezwe ngekari yomhlobo othe uza kundisa ngqo entlanganisweni endiya kuthetha kuyo kwangoku ndingekatyi kuba ithuba lokutya liya kuba semva kwentlanganiso leyo. Phofu ngenxa yobubele bamaIndiya ezindwendweni amaphakathi athile awenzile amazwembe-zwembe akwaGxuluwe okuba ndizuzane nomkhwepha wokuphekuza indlala. Wayi-wayi afika kanobom amadoda, yangena intlanganiso, ndazenza iindaba zezwe lasekhaya zasiwa nasemaphepheni. Ekuphumeni apho singene ezimotweni saya kutya kumzi okude yaye ingqele isika ngenkwankca apha. Umzi endilaliswe kuwo ngowendoda esisihandiba, intloko yeshishini elikhulu eliqingqa iglasi apho kuqeshwe ama-400 amadoda (capital £70 000).

Kubandile kanye ebusuku kwanjengokuba sifike kunjalo eDelhi nakwiHimalaya. Uthe umnumzana akuphawula ukuba ndiyagodola wandiboleka ikhwiliti enkulukazi eyenziwe ngqingqwa ngokuhlohlwa umqhaphu oyelele kuboya borhanisi, into efudumele ndalala tywenene kwalahleka netshoba.

Ndihleli iintsuku zontathu apha ndabona izinto ezitsala ingqondo. Le dolophu iyafika eshumini leemayile ngobubanzi yaye ixinene ngokoyikekayo kuba zingathi izifo ezinjengeYellow Fever neCholera nengqakaqha (Small Pox) zingene apha zitshabalalise ngokwesikhuni silunyekwe edotyeni.

Nditsho kuba ngosuku olulandelayo, 21 kweyoMnga 1949, xa sicanda idolophu le sothuke sirhaxwa liphunga elibi lomfula wamanzi amdaka ezindlu zangasese athe kanti awatshoniswanga ngokwaneleyo phantsi komhlaba kwimibhobho yawo ngokwesiqhelo sezinye iidolophu; andikhumbuze iNancefield eJohannesburg apho abaleka phandle emasimini. Apha aphakathi kwezindlu zabantu neevenkile nezitali ngengxinano elumezayo. Phofu iAgra inalo nelinye icala elihle elihlala abelungu kwizitrato eziphangaleleyo ezigangathwe ngesamente zahonjiswa ngemithi emikhulu, apho kuhlala neenjinga zamaIndiya atyebileyo icace ke into ehlala ivakala yokuba ilizwe lalapha lingcolile ngecala elingcole kulo ngobuphantsi bamahlwempu nobuninzi bezifo ezisulelayo, ukanti ngelinye icala limiwe ziindwalutho zezityebi ezibengezela yigolide phakathi kobuncwane nobunewunewu. He!

Udumo lweAgra luxhomekeke kwindlu egama lithi Taj Mahal indlu engafikwa ndlu kweli gada likaAdam ngocikideko nobuhle.

Taj Mahal

Ngumsebenzi othatha imini yonke ukuyibona le ndlu; ikwiimayile ezintathu ukuphuma esazulwini sesixeko: kuqeshwa igemfana lekari yodonki kuhambeke nzinyana ngeendlela ezicutheneyo phakathi kwezindlu, kuthi usasondela uqonde ukuba yenye into le ivelayo, into enkulukazi yesingcungcume sebhotwe elimhlophe qhwa qhwa qhwa macala onke lilitye lenyengane (marble) ebengezelayo. Umzi lo wakhiwa ngama-20 000 amadoda azingcibi esebenza iminyaka eli-17 (1631–1648) eqeshwe nguKumkani Shah Jahan ngenjongo yokwenza isikhumbuzo somfazi wakhe uQueen Mumtaz Mahal inzwakazi ebonakala nanamhla emifanekisweni yayo okokuba yabe ilubhelukazi olumanz' eendonga, olungahlalwa mpukane, uThuthula yena umkaNdlambe. Lingcwaba laloo ntokazi ke eli. Ladla imali engama-£8 000 000. Amagumbi ali-16 ewonke, isibhozo sisemhlabeni, esinye isibhozo sikwibanga eliphezulu (upstairs), agxunyekwe ngommo ongqukuva ngokobuhlanti, iminyango yonke ijonge esazulwini, yashiya ibala zaza iindonga zenyuka zaya kuma eluchochoyini lwengqebesha ephakame ngama-210 eenyawo. Ekuwujikelezeni ndiwufumene lo mzi ungama-85 eeyadi (yards) icala ngalinye kula macala mane awo.

Ekusondeleni kweli bhotwe kungenwa ngesango eliyinto ngobunto okokwalo, kuba umphakamo walo ziinyawo ezili-151, ububanzi obuli-100. Xa ungena kuqala kuqaqambe amagama amnyama aziitekisi ezicatshulwe kwiKorani (iBhayibhile yamaMoslem) atyhidwe ngeengqalutye ezimenyezelayo zenyengane. Ebaleni lesakhombe ekungeneni, alapho amangcwaba ekumkanikazi Mumtaz nomyeni wayo uShah Jehan, akhelwe inkundla ngomkhusane wenyengane okhangeleka ngokomchaku othe phuthu, kanti hayi lilitye elimhlophe libhalwe ngentsinjana lagqobhoka laphumela ngemingxuma efaniswe neyezicina, yaza yanzatyelwa ngamatye anqabileyo ezichokozo neembokothwana eziluhlazana ezithe zantentelezwa zagudiswa zakhazimla ngokungathi zisulwe nge*vim* ngelaphu izolo. Sisanga somkhusane esi bantu bakowethu! Liphonoyi elirhinelwe ngazo zonke iintlobo zemichokozo nezigcobo ezibukekayo ngelitye elilukhuni inyengane, ethe yasetyenzwa ngokuxozwa yakhangeleka thambileyo yanga iphululwe.

Emgameni le ndlu ithi xa yondelwa ngobusuku obunenyanga esisonka isuke ibe liqawusi lethokosi elingafikelelwa nto ngobuhle emhlabeni, ukuze nje kuthiwe yenye yezanga ezisixhenxe zehlabathi. Andinawo amazwi ayichanayo. Isihomo sayo siphuhliswe nabubuhle beentsika ezine (minarets) ezakhiwe ngamatye ngobungqingqwa obudlulileyo kubeentsika ze-'Tyalike yokuZalwa kwenKosi'endizichaze kwincwadi *EJerusalem* kwisahluko seBetelehem. Ezi zona zinkulu le, zaye zimiswe zakhangelelana neembombo zone zeTaj Mahal, zanyuswa zada zalingana nophahla lwelo bhotwe nakubeni zithe qelele endlwini le. Kha ucinge nawe mfundi xa le midondosholo ngaminye ineleli esiswini, yokunyuka iinyawo ezili 133 zokusa umntu phezulu egunjaneni lokuyibona yonke iAgra. Intsika nganye yenza umboneli eme isidala ekhwankqisiwe bubuhle bayo. Mfo, ayintle ngako, ngumncongo!

Njengoko ingumgama wekhulu leeyadi ukusuka esangweni kuye eTaj Mahal wonke umhlaba orhawule indlu leyo uhonjiswe ngento yonke phantsi kwelanga entle, othi xa umi apho uwubone kakuhle umphongo (tower) ophezu kwesi sanga sendlu, othe wona wanomnqwazi olukhobozana (dome) olukhulu kangangokuba ziinyawo ezima-58 (diameter) ukulunqumla phakathi, othi wakufikwa yimitha yelanga ube luqwaqwadu ukubengezela oku.

Inkundla erhawule indlu le ngumyezo oqhelezela iindidi zonke zeentyatyambo nemithana ekuhonjiswa ngayo indawo elibhongo lomnumzana, namathende (fountains) eempompo ezitsala amanzi eJumna ziwatsazisele phezulu imini nobusuku, phakathi kwamachibi akhiwe ngesamente adadiswa iintlanzana ezibomvu, ize yonke le mibono yenze uve ungathi usephupheni, akuboni nto yamehlo enyama, ngokukodwa kuba bonke abantu abalapha abahambeli phezulu nabalindimangcwaba abaphakamisi ukuthetha bayasebenza, ngokuhlonela iminyanya nokuzicengela intsikelelo yamashologu nemilondekhaya. Ithi imbongi ukuyincoma iTaj Mahal le livelitshelu laseParadesi! Licici leqhayiya!

Eminye Imibono

Zikho nezinye izinto ezibalulekileyo apha eAgra. Ephambili yiNqaba (Fort Agra) eyayihlala imikhosi yokukhusela isixeko esi. Ndihlala ndizibona iinqaba emazweni ngamazwe (continents) kodwa le ubukhulu bayo nomlinganiselo (size) wayo yingxebukulula enokuyigquma yonke le ndawo yedolophu yaseKomani isuka kwaNkathula ebhulorhweni iye esitishini sikaloliwe. Yimihonoho elungiselelwe ukuhlala amajoni neenjengele zawo, neembalarha zamaphakathi, namabamba, nabagwebi basemagunyeni kuye ezinkosini (Rajahs, Nawabs) neKumkani (Emperor), zaye zikho iimpawu zokuba buphelele bonke ubuqaqawuli obufanele izanabe ezingako ngenkcubeko. Enye into ebalaseleyo apha libhoma leediliya ezatyalwa kumhlaba owathuthwa ngeenqwelo uvela eKashmir umgama olingana nowokusuka eKapa uye eKimberley. Le nkxamleko yenzelwa ukukholisa amabhongo ezinunzela zesixeko esi. Zilapha neetyalike. Ezinye izakhiwo ezitsala ingqondo zezi: ingcwaba likaItimadud Daula nelikaAkbar the Great, neBuland Darwaz nezinye ezisixhenxe eFatehpur kumgama omayile zima-25 emaphandleni eAgra. Amashishini maninzi emakhulu. Elinye lawo lelokwenza iiShaving Brush zoboya obuthambe kamandi zaye zitshiphu apha kuba ndiyifumene enye ngendaliso endiqhele ukuyibona ibhalwe iponti ezivenkileni zasekhaya ndiyincame, ndavuya ndakuzuza eya kusala naxa sendikwasonganyawana.

Ide yafika imini (22 kweyoMnga 1949) yokuba ndiyishiye iAgra kwaza kusasa xa ndibopha impahlana yam wangena umninimzi, indwandwa mfondini, wandibona xa ndicononela ukusongela iintwana-ntwana ndiyishiya bucala laa nto inkulu yesabhalala esithungelwe into esithileyo wathi, 'kutheni na uyishiya bucala laa ngubo? Yisongele nayo ndiyakupha'. Ndothuka, ndadideka, kwathi ngokubona ukuba lo mfo ufana namaLawu akowethu emaGqunukhwebeni ndeva se ndiphalaza izinqulo zamaNqarhwane ndisithi enkosi Hintsabe, Geje, Ziduli, Hlabilawu. Kambe ndandiqala kwelo lizwe ukuphiwa nto ngumntu, ngoko ke ndibulele kakhulu ndavovoloza.

Ukumka eAgra

Ukumka eAgra ndijongene nohambo olude (700 miles) ngololiwe osinga eNingizimu (South) eNagpur, Wardha naseSevagram, uloliwe obaleka ashiye uthuli olumbhoxo (Madras Express) oma ezixekweni ezikhulu zodwa, ugil'inja yena. Ndikhwele sekukho abanye abathunywa, salihlokondiba elonwabileyo siphuma ukutshona kwelanga; salala, kwasa siwela intwankantywili yomlambo iNarbada phakathi kweentsunguzi zamahlathi eHoshangabad. Kuthe xa silapho sadibana nodaba oluthi naako kubonwe isimanga: udyakalashe ongenwe sisifo somgada (esiqheleke ezinjeni) egqotsile eluma yonke into ehambayo ahlangana nayo, watsho ngezigede elume wabulala inkomo nabantu abathandathu phambi kokuba adutyulwe achanwe ngamapolisa.

Amagama

Emanqakwini endiwaqhawula emaphepheni ndiqokelele namagama amade abantu baseIndiya ndaza ndakhetha alishumi angala, Somarasundram; Pattabhiraman; Vivekananda; Nijalingappa; Anatshasayanam; Rajagopalachari; Balasubramaniam; Vijayara-ghavauchari.

Eli lokuqala lifana nelomfana endamfundisa eFort Hare (1933); eli lesithandathu leleRhuluneli yokugqibela ukuphatha ilizwe eli phambi kokuba libe yiRepublic; amanye la akholise ngabantu bezizwe zomZantsi-Indiya malunga naseMadras apho kwakuye ooC.D. Zulu noJ.J.R. Jolobe (1936) Mysore, nooMiss Soga, J.C. Mvusi, A. Luthuli, S. Tema (1938, Tambaran). Kanti abaTswana banawo amagama amade ooKebafidile, Mutshwayedi, sibe nathi maXhosa sinabo ooNdodiphela, Nomademfana, athi oyikeke kubantu basemzini noko elula kula angentla.

Sihambile ke ubusuku nemini yabo sajika eziphambukeni zaseNagpur naseWarda safika ngokuhlwa apho sifunzele khona 23 kweyoMnga 1949 eSevagram ngoLwesihlanu lwaza usuku lwango-Mgqibelo 24 kweyoMnga 1949 lwaba lolokuphumla nokubonabona iziko eli (Ashram) elalilikhaya lomsebenzi kaGandhi apho wafundisa abantu basemaphandleni ukuziphilela ngamacebo aphakathi kwekhaya. Sijikelezile kakhulu yada yadinwa imilenze sihamba emasimini amazimba, nawombona, nawomqhaphu (cotton), nawemifuno yeentlobo zonke, neziqhamo endibalule kuzo iibhanana ezinkulu neegwava ezingangentloko yosana.

Ilapha yonke imisebenzi yokuphotha nokuluka uboya begusha nomqhaphu ngezandla, elowo ummi eyenza esendlwini yakhe imichaku yempahla yokunxiba, namafelane, nemibhalo namabhayi, nezabhalala, nekeleko, namathwathwa eembadada, ithungwe igqitywe yonke loo nto kungayiwanga dolophini. Kuse ngeCawa ingumhla weKrisimesi, yaza ingqungquthela yahlanganiselwa inkonzo yomgaqo wobuKrestu phambi kwegumbi likaGandhi, iplani yokushumayela yaphoswa kum, yandothusa inyhweba yokunyulwa phakathi kwezigagamela endandizibona zikho. Ndiyiqhubile ke inkonzo ndayigqiba yaza yavulwa ke intlanganiso.

Kucelwe kubathunywa okokuba benze amagqabantshintshi ngehambo yabo yezi veki zimbini bebona izwe laseIndiya okoko bathi saa ukuma eSantiniketan (Calcutta).

Abathunywa bathe gqabagqaba ukubalisa kwacaca ukuba enanini labo bebonke bazifikelele iingqotho neengontsi zelizwe eli kuba kubekho okhwele kwi-eropleni wasinga eHimalaya wee ngcu phezu kweDarjeeling Mt. wazalama iintaba zeTibet: abanye basinge ezantsi babona iMadras neMadura neCape Comorius; abanye bahambele eBenares, eLucknow, eAllahabad neOrissa. Bonke abawuhlanganisi umlomo ukuncoma izibele zaseIndiya ngokusindlekwa besindlekiwe, phofu bephawula bonke okokuba izityebi kweli zihleli zayamene nezidlodlo zamahlwempu ezilambe zazinkothotho, ezibuso bumangongo axwebileyo.

Intetho kaPrasad

Mandingayishiyi indawo yokuba ngokuhlwa okwandulela iKrisimesi kuwe intetho ebalulekileyo kuDr. Rajendra Prasad uSihlalo wethu eyithethela ejelweni locingo (microphone) kumnxeba wonomathotholo (wireless) eyisingisa ehlabathini lonke (World broadcast) ecela uluntu lonke ukuba luseke intlalo yoxolo. Uthethe esegumbini lomfi uGandhi elingasahlali mntu ngoku noko impahlana yakhe engephi elondolozwe yanjengoko wayishiya injalo mhla waphuma esiya kungena eluhambeni awaphelela ekubeni angabuyi kulo, kuba wagwintwa ngumfana olutshaba lwakhe. Amaqondo ale ntetho athi: Amalungu ale Komfa aphuma kumazwe angama 34 kodwa awathunywanga ngoorhulumente bawo; ngabantu nje beendidi ngeendidi abazondelele ukwakha imeko yoxolo ehlabathini. Olu xolo aluthethi kubhangisa mfazwe kuphela, koko lulo olusebenza ulutho, olusebenza 'inkolelo ebantwini' (Luke 2:14). Aba bantu bamema onke amadoda namankazana ehlabathini okokuba kundululwe iqhina lokuzingela izizathu ezizala imfazwe ukuze zishenxiswe. Imvelaphi nengcambu yezi zizathu ngamabhongo abantu nawezizwe angazalisekiyo ngenxa yokugilwa ngawabanye abantu nezizwe afana kwanawo. Uncedo ke lusekubeni umntu ngamnye awabambe ngomkhala la mabhongo neminqweno.

UGandhi wayiqonda into yokuba ukuzama ukuphelisa imfazwe kwangemfazwe kukuhlamba udaka ngolunye udaka, ingongolotela ke leyo. Ingcambu nantso esiqwini somntu ngamnye okokuba aguqule ubume bakhe ayeke amabhongo neminqweno alandele intshumayelo kaKrestu entabeni (Mateyu 5) kuba yintshumayelo enkulu leyo. Ngoko ke umntu ngamnye makazenze iziko loxolo (abode of peace, Santiniketan) ukuze aphembelele iziphathamandla zakowabo zisebenze oko nazo. Nantso imfundiso kaGandhi osand'ukusishiya. He!

Kaloku uDr. Rajedra Prasad lo uthe kwakwisithuba seeveki ezintathu eyenzile le ntetho wanyulwa yiIndiya yonke ngamxhelo mnye okokuba ibe nguye iPresident yokuqala yeRepublic of India. Hayi ithamsanqa lelizwe elikhokelwa yintloko yendoda ezilayo neligqobhoka njengoPrasad lo. He!

Ngentlazane yomhla weKrisimesi emva kwenkonzo kubuyelwe ezingxoxweni eziya zaziqaliswe eSantiniketan kwaza kwadweliswa imicimbi ijongwe, yaza idinala yacelelwa esikolweni solimo lukaGandhi apho sithe satyiswa iinqudenqu ngeenqudenqu zaseIndiya.

Ekujikeni kwemini simenywe esixekweni saseSevagram kwisizikithi (headquarters) somanyano lwabaluki bomqhaphu (All India Spinners Association) olulandela uGandhi kumgaqo wobomi obungenalunyhukutyho (a non-violent way of life) zaza zonke iindwendwe zaphiwa isikhumbuzi esiyinkatha yomqhaphu olukwe apha ekhaya. Kuwe iintetho eziliqela zokwamkela iindwedwe ezisithi kwaza ngokuhlwa kwayimbutho yokubonela umdlalo omhle olinganisa uZalo lweNkosi. KusengoMvulo 26 kweyoMnga 1949 intlanganiso idibana yaza yaxoxa ngempucuko ekhoyo ehlabathini ephembelela imfazwe ngenxa yokuzikhola, nocalulobala. Izithethi ezithethe zenze inkcazo ngale nto iyiCommunism. NgoLwesibini 27 kweyoMnga 1949 kuxoxwe umcimbi wempambano yamaMoslem namaIndiya zaza izithethi zavelisa ezi ndawo: umzi uxatyaniswa ngabantyontyi bamakhwelo obuzwe (nationalism); nayintswelo, kuba amaHindu ambalwa (20 per cent) anolwandyula (80 per cent) lomhlaba akrokre ke amaMoslem kuba ayoyiswa ngemali nangorhwebo; kukho uhlaselo (abduction) lwabafazi macala omabini zizikrelemnqa zabadlwenguli ekufuneka bebuyiselwe emizini yabo aba bafazi; enye inkathazo eIndiya ingajikwanga ePakistan.

Emva kwesopholo kuphulaphulwe ingoma eqolileyo yenzuthela yomculi odumileyo uTukroji Maharaji kwaza kwalalwa. NgoLwesithathu 28 kweyoMnga 1949 kungene ingxelo yeekomiti zoluthi (principles) loxolo kwakhankanywa inyaniso, uthando, neento ezichasene nolo luthi, uloyiko, umsindo, kwacetyiswa nokuba emfundweni yabatwana makubekho izifundo ezicatshulwe kwiziBhalo eziNgcwele zonqulo ngonqulo ukuze bafunde ukuqondana abantu bamazwe ngamazwe; kuboniswe nobungozi bobuzwe (nationalism) xa ubuzwe bugqithile emgceni (excessive), kwalalwa. NgoLwesine 29 kweyoMnga 1949 kubaluleke ingxoxo engokuphela komhlaba eJapan athe owakhona elo lizwe longanyelwe ngabantu balo kangangokuba umbuso ude wanyanzeleka ukuba uphumeze umthetho ovumela uqhomfo ukwenzela ukunqanda abantu bangaphuphumeli elwandle, yaza le meko yawuthobela ezantsi umgangatho wesifazi selo zwe. Le nto ichazwe ngumfazi ongumthunywa waseJapan ethetha esihla iinyembezi ezidleleni, uDr. Kora (Mayoress of Hiroshima) watsho thina madoda sabamba izilevu ngenxa yesindandani esibangwe yile ngxelo.

Enye into exoxiweyo yethi iindyebo zendalo (natural resources) maziphathwe ngentelekelelo zilondolozelwe izizukulwana ezisezayo;

kwaza kwakho nesiqalo esithi lumkelani ukuvulela ikroba kuboyisi bezinye izizwe (imperialism). Abakhi boxolo mabalumkele ingozi yentlalo ephakamileyo, bakhumbule ukuba zizigidi ezininzi ehlabathini eziswele ulutho olusiwa emlonyeni nento yokwambatha. Litshonile ilanga kwayiwa esopholweni. Ngokuhlwa kuxoxwe umcimbi wobuMi eHlabathini (World Citizenship) waza umndululi wachaza esithi uxolo emhlabeni lumelwe kukwakhelwa esisekweni sobulungisa entlalweni yabantu (social justice), kuqalwe ngokutshitshiswa kwezixhobo (disarmament). Kuxoxwe kwada kwaya kulalwa.

Kuse 30 kweyoMnga 1949 kungenwa kumcimbi wemikhosi yabaxolisi kwasetyenziswa igama elitsha ngoku elithi 'Umkhosi woXolo' (Peace Army), 'Amabutho angenzakalisiyo' (Satyagrahi Units) oko kukuthi abantu abakholelwa ekubeni amandla esimilo (moral force) ayaloyisa ugwazo (violence), amabutho aya kuziqeqeshela ekuzenzeni idini, ehleli ngokuzinxwema iziyolo. La mabutho ahlukile kwawabalwi (military forces) kuba abalwi bona bawunyanzela ngesikhonkosi owabo umthetho (coercion) ukanti abaxolisi baqhuba ngokugqobhoza iintliziyo (conversion) zabangakholwayo kushumayele ubom babo ngobunyulu. Kubekho nesiyalo esithi njengoko amaKomanisi (Communists) ezitsala iingqondo zoluntu ngezithembiso neentetho, nina baxolisi woyiseni amaKomanisi ngobuhle besimilo senu endaweni yokuxoxisana nawo. Kwesi sithuba uDr. Mordecai Johnson uwise isiyalo esibukhali esithi lumkelani ukuzanelisa ngommo wokuhlala nje esithubeni sokungenzi nto ihlaba nto (innocuous positionalism). Ukuze siwafeze amaKomanisi masizithethe ngokomeleleyo nathi iinjongo (principles) zobuXolisi, sizisebenze ziphumelele ngokuqondakalayo.

Emveni koku kuxoxwe umcimbi wabaXolisi abasezintolongweni, neminyolo (criminals) yeemfazwe. Ukujika kwelanga kungene inkonzo yezila lokuzilela ukufa okubi kukaGandhi, kwathandazwa ngokuthe cwaka ziindidi zonke zeengqobhoko waza uSihlalo uDr. Prasad wenza isipho sencwadi yakhe ayibhale ngoGandhi lo kwilungu ngalinye eyisayine ngesandla sakhe. Njengoko yayilusuku lokugqibela olu (30 kweyoMnga 1949) intlanganiso yangokuhlwa iqhube kwada kwasebusuku iqulunqa izigqibo eziqingqwe yikomiti nganye. Kuqale ngekomiti ebisingethe ingxabano ephakathi kwamaArab namaJuda; kwalandela eyabantu ababhacileyo (refugees), neyamajeke (displaced persons), neyokuncitshiswa kwezixhobo, neyokungqavulelana kweRashiya neMelika, neyokuchithwa kocalulo-bala, neyamaHlelo eeSatyagrahi. Emveni koko kungene eyekomiti abekuyo umbhali lo, ezigqibo ziyaleze ukupheliswa kobuhlanga (racialism) nezithanga zaboyisiweyo (colonialism) ngesoko elithi akukho qela (group) labantu linelungelo lokugonyamela (dominate) elinye iqela; ugciniso-bantu (trusteeship) lulahlelwe esiseleni esinomhlwa. Kuyiwene nangendawo yokuba ukuxhonywa makubhangiswe. Kulelwe sebusangene ubusuku, waza umcimbi wokuqala ngoMgqibelo 31 kweyoMnga 1949 wayingxelo yokuyilwa kwale ngqungquthela isenziwa ngunobhala wayo. Kufumaniseke ukuba isambuku semali ekhwelise abathunywa ukuza kuyo sibe ngama-£26 475.

Imvaleliso

Kuwe amazwi amnandi abulela impatho entle ngasezindwendweni; waza uSihlalo Dr. R. Prasad wayiphetha ingqungquthela ngamazwi akhethiweyo avakalayo ukuba ngawegqala esithi zinkulu iinzima ezijongene nabantu abakwinani elincinci (minorities) ezweni labo, ekufuneka ke ukholo lwenene namandla eengcingane (power of ideas). Ingqondo yokubhangisa imfazwe isakhula, iya ikhula, kunokwenzeka iphumelele ifezeke le ngqondo besekho abanye bethu abaphanyazayo ngoku. Okwalo gama masingawatyesheli amanyathelo okuqala la sikuwo okuyithintela yonke into eyimfazwe. Ewe kulusizi ukudibana apha eSevagram engasekho umniniziko uGandhi, kodwa impembelelo yefuthe lakhe (inspiration) akuthandabuzeki ukuba iya kuvelisa iziqhamo emazweni ekuza kugodukelwa kuwo nini zindwendwe. Ndivalelisa ngelithi iphelile ke zizwe into ebekungayo. Hambani, nibe ndlelantle phantsi kwentsikelelo kaQamata.

Jawaharlal Nehru

Kube njalo ke ukusongwa kojwebevu lwentlanganiso ngentsimbi yentlazane (10 a.m.) ekuthe kweso sithuba kwalindelwa ukugaleleka kwendondo inkulumbuso (Prime Minister) Pandit Jawaharlal Nehru ephuma entla eDelhi (860 miles) ngeEropleni enduluke ngeBrakfesi apho yandanda yaza kuwa apha ngelo thutyana esiza kuqukumbela inkomfa le njengomnini weli lizwe. Inqanawa yakhe yomoya ithe ngcu ebaleni eliseNagpur (60 miles) weza apha ngephokophoko lemoto engangebhokuva eyilelwe yena yedwa apho zikhandwa khona, umnyobo ophatha kuba yindlu evaliweyo, uphathe kuba yinqwelo evulekileyo, abonakale umnumzethu emi kuyo noko ihamba. Silindile ke; kwala emini emaqanda zavakala iziyunguma endleleni xa engena esixekweni ebuliswa uNehru ngemihlali nemiyeyezelo. Uhlile esangweni waya ekhawulezile ngqo enxoweni likaGandhi (eliya sibe sithandazela ngakulo, abelazi kakade) esiya kunqula eshologwini lakubo. Kaloku yiminyaka eqhele ukuhlala apha ngokuya kwakuphicothwa amacebo okulikhulula eli lizwe. Kukhe kwafumana kwee nqadalala engaziwa icala aya kuqala abonwe ngakulo. Ngethamsanga kum ndibe ndindodwa eholweni le zingenela kuyo iintlanganiso ndimi emva kocango ndibuka imifanekiso eselongweni ndingacingele ni ngaye, kungekho nabani umlindele apho, suka ngokutsheleza oku kwakhe elandelwa ziziqhu wagaxeleka phezu kwam akuluvula ucango ephahlwe ngamakhohlombe. Sothukene, kwaqala kwakhahlela mna, ndivova, ndamxelela igama lam nemvelaphi ndisithi amawabo amaIndiya aseSouth Africa andiphathise umbuliso othi kuye Jai Hind (Long live India) ngamana ycma imi iIndiya.

Undifake isandla ebulisa encumile sabuzana impilo, noko akaphozisa maseko wadlulela kwabanye se izele indlu ngabantu kungoku. Libethe lafika ixesha lelunch, yangamagqala afike ukuphanga indawo yokuhlala kufuphi naye, mna ndabhaqa isitulo sesine ngakuye ndanakho ukuncikila izidungulwana naye. Emva kwesidlo eso ingene intlanganiso yokudibana kwakhe nathi zindwendwe saza samkhuphela

izithethi ezinoDr. Mordicai Johnson ingqanga yethu etsho savuya xa
intetho yakhe inyathela kwibanga lokumcela ukuba uNehru enze
amazondololwane okuzibhangisa izithanga zabantu abalawulwa
zizizwe zasemzini (to organise colonialism out of existence). Ndifumene
isitulo kanye kweziphambi koNehru othe ukuthetha wagqiba
iyure yonke engenamphambili esandleni. Umntu ozaziyo iincwadi
azibhalileyo unokunakana ukuba intetho yeyure yalo mfo inokuphuma
amagaqa afundisayo. Sathetha ke mfondini isikhakhamela saseIndiya
sabhula sishiya isitroyi sodwa. Mandimkhumbuze umfundi okokuba
uNehru lo ubudala bakhe ngama-60 eminyaka. Yindoda ivuthiwe,
izalwa kumlibo olandeka ama-200 eminyaka eKashmir. Uyise
sisityebi esatyeba ngobugqwetha eAllahabad saza samfundisa unyana
lo eEngland ezikolweni zeengcungcu iHarrow neCambridge waza
akugoduka walwela inkululeko yeIndiya wasentolongweni iminyaka
elishumi elinanye noGandhi. Kule ntetho uthe, emekweni yamazwe
empucuko yezi mini kulawula izikhali. Naye akazanga apha ngegama
lobuXolisi (pacifist) kodwa ngumnqweno wakhe ukwenza okokuba
iphele imfazwe ngokusemandleni akhe. Imfazwe yinto ekholisa
ukubafikela abantu ngohlobo olufana nesaqhwithi igile idudule nabantu
abebezimisele ukuhlala ngoxolo. Phofu unalo ithemba lokuba le nto
ingumntu iza kuya ikhula ebulungiseni. Eyona nto ikhathaza abantu
baseMpumalanga (Asia) yintswelo nendlala, kanti abaseNtshonalanga
(Europe, America) ngenxeni yokuba bengalambi bakhathazwa
ziinjongo zokoyisa amazwe. Okokwakhe akaboni ngozi yamfazwe
kweli xesha likhoyo nakubeni zivungama izinja ezinkulu iRashiya
neMelika. Ilizwe elibonakala ngathi linokukhawuleza libe nemfazwe
yiAfrika (watsho endigcinile ngeliso) ngenxa yeemeko ezithile apho
ezifuna ukulungiswa. Maninzi amaIndiya ahlala eAfrika, kodwa
yena uyaleza ukuba ubukho bawo apho mabube bobokuphakamisa
amaAfrika. Yena akayi kuwaxhasa xa edobelela abanini-lizwe
laseAfrika. Ithethe yathetha le ndwandwa yaya yee tya, kwaphungwa
iti, yathi igqiba yatsho phezulu emotweni ukuya edolophini iWardha
(5 miles) nathi salandela sifuna ukuphulaphula xa ethetha kumawabo

ngesiHindu entlanganisweni ephandle ethafeni. Ndawabona ke emaninzi amaIndiya (55 000) ezinyosi ezi atsho kwanzima ukuhamba ezitratweni. Umfo uthethe apho lada latshona ilanga, kwagodukwa.

Uthwesozindwe

Kuse ngeCawa (1 kweyoMqungu 1950) yeNyibidyala sihamba ngebhasi ama-62 eemayile ukuya eNagpur idolophu engangeBloemfontein (100 000) eneUniversity edumileyo ebafundi bangama-5 734 (thelekisa thina 385 eFort Hare) apho wayemelwe khona uNehru ukuba abekho kuthweso lwezindwe (degrees). Indlela yokuya eNagpur ayilibaleki kuba saphawula ukuba yonke imizana endleleni yayiqhelezela zizihombiso zokwamkela isanabe esi uNehru kumi amajoni axhobileyo ukudubula iziginyamalahle emayileni nganye kuyo yonke le ndlela ukukhusela umntu omkhulu. Siphume ngoms' obomvu eSevagram sacanda emahlathini abaleka imihlambi yeemfene, nakumasimi aneendlovu zasekhaya esizibone zishwabadela izikhotha, safika ngeBrakfesi edolophini sekuphithizela ziindimbane. Zishiywe kude kakhulu iimoto neelori kanti kuphela njalo asisayi kubuye sizibone ngenxa yomgando wabantu. Senze umgudu omde ukuyifumana apho ikhona iUniversity sada sayifumana. Naxa sifikile kuyo kube ngumcimbi othe nkqi ukulandwa kwezitulo ezima-10 000 phantsi kwententekazi eluhlaza sangathi singena kwisekisi (circus), abe amanye amawaka amabini abantu emi ngeenyawo emva kwethu elongweni lwentente. Izityudini eziza kuthweswa izindwe (degrees) zazili-1 300 zihleli phaya kude emva kwethu; phambi kwethu iliqonga (platform) elihleli iimbalarha ooNehru neVice-Chancellor, Governor, Professors njalo, njalo kugaxelwe izidanga ezimbejembeje nezimabala onke amnyama.

Kuqalwe ngenganga uNehru wathiwa jize ngebanga le-LL.D. elinikwa yiChancellor ngamazwi omncomo endikhumbula enendawo ethi, 'Thou jewel of India' (wena cici leIndiya!), etsho ndaxhuma ndadanduluka ndisithi 'Hi?' kothuka abantu ababehleli ngakum bathi nqa, baqonda ukuba hayi asilo Indiya eli, yintlanga idlamkile yimigcolocho kukubona lungaka. Emveni koku kulandele abebanga le-Ph.D. nabe-M.A., kwala kwakufikwa kwabe-B.A. kwasukuma amakhulu amane eemfundi ezihleli emva kwethu eludongeni zalinikelwa elo wonga engabizwanga namagama kuba baninzi; kwalandela abe-B.Sc. kwee dungu amakhulu amahlanu ngelinye icala lentente nawo ahlaliswa singevanga negama lomnye kuba beliya kutshona ilanga yiloo nto.

Ekugqibeleni kubizwe ingqanga yaseIndiya uNehru ukuba ithethe (Graduation Oration); yema inzwana ngezo zidanga zibengezelayo ziyifaneleyo, ebuso bugude ngokobentombi yathetha iyure yonke ipitiliza ngesiNgesi esingathi sibhalwe encwadini, ithetha ngentloko ingenaphepha, yaya yee ncincilili, yalandelwa sisaqhwabe sezandla esiqhube imizuzu singayeki saloo mawaka alishumi linambini athe anyhamnyheka ephulaphula inkunkuthela yezwe lonke laseIndiya. Nam mngqandende wasemzini ndiqondile ukuba liqilolo eli kumawalo. Uxatyisiwe ethandwa umntu lo.

Ndibe nentsikelelo yokuba senanini labamenyelwe edinaleni enkulu, emzini weGovernor apho uNehru wayekhona, kodwa ndiphantse ndaphosana nale mbeko ngokusuka kuthi xa siphumayo ententeni kwaxinana ngohlobo oloyikekayo kwatyhoboza umsinga wabantu phakathi kwam nezihlobo ebendihamba nazo sahlukana usompela ndaye ndingayazi idinala ukuba ingaliphi na icala. Ndide ndaqesha itekisi yokundisa kwelo bhotwe limi phezu kwenduli eyongamele sonke isixeko esi, apho yonke indlela igadwe ngamadindala nezithuthuthu. Singenile, sabulisana kwakhona noNehru, salathiswa amatikiti anamagama ethu ezitafileni, kwatyiwa kwagqitywa kodwa azabikho iintetho. Ekuphumeni apho kuyiwe entilini elidlelo elikhulu elanele ukuginya indimbane, ekumawaka alikhulu (100 000), eyayilapho loo mini ukuza kuphulaphula isandekela esi sesizwe uNehru, kuphunywa kuzo zonke iziphaluka ezirhawule iNagpur. Hayi namhla, kube ngathi ndiyaqala ukuwabona amaIndiya (the teeming millions of India). Mandizekelise ngokuthi umntu olaziyo iQonce ukususela kwaMnqayi kuqabele eHala kujike ngomlambo kwaBhidli kuze ebhulorhweni anganakana xa ndithi yonke loo ndawo yayihleli umntu emamele intetho kaNehru ngeminxeba ekhuphela emajelweni alungele bonke abo bantu. Njengokuba kwakuthethwa ngesiHindu asivanga nto thina ngaphandle kwemityandyuluko yokumngqinela xa ehlabe emxholweni, kwanogquzuko lwentsini akubahlekisa. Le nkahlukazi yentlanganiso iphele xa litshonayo ilanga, yaza yehla ke ngoku ingxaki yokugoduka ngenxa yokuxinana kweendlela zonke ngumntu, ingumntu emotweni, ebhasini, esitratweni, enqweleni, yangumqikela utsikitsikiza. Kuphele iiyure zontathu sinqatyelwe kukuphuma edolophini kwada kwamnyama kwancunyekwa iilampu.

Akakho amanxila

Isimanga yinto yokuba akukho namnye umtu endimbonileyo enxilile, okanye esela, okanye ephuma iintetho ezirhabaxa ethuka exabene nomnye kuzo zonke ezi nginginya. Amapolisa apha athetha ngokuthambileyo xa enqothula umntu, baye behleli bezolile kakade aba bantu. Kuthe ndakuyibuza le nto ndachazelwa liMoslem ebendincokola nalo lathi, hayi, kube kukade kuselwa kunxilwa kudala nakubeni lona unqulo lwaluvalile. Olu zilo lungeniswe nguGandhi ngeentshumayelo zakhe ezithi lihlazo ukunxila, yada yagqobhoka yonke iIndiya ngasetywaleni yancediswa naluvalelo (Prohibition). Phofu aziphelanga iinkanti, ekho namadoda abubayo asela ezindlwini zawo ebusuku, alale avuke eqabukile okanye afihlwe ngabafazi bawo alandulwe ngelithi 'akakho ekhaya uyise kabani.' Ndiqonde ngale mpumelelo okokuba uGandhi yinkokheli yenyaniso elisindise izwe laseIndiya lada laphuma edyokhweni yokulawulwa ngabasemzini. Waqala ngokubulala utywala nonxilo. Hc!

Ukugoduka

Ngomhla we-2 kweyoMqungu 1950 kuse ndiqokelela ndibopha iintwana-ntwana zam ndijika inyovane yokubuyela eAfrika baye abanye abathunywa sebendandulele. Awam amatikiti abanjezelwa yinguqulo yokuhamba kwezikhephe eziya eDurban nonyaka, kusithiwa zifika eMombasa zijike zibuyele kwaseIndiya, ziye kanye ngenyanga eDurban. Olu daba lwenze ndanzanzatheka umxhelo kuba intliziyo ibise inxubele ekhaya. Lide lafika lona ixesha likaloliwe oya eBombay (472 miles), lathi xa ligcagca ilanga wagaleleka umhonoho weMail Train ephuma eCalcutta ibengezela ngamaqegu amatsha, izele mome, ndanyuka ndisihla ukufuna igama lam ezifestileni zeFirst Class, amehlo azinyanyadu sendikunye nomximondulo wegadi yomIndiya othe sendincamile wabhaqa igumbi elinabelungu bodwa elinebhedi engenamntu. Umninindawo ngumlungu oshiyiweyo kwaseCalcutta. Igadi indikhwaze ngezwi elingqabalala ndikude yathi yiz' apha, ngen' apha nantsi indawo eze. Kuthe ndakuthi mandla ubuso obumhlophe ndabuva obam ukuba bumnyama thsu, ndaqinisa isibindi ndatsho phakathi ndifukuzela ziimpahla ndazenza mhle ngoncumo oluthi 'Excuse me', ngezwi elithozamisayo, ndathetha kwangoko ndatebeleza, bandiqhela kamsinyane loo ndoda nomkayo nesixhamxhamana senkwenkwe yabo, ndayazi nedolophu elikhaya labo eEngland, sahamba sangathi kudala sisazana, sahlukana kusasa ngo-9 ngoLwesibini 3 kweyoMqungu 1950 eBombay. Apha ndifikele endodeni eyintang'am uUcchangri Oza, B.A. endonwabise kunene ngobunzulu bengqondo nangeencwadi ezikhethiweyo ezindincedileyo ukuzifunda ngezo ntsuku zintlanu ndilundwendwe lwakhe. Kuthe ndilapho ndazuza ichele lokuthenga ngeponti eyodwa ibhedi enomatrasi wayo esongwa ngohlobo lwezi kulalwa ngazo kuloliwe ezidla iisheleni ezi-5 ngobusuku kweli lizwe, ethe loo nto yenza ndaphumla ngoku kuloo ndleko. Ngosuku olulandelayo 4 kweyoMqungu 1950 sivelele umanyano oluphucukileyo lweTheosophy seva ingxoxo enzulu ngeendidi zengqobhoko ezikhoyo ehlabathini. NgoLwesine 5 kweyoMqungu 1950 kube yintlanganiso engqindilili yethu baXolisi (Pacifists) eTown Hall, sithetha singabathunywa abahlanu, zaza iintetho zaphuma kakuhle emaphepheni kusile. NgoLwesihlanu 6 kweyoMqungu 1950 ndimenyelwe edinaleni yiGovernor of Bombay uMaharajah Singh lo wakha wayiAgent General eSouth Africa mzuzu. Umzi ahlala kuwo lizulwana. Ndimfumene elazi ngentloko ibali lomfi ubawo kwincwadi yobom bakhe, eyazi neyam imigudu oko wayekweli. Ngokuhlwa ndibizwe lumanyano lwabahlelimaphepha abancwine iindaba nemeko yezwe lakowethu. NgoMgqibelo 7 kweyoMqungu 1950 ndigaxeleke kumIndiya ophuma eDurban ebesisazana, ndaba ndiyaqala ukuva ngezinto zasekhaya kuba kusesemini, wena, mayela namawethu xa useIndiya. Umhla we-8 kweyoMqungu 1950 ube ngowokuba ndilishiye izwe lamaHindu endigqibe kulo ama-4 546 eemayile, kwaba ziintsuku ezisibhozo ukungena eMombasa ngoMvulo 16 kweyoMqungu 1950 ukulinda iiveki ezintathu inqanawa eya eDurban. EMombasa ndibe lundwendwe lwendendebe engumnini weevenkile ezizalise izitrato ezine (block), ehlala kwisitshatshela somzi ongathi udlula yonke eminye ngobukhulu nobuhle eMombasa athe wandincamisa ngokundipha ukuhlala kumagumbi amahlanu ndindodwa, lilodwa elokubutha, lilodwa elokulala, likho elokufaka impahla, likho elokuhlamba umzimba, kwanelokuzimela. Ndonwabe ndakwamnebese ndihanjiswa imigama ngemoto phakathi nangaphandle kwedolophu ndiboniswa ooni-nooni, ndiwisa iintetho (lectures) kwiimanyano zabarhwebi (Chamber of Commerce) nezeRotary Club, ndasiwa nakwibhayaskophu.

Isahluko 5

Nairobi

Kuthe kanti ubukho bam apha eMombasa buvakele eNairobi (isizikithi seKenya) naseKampala (eseluGanda) kumadoda awayefunde kum eFort Hare mzuzu (1932) wona esiva ngamaIndiya abesenqanaweni nam. Kwangoko ndifikelwe ziingcingo neethelefoni zawo zisithi nantso itikiti kaloliwe khwela uze kusibona; sazaliseka isaci esithi ithamsanqa litsala elinye (nothing succeeds like success). Ndakhwela ke ngoLwesihlanu 20 kweyoMqungu 1950 ukujika kwelanga ukusinga eNairobi (330 miles; 5 453 feet above sea level) ngohambo olunyuke njalo lucanda emhlabeni obharhileyo womgqoloqho nobutywibi, eyelele kweli liphakathi kweDe Aar neBeaufort West salala linjalo. Ekuseni sibone iinyamakazi ezininzi ziphakathi kweekampu (reserves) ezayamene nendlela le kaloliwe; indlovu, ixhama, impofu, iphuthi, iqhude into yona empondo zizibebelele, impunzi, inxala, nezinye. Intle bafondini le nyamakazi iliqhude; ngathi sisono nokuyidubula. Kube luyolo ukuzibona entlalweni yazo yasendle ezi zilo.

Emva kwesidlo sakusasa singenile eNairobi apho ndihlangatyezwe yindlokovane yendodana ummemi wam uElindi Mathu, B.A., LL.B., M.L.C. olilungu elibekekileyo (Honourable) lepalamente yenene edibeneyo nabelungu namaIndiya, umfo lo endamfundisa isiLatin ndimfumana ekrelekrele kanye: naseMombasa ndixelelwe lilungu leIndiya okokuba ngobuchule emicimbini kule nkundla akukho lungu limdlulayo uMathu nokuba ligwangqa nokuba liIndiya. Zontandathu

146

iintsuku ndilundwendwe lwakhe undijikelezise ama-80 nama-90 eemayile ngemini, ngemoto yakhe emeva, ukuhlola ilizwe. Kwasekufikeni ususe amaphakathi andibonisa idolophu le yonke neevenkile zabantsundu ezikuyo naselokishini; saya ekhaya (16 miles) kumzi wakhe omtsha (£5 000 ngexabiso). Emalanga siphumile sahlola amasimi ekofu neevenkile zabantsundu neelali zamaKikuyu (amawabo) neentlanga zamaSwahili, Masai, Kamba, Chaga. Undise nasemakhayeni abafana abafunde eFort Hare kutsha nje ooNjonjo, Kabetu, Njotoge, Kiong Githu noWaruhiu, ndaza ndaphawula ukuba iivenkile zonke zakhiwe ngamatye, ezakhe yedwa zintathu. Ukusuka apho undise emarikeni enkulu yamaMasai isizwe somlibo wasentla esangena phakathi kwethu bantu ngoloyiso ezimfazweni. Esi sizwe sikholise ngabantu abaziinyombolo abambala urhanarha, oko kukuthi bomvu-ngqombo; ngabafuyi beenkomo nabaloli-zitshetshe berhweba ngentsimbi; umkhonto, isihele, isinkempe, ikrwana, imela; ukanti amaKikuyu wona ngabantu bolimo lwekofu nemifuno nombona nezadywedywe zecuba elimandi nakubeni ikho neqhunguwa. Ndiphawule kumaMasai bebaninzi ababuso butsolo nempumlo eluqozolo, neengxilimbela zamadoda, amangqawa asengqina. AmaKikuyu wona akholwa ngamasimi kwelo langa elitsho abe mnyama swili. Kaloku thina boMzantsi obu bumnyama buphungulwe kukuzekelana kwethu kudala nabaThwa namaChwama sikhanya nje. Entla apha umntu oNtsundu umnyama ngokwembiza engasulwanga. He!

Kweli laseKenya inxitywa kunene intsimbi: isacholo esihlahleni, umgolombane engalweni, izinzabelo entanyeni, umgxashe entloko, ijikazi empumlweni, ingxaxazo emaqatheni ngokwamaAwuwa eTransvaal, nomngqi entla kwesiquluba, zaye zisenza bafaneleke abagaxeli bazo phofu awaswelekanga amagxidolo alokhwe zimfutshane. Sihambe ama-52 eemayile ngale mini yokufika eNairobi. Kuse ngomhla 22 kweyoMqungu 1950 sihamba ithuba elide sisiya kubona iGreat Rift Valley.

Umkhenkenene

UmKhenkenene omKhulu weHewu, sisimanga sezimanga apho umhlaba ungathi wacandeka wavuleka ezandleni zomDali esawubumba ngoku kwesigezenga esiqhekekileyo kumntu oxovayo. Kuthi imoto ihamba phaya phezu kongqameko nodini lwegobolokondo ezintabeni, suke gqi inkenkema yomwonyo oma-7 000 eenyawo ukuya ezantsi, into evulela kudendeleko lwethafa elilishumi leemayile ububanzi elifana nomsele womjelo, elithi liye litwabuluka ukusinga eTanganyika de libe ngama-40 eemayile ukuya kudonga olungaphaya. Phaya ezantsi esitywakadini ziifama zabelungu enqatheni lomhlaba owatyetyiswa ngamanzi afamlibe andlelanye nolwandle lweGalili, nolubomvu, namadike eTanganyika, Nyasa, Albert, Edward, neVictoria Nyanza. Esi simanga ndisikhuze iyure yonke, madoda, ndisivelela kwiinkalo ngeenkalo. He!

Amabhotwe

Sibuyile ke kulo mbono saya kuvelela imizi yeenkosi ezimbini, (1) okaChief Koinange uyise wemfundi eyaziwa macala onke kweli naseIndia uDr. Koinange, Ph.D. (Ohio). Lo mzi wakhiwa ngowe-1920 umnyaka ngexabiso elima-£4 000 eluchochoyini lwenduli ebonisa macala onke de kuye eNairobi (25 miles), indlu le irhawulwe ngamahlathi osundu into leyo eyenza ukuba ifane nemifanekiso yomyezo waseEden esasihlala siyiboniswa ebuntwaneni bethu; ndeva ndisithi kuMathu, 'Nantsi ke indawo endingavuya likuyo ikhaya lam okokuba be ndineentsiba;' (2) umzi kaChief Waruhiu okwenye induli ekhethiweyo enemithi emikhulukazi yemigxam nemigqomogqomo edala imithunzi ebanzi. Le nkosi inabafana abafunda eNatal abazanayo nabam abantwana. Nalo umzi ngowexabiso elisemawakeni kuba kweli indlu yesibonda neyenkosi yinto engqindilili ngokwekomkhulu likaPoto emaMpondweni nelikaGriffiths eLusuthu.

Isigqubo

Le mizi yalatha ubuncwane bomhlaba nobuninzi beemvula, into ke leyo ebanga ukuba ilizwe elinje libe sisigqubo sokuhluthahluthana kweentlanga ngomhlaba; ngokukodwa kuba amanqatha asezintabeni entla kweNairobi (Highlands), phaya ezantsi yinkqantosi. Amanani abantu emi ngolu hlobo: 29 660 abelungu, 90 528 amaIndiya, 7 159 amaGoa, 24 174 Arab, 2 361 abanye 5 219 865 amaAfrika, bebonke 5 273 747; oko kukuthi abantu basemzini ngama-153 882. Masithelekise amanani aseluGanda apho abelungu bangama-7 600; amaIndiya 36 800; amaAfrika 4 953 000; bebonke 4 997 600; ukuze abasemzini babengama-44 400 qha. Yiloo nto ndisithi iKenya le sisigqubo sorhwaphilizo lomhlaba. Umzekelo ngulo: Ngomnyaka we-1923 ingxabano ngalo mhlaba yada yabizelwa iguburha (Round Table Conference) eLondon kwabaluleka ubukho bukaGeneral Smuts esilwela amagwangqa kunye negqwetha lomIndiya uSir Tej Bahadur Sapru waseAllahabad elalisilwela amaIndiya, mhla kwaqubisana iinkunzi ezinezoso zombini, endazisikayo ndazigcina izicatshulwa zeentetho zobuciko baloo ngxoxo. ElamaAfrika icala laswela ummeli. Isiphumo saloo mpikiswano saba sesokuba amanqatha omhlaba wasezintabeni agwetyelwa ukuba abe ngawabelungu bodwa kunye nevoti, amaIndiya alizuza ilungelo lokungena (immigration) eKenya nelokuma angacukulwa ezidolophini. Ngecala lamaAfrika ndikhumbula ndibonana eBirmingham (1928) noJomo Kenyatta esilwa kanye eli dabi lomhlaba wazingisa ama-20 eminyaka wada wasiphula intwana yesihlunu ekugqibeleni. He!

Umanyano ngamandla

Ngolu suku imoto kaMathu ifeze ama-83 eemayile. Kuse, 23 kweyoMqungu 1950, ndidlula kwiKikuyu High School yamaTshetshi nakwiSecondary School yamaRhabe ndasiwa esinaleni emelene nazo eqhutywa lumanyano lwamaAfrika oluzimeleyo (Kikuyu Independent School Association), yaye ikwayiSecondary School. Olu manyano ngumzekelo ondothusileyo mna uvela kwizwe ekunzima kulo ukumisa lume umanyano lomntu oNtsundu. EKenya indibano idale into ebonwa ngamehlo kuba imise ama-200 ezikolo ezibantwana bangama-40 000, ezilawulwa ngamaAfrika ewodwa (independently) ngomgaqo wokuba abazali bahlawule imali yokuqesha ootitshala, bagxumeke amagumbi okufundisela, bongeze nezinye iimali ngentumekelelo eqhutywa

yintliziyo (voluntary contribution) xa zimenywa ngemfuneko.
Zimi bhuxe iiSecondary neeHigh Schools zabo. Esi isikolo ndifike
sinabantwana abangama-250 phantsi komPhathi into kaKinothia
eyafunda eAdams (Natal) ethe kanti iyazana nabam abantwana abafunda
kwalapho. Ndenzelwe imbeko yokuba zimiswe izifundo, kuphunyelwe
phandle ndiboniswe ukuthamba (drill) okungummangaliso
okuvangwe ngengoma neengqaqu zesiNtu. Ndiphawule ukuba
imizimba yaba bantwana ziimpuluswa ezikhazimlayo, iigqitsimakhwe
ukomelela ngenxa yezi drili. Ziqhutywe ithuba benzonza, bephatha
kudabalala ngemihlana, becambalala ngezisu, betsiba, bebuthuma,
bechopha besithini, bada bee tya. Ekupheleni ndiphiwe ithuba
lokuba ndenze isiyalo andaxakwa nto ke njengetitshala endala. Ezi
zikolo azifumani nkxaso yamali kurhulumente nakubeni zihlolwa
ziispektala zakhe. Kuthiwa ekusungulweni kwazo zachaswa ngoduli
oloyikekayo ngabafundisi abamhlophe kodwa aqina amaAfrika akaba
nangebhe. Ndibuzile ukuba kanene asiyomvukelo-mbuso sini na le
nto? Impendulo yathi hayi, sikhalazela ukunambuza kwemfundo
nokusengelwa phantsi kweengoma zemvelo namasiko amahle esiAfrika
nokusinalaliswa kweetitshala zethu xa inkqubo yemfundo siyijolelwa
ngabantu basemzini. Le mpendulo yenze ndakhumbula ukuba nathi
mzuzu (1930) sakha sayizama into yomanyano oluphakamisa iinkosi
nezithethe zesiAfrika, kanti sichukumisa isigcawu sizisongile,
laza elo linge laswantsuliswa ngabelungu nangabanye abantsundu,
sagqibela ngokuxakana nesidanga entungo. Apha ke eKenya ndibone
ukuzaliseka kwephupha lethu lelo xesha, iphupha lokubona umndilili
ulilandela icebo elilungiselela ikamva lesizwe. Ngolu usuku sigoduke
siwagqibile ama-32 eemayile sibone lukhulu sibuke nobuhle belizwe
ebeliqala ukufikelwa ziimvula njengoko ilanga lalibalele ngokufanayo
nasekhaya.

IPalamente

NgoLwesibini 24 kweyoMqungu 1950, ndiye kubonela iguburha
eliyipalamente yeli lizwe (Kenya Legislative Council) edolophini. Kaloku

iNairobi le yidolophu, yamaNgesi ncakasana, awodidi endalugqibela kudala, udidi olonganyelwe luluvo lokuba ngaboyisi-zithanga (imperialists), olungayithobele kuya phi nemiyalezo yakomkhulu eEngland xa lungavaniyo nayo. Ubuninzi bala maNgesi zizityebi zabantu begazi nabaphumli (pensioners) namaqhawa (hunters) ongafika zizele ngawo iihotele zakhona. Inomtsalane idolophu le, ngunonzwakazi omi kwisixwexwe sethafa eliyelele kuKhayakhulu kaNkosi Zibi; nanga amabala egalufu (golf), nawokudadela iieropleni, naweebhola zeentlobo zonke, nemigcobo, namashishini ekofu, kukhazimla amabhotwe ezindlu neevenkile zamaIndiya, imali izintyunkula.

Nale indlu yepalamente intle luhongo. Kungenwe ngesiko lenkundla yaseLondon, ukusukuma kwamalungu xa kufika iindwalutho zabaphathi bekhokelwe ngentshinga yobhedu ephethwe liphakathi elivovolozayo. He! Siphulaphule ingxoxo ende engemali yemfundo. Ithe yakuphela ndaphuma.

Harry Thuku – Ibhotwe lakhe

Ukusuka apha ndimenywe linene elihlala phezulu ezintabeni, inceke kaMathu, kumgama oma-21 eemayile kumphakamo oonyawo zima-7 000. Luhambo oluyolileyo olu kuba lubetha impepho ephilisayo emibonweni etsala ingqondo. Ndisiwe kuThuku ngemoto kaMathu ngomnqophiso wokuba ndilalise apho. Ekuyeni sicande emahlathini nasezifameni zabelungu bodwa apho ikofu ilinywa ngamalose amaKikuyu afuye kunene iinyosi ezifakwe kwimixhwentsa yeengqongqo ezijingiswe phezulu emithini ukuze zisinde kubugqwangu nezinye iimbovane nezintlwa ezibukhali kweli. Yinjinga le ehlala kwibhotwe elikhulu elakhiwe ngamatye ngexabiso elima-£10 000. Amagumbi alishumi, makhulu enomhabalala weLounge-Saloon empahla itofotofo ngokwehotele yabelungu. Imi encotsheni yenduli ejonge kwiNtaba Kenya (18 000). UThuku ngomnye wamadoda ambalwa ahlala kumhlaba owaphawulelwa abelungu (Highlands) ebuncwaneni beli lizwe, waye ewusokole ngobufama kuphela, elima yonke into, ethengisa eNairobi ngemoto ubisi lweenkomo zohlobo

olunamagama, azilalisa eluxandeni olukhulu ngangetyalike kunye
nabalusi bazo neentsapho zabo, koko izitena ezi zahlula amagumbi
abantu ngokomkhusane omfutshane olungele ukuba umntu ayibone
into eqhubekayo ezinkomeni ebusuku. Yantsha kum le nto, Lawundini.
Kule fama yindyebo iziqhamo neentyantyambo zokusiwa edolophini
kunye nobisi olo; ilapha yonke into yomlimi ophucukileyo ohlangula
ulwazi ezincwadini namaphepha abuncwadi amafama, enemifanekiso
emihle, athe wandipha amanye kuwo. Uthini na wena xa uthi unyana
osisiphuka (isidenge) ufanelwe sisikolo solimo? Ulimo olu yinto yegcisa,
asiyiyo eyesiqihela.

Ukugxothwa kwakhe

Ibali lobom bukaThuku lo linendawo elusizi. Wathi eselula wagxothwa
(banished) nguRhulumente ngesizathwana sokuba eyinkokheli eseka
iimanyano zokuvusa amaAfrika okokuba awazi awabange amalungelo
awo. Wagxothelwa eSomaliland iminyaka esithoba, walikheswa
ezintlangeni, walincama ngoxolo ikhaya lakhe oko efela izwe lakowabo.
Wada wabhaqwa ligosa eliphakamileyo laseEngland lizihambela
kwelo zwe, lambuzela embusweni, wafunyanwa engenatyala
wakhululwa. Yangumcimbi obuhlungu ukugoduswa kwakhe ebuya
kwelamaSomali, wahanjiswa ngeenyawo egadwe ngamadindala iwaka
leemayile phantsi kwelanga elitshisa ngokomlilo, kuhanjwa iinyanga
zontlanu, kuwelwa imilambo eyoyikekayo. Ekufikeni, wangeniswa
ngobusuku ekhaya, kusenzelwa ukuthintela iziyunguma zamawabo.
Wala akucengwa zizilawuli ukuba ayeke ukumanya abantu, wathi
uxolele ukubuyela kwaseSomaliland! Endaweni yoko wasebenza
ngamandla waphambili kubaseki beEast African Association 1920;
Kikuyu Protection Association 1932; Kenya African Independent
Schools Association; neKenya African Union esebenza izinto
zombuso ebambene ngezandla unangoku neenkokeli ezingooJomo
Kenyatta, noDr. Koinange noMathu. Wabuyela ebufameni. Yimigudu
yezi mbutho zikhankanyiweyo ebange ukuba kubekho amaAfrika
anendawo kwezi ntaba (Highlands) kwincum yeli lizwe laseKenya.

Bathi olona lumanyano lubancedileyo yiKenya African Farmers' and Traders' Cooperative Society yamaKikuyu odwa. Le nyani ingqinela iinjongo zeSouth African Native Farmers' Congress esisekeleze ngayo ukudibanisa ulimo olufundileyo norhwebo njengesona siseko esiya kuyiphakamisa ngenene iAfrika. He!

Masibuyele ebhotweni lakhe. Kuthe ndakungena endlwini yakhe ndakhumbula umzi wesikhulu sasemaNgesini endandiholidela futhi kuwo kudala (1910) eSomerset, England, omagumbi anjani? Lo kaThuku uyelele kuwo. Ilapha yonke into esisihombo sasemlungwini; kwaye nyakenye bekufikele apha ilungu lePalamente yaseLondon elilinenekazi elalingomnye wabathunywa bombuso bokulungisa imicimbi eyayikhathaza eKenya laza lahlala iiveki zombini apha kwaThuku lonwaba ngokungazenzisiyo, leva kulusizi mhla kwafuneka libuyele eNairobi kwamanye amagwangqa, labhala incwadi endiyibonisiweyo ethetha loo nto. Ndavuya ndakufumana la mava okuba nalapha eAfrika ikho imizi emasasawula njengaleya ndibe ndikuyo eIndiya.

Imibono

Ekujikeni kwelanga uHarry Thuku uyikhuphile imoto yakhe kwigaraji yamatye enokuvuyelwa ilikhaya elipheleleyo kwabanye abantu. Sihambe umgama omde phakathi kweendada ezisezifameni zabelungu zemithi yedywabasini nekofu, sifunzele ukuya kubuka ingxangxasi edumileyo yomlambo iChaniya efana neyengqubusi yeTsitsa emaMpondomiseni (Tsitsa). Sifikile sayibuka ixesha elide saxhwakra phantsi kwemithunzi sanandipha imiphako yezinto ezinencasa ebesizifohlelwe ngobubele yinkosikazi kaThuku endiyibhize ndisafika ngokuthi ngumolokazana kuba ndingqinelwe nangabanye ukuba ufana kakhulu nentombi yam uAlexandra Nothemba ngobuso nangesithomo. Sigoduke ngezinye iindlela sabona iindawo ezintsha ezinamadama amanzi aselwa eNairobi. Ngale mini ndigqibe ama-88 eemayile kwahlwa kuseluyolweni kwaThuku kuloo magumbi okubutha, nawokutya nawokuhlamba, nemihlaba yokusezela impepho ephilisayo apho kubiyelwe ngeentango ezingqingqwa zamatye namasango ahonjisiweyo abukekayo kumntu oqhele apho indlu yomntu igxunyekwa empengempengeni yobala igudlwe ubusuku obu yimiduka yempahla engenabuhlanti. Kuloo mphakamo (8 000 eenyawo) ndilele ubuthongo besiyobelo, kwasa ngoLwesithathu 25 kweyoMqungu 1950, ibonakala ngefestile intaba yodumo lweAfrika iKenya (18 000ft) endafunda ngayo ndingumntwana, iqaqambile ngumnqwazi wekhephu ikhumbuza iHermon entla kweGalili.

Eminye imibono

Emva kolu tyelelo lumandi kwiintaba zonandiphiso zabonwa nguJohn Bunyan ndiphuthunyiwe ngentlazane yimoto kaMathu saqengqeleka sehla, kwathi siphi kwalathwa umzi womntu ozeke isithembu sabafazi abamashuni mabini, isimanga kum somzi osuke wanga yilali iphela, elowo umfazi enorontabile nentsimi. Ndathi kumhlobo wam kukho amadoda angoyikiyo ezweni. Yini le!!

Sihambe safika ntilini ithile apho kumi iKenya Teachers College ephethwe nguDr. Koinange ondisindleke ngehamile emazinyo apheleleyo, kwasisafika, wayihambisa phambi kwethu ingekawiswa. Apha abafundi besikolo abama-800 bandenzele imithambo (drills) neengoma zesiNtu, ekuthe emva koko ndanyuselwa kwiqonga elongamele yonke loo ndimbane ndathetha nditolikelwa nguKenyatta, endithe 'ngumabhov' eBhulu, ntshetyan' embuzi, nkunzi yamalanga, siqwayi somqokolo, mal'ukohlulwa', olawula yonke imithambo yezi zikolo zamaAfrika azimeleyo.

Ukumka apho sidlulele elalini yaseKiamwange esikolo sifundisa ama-952 endiwabonisiweyo nawo ethamba, ecula ngesiAfrika; ndathetha nalapho ndikhwele kumgxubungu (platform) ophakanyisiweyo ukhwelwe ngeleli ibonakale yonke loo nginginya.

Ingqibelankqoyi ibe kukuhamba ithuba elide ukuya kubona ngokucacileyo zombini iintaba zeAfrika iphela, ekhohlo ngezantsi iKilimanjaro (20 000) ekumda waseTanganyika neKenya (18 000) entla ngasekunene ngecala laseAbyssinia naseluGanda. Eli gama u-'Kilima' linye neli lesiXhosa 'uqilima' nangentsingiselo. Le fama kaKenyatta iphilile (500 acres) waye umniniyo kuxa equlunqa ibhotwe elitsha elimagumbi asithoba amatye ngommo ongu-'E' ojonge empumalanga. Ixabiso layo kweli lethu limalunga nama-£8 000 kudibene namagunjana arhawuleyo waye umfo lo eyifanele le ndawo kuba ngumkhalambela ophaya wendoda (6 ft) enesiqu entshetyana ifana neyeBhulu, ese ixuba ebudaleni. Uyifanele ngokuba walwa iminyaka eEngland esilwela eli lungelo lokuba amaKikuyu nawo abe nendawo kulo mhlaba wabelungu (Highlands), waphuma nesicwili. He!

Ukudlula eKenya

Ngolu usuku ndihambe ama-89 eemayile zokulusonga utyelelo oluyolileyo ezweni eliyimbalasane abathi abelungu ukulincoma: 'The grandeur of Kenya' besitsho benyanisile, Kuthe xa sigoduka ndabona uMuthu eyimisa imoto xa engakwiKikuyu Halt wathi, 'Nantsi enye yeefama zam. Ndiyipha wena netayitile yayo ukuba uyakholwa kukuza apha. Khwela wena nomkakho emaXhoseni uze kuyithatha wakhe, uphumele apha. Akunani nokuba akunamoto, sisitishi soololiwe esi imi kuyo, woya ngololiwe edolophini eNairobi. Yiza wena; sikuthanda kangako apha eKenya!'

Esi sipho sitsho ndasinkamamunge ndee tyho sinalala, ndakhumbula isaci somRoma owathi ngesiLatin, 'IAfrika yasoloko iphuma into entsha' (semper aliquid novi ex Africa). Okwangoku ndanga isandla. Ludaba ke olo Lawundini!

Ekubeni sifikile ekhaya ndiligqibelise ngobuthongo obuthe khitha ikhaya elihle likaMathu, emva kweemayile ezima-362 zokulijikeleza eli lizwe.

Ucingo

Sivuke ngoLwesine 26 kweyoMqungu 1950 sasukela uloliwe oya eKampala eluGanda (436 miles) enyeleni yedike leVictoria Nyanza isizozo (origin) sohlanga nentetho kaNtu emideni yeJiphethe neKongo neSomaliland neAbyssinia. Kuthe xa singena esitishini eNairobi gqi isidyoli siphethe ucingo oluphuma ekhaya eXesi lusithi, 'Unyana uTengo Max Jabavu uluphumelele uviwo lwe-B.Sc. with Distinction

155

in Chemistry, sele esiya kuqalisa imfundo yobugqirha eJohannesburg.'
Ngokwendoda yomXhosa ndibambile andangqasingqa, ndathethela
esuswini ndisithi iminyanya yakowethu isikhumbule; camagu, kube
hele, kube chosi ngamathamsanqa odwa kolu hambo. He!

Uloliwe unduluke ngentlazane eluqweleba lwamaqegu ali-15
kukho neinjini etyhala ngasemva, ababaseli iyimidaka yamaSwahili
nabaququzeleli bokutya nabatshayeli, zaye iigadi zingamaIndiya.
Indlela inyuke okoko yadlula kwezo nduli zimi ooThuku yada
yaba kowona mphakamo uphezulu endakha ndakuwo etrenini
kwisitishi saseUplands (7 689 feet) yaza ke yabhijela imixawuka yada
yee thu kuGabajolo olukhulu (Great Rift Valley) ngedinala icotha
ngokofudo, yandula ukubaleka isihla ukuya eNakuru ezantsi entilini
yodendeleko (rift). Kobu bugxwayiba lo loliwe wathiwa ngobunzima
obungathethekiyo phakathi kweengxondorha nemisethuluka eyoyikeka
nangaphezulu kuneyaseSihota eNciba. Indlela ngoku ityhutyhe
phakathi kweentaba zemililo (volcanoes) phofu esezicimile (extinct)
ukuya emdeni waseluGanda.

Isahluko 6

Uganda

Igqotsile ke yada yangena kwelo zwe, kwazindada zodwa ke ngoku neentshinyela ezingenabhulorho kuba imilambo yafunxwa yaphela ziinyibiba ezome zadibana zaluqilima lomadakana yagqumeleleka. Kuthiwa iingozi zokwenziwa kwesi siporo zafikelela kwinani lokuba imayile nganye yaphuma nengcwaba lendoda. Mandithi ezinye izitishi zala mazwe zithiywe amagama avakalayo ngesiXhosa nesiSuthu, nanga: Budumba, Fela, Bukoba, Juba, Khala, Khoza, Lushoto, Manyano, Mirithini, Mkhomazi, Molo, Mbulamuthi, Mukhono, Munyu, Phuma, Same, Soga, Songwa, Thanga, Yala. Yiloo nto kusithiwa Uganda olu sisizozo sentetho yakwaNtu. Kuthe phiphiphi sagaleleka kwisitishi esigama lithi, equator (umgcambindini) esikumgca owahlula kubini igada eli likaAdam; sihlile sangxabalaza phezu kwawo umgca lo, olunye unyawo lwanyathela kwisiqendu sasentla (Northern Hemisphere) olunye kwesasezantsi (Southern). Yimfundo ukuhamba oku. Vuma, Lawu!

Indyebo yaseluGanda

Sivuke ngoLwesihlanu 27 kweyoMqungu 1950 sesiphakathi kwelabaGanda, izwe elizixelayo into eliyiyo ngokuxhaphaka kwento etyiwayo yasendle. Kukho nebalana elithi umfana othile weNgesi owayefunde ezincwadini ngentarhantarha (abundance) yokudla kwasendle eluGanda yena elambe wayinyaphopho, wazimela wazifihla (stowaway) empahleni ekhweliswe kwinqanawa eya eluGanda, waza wehla waya kuhlala emahlathini ixesha elide ephile ziziqhamo zamahlathi. Ngenye imini ude wabhaqwa enguloo mdungela ngamapolisa wamangalelwa wafunyanwa enetyala lokuba 'ingabonakali into aphila ngayo' (guilty of being without visible means of subsistence) wagoduselwa kwaphesheya. Kaloku umthetho wesiNgesi usisidenge (the law is an ass) esingaqondiyo ukuba umntu unokuphila kukutya okungafunyanwa ngamvuzo wokuqeshwa. Ewe kukutya kodwa apha. Zonke iinkolongiyane (sidings) zidwelise ugcibhala (isisulu) lweebhanana ezithengwa ngetiki isihloko sedazini, yaye inye ingangomlenze wosana; ndihluthe zezimbini qha kuzo ndakhohlana ngoku neli didima (indyebo) ndiliphetheyo esandleni ndibe ndisiya kokwazo eKampala. Bendithenge kwanepineapple ngetiki, yangangethanga, yandoyisa ndisephakathi kuyo ndiyixhela ngomgotywa, ndakhumbula izinqulo zamaGqwashu, amaGorha kaNohibane, mabandla kaKhamlana, ooxhel' ithanga! Ngumyezo owabonwa nguAdam noEva izwe labaGanda ngeziqhamo zasendle. Akukho silambi nangqiba ndiliboniyeyo apha: ilizwe lichume layintsikantsika ziibhatata, ziimbotyi, yimfe, licuba, ngutiya, yiswekile; umqhaphu wona uneenkebenkebe zamasimi kwaye kusithiwa ngophambili ehlabathini ngodidi (quality), ize loo nto yenze impahla yokunxiba ibe yeyemibalabala yonke ebantwini. Liyanxitywa ke mawethu ilaphu kweli lizwe, kangangokuba abantu bodidi lwamaqaba baphucuke ngokwabasesikolweni kowethu ngezinxibo; bafatya (embroider) nkqi. Amadoda agalela into engathi yihempe enkulu emhlophe esuka entanyeni ime ngesithende, isiwunduwundu, mfo. Abasetyhini ngamacholocholo angawaziyo umgqwetho wesikhumba, ahomba ngobuqheleqhele obugquma neenyawo, anga ahombele ukuya etimitini le mihla ezivathise ngayo yonke imibala yomnyama, omnye egaxele ibala lalinye lodwa nokuba liluhlaza, nokuba libomvu, umbone omnye endolosa ngelaphu elimabala maninzi elingathi sisaqoni seentyantyambo, azidle ehamba ngokunathuza ange uyazazi ukuba uyabukeka, adlisele. Kunje ke kuzo zonke izitishi, kwaye akukho sitishi sisemhlabeni olithafa, zikholise ukuthi gqi phakathi ehlathini njengezi zaseBechuanaland, zaye zizele ngabantu, kuba udlula kabini qha ngeveki; ngeso sizathu ke abaGanda batsaleka kakhulu kukuya kukhangela abantu abakhweleyo bechitha nje isithukuthezi. He!

Imibono emangalisayo

Oko kuthe kwasa ngale mini amehlo akavumi kuyeka ukujonga phandle ngefestile ebuka umtyebo welizwe elingazaniyo nembalela nendlala, izwe ekuthiwa alahlukani nemvula, apho kuhluma zonke iintlobo zengca: ijojo, umsuka, imvane, incema, uqaqaqa, umthala ofulela izindlu, imizi yokuluka iinkukho nokuveca (plait) imizwazwa (iminyazi emikhulu) yeziludu namaqoma nengca eyingcaluba nomncele. Andisathethi ngemithi; zininzi iindawo apho isibhakabhaka sibonwa kancinci ngenxa yayo. Apha umngxam wayamene nomnye umgxam; umnga ukhula ulingane negamtriya (blue gum tree) uthambe ube yimvoco kuba kakade ngumthi okholwa bubushushu; ingqele yenza ubovele ukunqaphela ube lukhuni. Ukhula lona yiteya (plenty) ngokukodwa imbuwa le kuthiwa yintibane ethanda umhlaba oliqumrha (fine red clay).

Iziduli zeli lizwe yimihohoma emikhulu ephakame yadlula ezinkomeni, ibomvu ngokwebala lomhlaba lo. Ndiphawule esinye esikhulukazi, isandlunya sona, esingangenqugwala lokuphekela. Ezikufuphi nekhaya ziyakronjoncwa zenziwe isitovu esiyionti yokubhaka isonka. Iintubi zezi ziduli kuthiwa ziyingozi empahleni yokunxiba egcinwe etyesini yeplanga emi emhlabeni osindwayo. Ndibaliselwe ngomntu owothuka yonke impahla yakhe yokunxiba (awayeyigcinise umhlobo) se iligagadele lesiduli emva kweeveki ezimbini, ngokusuka alibale ukuyishenxashenxisa ityesi le ngemini.

EJinja

Kuthe xa kumin' emaqanda itreni le sabona iphothaphotha amagolongxa ezindulini kwingxobonga yelizwe eyelele kuNgobokazi eNgqushwa okanye kuMkhomanzi entla kuMzimkhulu, iphepha izigotyombe, imana isithi thu emabhomeni eebhanana nezinye iziqhamo ezitumtum

nakulwandyula lwamasimi eswekile, kanye ngelixa ledinala safika
kowona mbono ukukutya kwamehlo xa siza kungena kwidolophu
iJinja kwathi gqi umtsholozi wedike leVictoria Nyanza. Eli lelona
chibi likhulu eAfrika; lutyungalabe lwamanzi angama-200 eemayile
ubude; liluhlaza ngokolwandle lwaseGalili oluncinci lona (14 miles)
ukanti yintyunkula le. Kuthiwa zilapha iingwenya neziya zinto
ezibizwa ngokuba ngamagronya asezinkolweni zabantu. Ubuhle
besitishi salapha bundenze ndeva ngathi ndifike ezweni lasebhakubha
(romance) leentsomi. Ukudlula kuso siwele ibhulorho edumileyo
ephezu komlambo iNile eqala apha ngokuphuphuma kweli dike
ngengxangxasi enegama (Ripon Falls) ehla ngemiqhokro (cascades)
emagwebu phezu kweenkemfu zamawa, itsho ngomdabazo ukusinga
eJiphethe. Esi sintyalantyala somsinga wawo ndandisibone (1928)
eAlexandria xa ungena ngechweba elwandle (Mediterranean) emva
kokulatyuza amawaka amane eemayile, ngathi andizange ndiyolelwe
kangaka yinto endiyibonela ndisetrenini. Makube bunje ubuhle balo
izulu. Ngumbono ohlahlambisayo. Siwushiye ngemva kwala ngo-3.30
sangena kuloo nzwana yedolophu iKampala.

Kampala

Esi sisizikithi (headquarters) soGanda, unonzwakazi omi phezu
kweenduli eziliqela ngokweRoma. Sifike kumnyama ngabantu beendidi
zonke kwesi sitishi sibanzi kunene. Ulwamkelo endenzelwe lona
zizifundiswa zam kunye nezalamane zazo lube ngathi lolokugaleleka
kweRhuluneli. Ezi zifundiswa zintliziyontle ngokwabantwana
kumzali. NgamaAfrika enyani la. Ummemi wam uGeorge Sali, B.Sc.
nomkakhe intombi kaDubasi (eyafundela ubongi eLovedale nezalanayo
nabaseHewu) nantsi; kaloku yeendela kulo mfana isekhayeni lam eXesi
yandim oyinikelayo emtshatweni kumfundisi, yona iphelekwe yintombi
yam (1945) uAlexandra. Nanku uPaul Kigundu, B.Sc., intombi kaRev.
J.C. Mvusi eDurban; nanku noyise wala madoda omabini uJ. Wamala
nowakwakhe intokazi elufafakazi; nanku uEllen Pumla Ngozwana,

B.A. okhaya liseMount Frere (Transkei) nomyeni wakhe uChief C.M.S. Kisosonkole usomfazi kwikumkani yalapha iKabaka; nalu nogxomothi lwendoda uS.W. Kulubya esasikunye (1928) eJerusalem, emdondosholo wogxibha; nanga namaIndiya ebesikunye ngokubuya esikhepheni esiphume eBombay; naba nabelungu (kuba ayaziwa ikhalabha apha) ekude kwakho nomlungukazi othe akubona olu bungezelwano wazicelela ukwaziswa naye kum. Lelinye izwe eli, mfo.

Kuphunywe kwangenwa ezimotweni ezithe zangumtyululu ukusinga endlwini kaWamala uyise kaSali endulini engaphandle kwedolophu (10 miles) kulwamkelo lwedinala yesifiko, ingxwabilili yetheko elisuke lafana nomsitho, kwawa iintetho ezinzima. Phakathi kwezinto kubekho isigezenga esikhulu ngangomqamelo, ndaba sesebhaqolo kanti hayi yinto yeli lizwe emayityiwe iqhuma ishushu kuba ithi yakuphola kufuneke ilahlwe, ndasendisithi ukuyibiza yiMANA yamaSirayeli!

Emva koko sisinge kwenye induli (Budo Hill) kwiKing's College ehlala uSali njengetitshala, endilundwendwe lwakhe, apho ifestile yegumbi endilele kulo ibonisa amanzi eVictoria Nyanza. Ehla! Ndonwaba ndalala ntlilikithi umzimba uvakala ukuba udibene nento entsha yochwayito.

Umjikelezo

Kuse olungaliyo ngoMgqibelo 28 kweyoMqungu 1950 imini yokujikeleza iKampala nokuphicotha ummo wale ngingqi. Okunene uSali walathile esithi nantso induli emi idolophu, yiNakasero; emi ikumkani (Kabaka) yiMengo; nantsiya enamangcwaba eekumkani yiKasuba; ekaNokholeji yiMakerere; emi iRhuluneli yiMakudi ihospitala ikwiMalago; eyeWireless yiKololo; eyetyalike yamaTshetshi yiNemirembo; eyabaFundisi abazii 'Fathers' yiNerubiya; eyamaMoslem (Mosque) yiKibule; eyemizi emitsha yiMbuya; ikatidrala yamaKatolika yiRubaga; zizonke zilishumi elinambini.

Nduli yokuqala siyijikelezileyo yiNakasero iziko leevenkile namakhaya ezityebi ezikholise ngamaIndiya oomaqal' afike akakade ezimalini yaye idolophu iKampala intsha; avukile ngoku namaAfrika ukwenza amazwembezwembe okumisa iivenkilana ezama ukugxotha ilishwa lokuphangelwa zizizwe ezithe zabaphangela abaseKenya njengoko sesichazile ngamanani ezi zizwe apho zingama-153 882 ukanti apha eluGanda ngama-44 400 kuphela.

Sir Harry Johnston

Ngoko ke sinokuthi izwe labaGanda liselelamaAfrika okwangoku. Mbangi yeli thamsanqa nguSir Harry Johnston (Governor) okuphela komlungu endimaziyo oyenzileyo imithananangu yokokuba amaAfrika alidle ilifa izwe lawo (1925) ngokuzinika iitayitile zemihlaba iinkosi zawo ukuze zingachithakali. Phofu ngesi senzo wachaswa ngamandlakazi amakhulu kowabo eEngland wada waphulukwa sihlalo sakhe. Amazondololwane awawenzayo agqibela ngokuphumelela. Yonke iAfrika iyabulela iwasikelela amathambo akhe isithi makalale ngoxolo. Kwezinye iindawo kulilwa ngooQhina-ka-Qhonono, ooMayizale inkomo siseng' isigqokro.

Isiqhamo sobulungisa bukaSir Harry Johnson kukuba eli lizwe nakubeni lisemandleni (Protectorate) amaNgesi lilawulwa yiKumkani (Kabaka) yomAfrika ehlala kweyayo induli kwibhotwe elakhiwe ngohlobo lwesilungu, ethe ndasiwa kulo ekujikeni kwelanga ndabutha kuyo neKumkanikazi. Bobabini bafundiswe eEngland; bayazana nentombi yam enkulu uNontando esebenza ngokuthetha kwiBritish Broadcasting Corporation (B.B.C.) namhla. Ndisiwe nakwiNkulumbuso (Prime Minister) kwahlwa isopholo siyifumana kwaPumla Kisosonkole sagoduka.

C.M.S. Kisosonkole

NgeCawa 29 kweyoMqungu 1950 uKisosonkole undikhwelise emotweni sahamba ama-62 eemayile sisiya eJinja ukuya kulunguza isikhulu sakhona (Minister of Finance) sehlelo labaGanda elibizwa ngokuba

ngamaSoga, umnumzana J.Y. Lubogo esasibonene naye kudala
eJerusalem. Andazi, kodwa kungenzeka ukuthi la maSoga abe yiyona
ngotya (progenitors) yamaJwarha ethu kaKhonwana emaXhoseni. Ithe
kanti indlela esihamba ngayo icanda efameni yakhe (uKisosonkole)
ebukhulu bulinganiselwa ngeeSquare Miles (endaweni yeeakile).
Umqhubi apha sibone emisa wathi kum ukuba uyathanda ukuza kuba
ngummi weli, ndiya kukucandela ndikuphe indawo kule fama. Mna,
nkamalala! Kuba itsho esalatha izwe eliyincum ngomtyebo namahlathi
ashinyeneyo ngokwawaseMgazi naseNtafufu emaMpondweni. Le nto
ikhumbuze ingoma yakudala ezityalikeni ethi, 'Oh that I had wings
like a dove I would fly away and be at rest.' Sihambe safika eJinja,
koko sadana kukufika engekho ekhaya uLubogo sasesiyichitha imini
ngokuya kubukela ingxangxasi yeNile (Ripon Falls) savelela nezihandiba
zamaIndiya, saphatheka ngembeko, lada lajika ilanga sagoduka saya
kuyivuma inkonzo ecaweni yabelungu iAll Saints Cathedral. Apha
ndibone isimanga: abantsundu nabamhlophe bebhedesha kunye behleli
ngokuxubeneyo, waye uKisosonkole (umyeni kaPumla) ehleli phezulu
ekwayarini eluhlwini lwamadoda ebhasi njengomfo ozwi lidokozelayo
ngokwelikamfi uBawo uTengo naxa ezincokolela nje. Hayi ke apha
kule tyalike uC.M.S. wayengqumshelela ngqo; waye uPumla yena
endihlalise ngakuye esinyakanyakeni sabelungu nathi siyenza
eyethu indawo ekuculeni kuba asiyivinjwangwa ingoma. Abanye
abantu abantsundu babehleli kwalapha etyalikeni bethe saa phakathi
kwabelungu ngokwaphesheya eEngland. Ekuphumeni sibulisene sonke
ngokuxubeneyo noko singazani, abelungu bona becinga ukuba nam
ndingumGanda, xa ndingazixelanga.

Iziganeko

NgoMvulo 30 kweyoMqungu 1950 ndijikeleziswe kwiSebe leMfundo,
ndabhaqana kulo nenenekazi elimhlophe endaligqibela kudala (1913)
liseyintwazana kubazali bayo eBirmingham. Lindihlekisile lakuthi
ndinzonzile ngoku kuba ndandilugxibha kudala. Mna, hayi, wena
wawuyintombazana ephelela emadolweni kum ngoko, kanti ngoku

ndim ophelela entanyeni yakho, ndikhangeleke nzonzileyo kuwe. Idinala ibe kwaPumla. Emva kwayo ndisiwe eofisini yeRhuluneli ukuya kusayiniswa igama lam encwadini yeendwendwe zesizwe, ndalandelisa ngokumenywa lelinye lamaIndiya esabuya nawo eBombay emzini wodidi apho kuthathwe imifanekiso ebalekayo. Imini iqukunjelwe ngedinala yangokuhlwa kwaKisosonkole apho bekumenywe iqela labelungu namakhosikazi abo, iziiProfesa eMakerere kholeji.

NgoLwesibini 31 kweyoMqungu 1950 ndibe nethuba elide eofisini yoburhulumente besizwe apho yonke into isezandleni zabaGanda; emva koko saya endulini yamangcwaba eekumkani zonke zabaGanda. Ukujika kwemini ndiwise intetho (lecture) kumanyano lwabarhwebi bamaIndiya, kwaza ngokuhlwa ndaya kulwamkelo olungqindilili kumzi omhle edolophini kwa-S.W. Kukubya (owayengumthunywa eJerusalem), ingxwenga yendoda nehomba. Eli theko ulihombele ngokumema ucwambu lwamaGanda odidi, umlisela nomthinjana, indlu ihonjiswe yalinangananga kujinga izinto zamabala onke, ilapha nekumkanikazi, kudekwe zonke iintlobo zezimuzu-muzu zezwe elina imvula wonke unyaka. Phakathi kolutsha olu kubekho ingwevu endibuthe kakhulu nayo iqhelezela esifubeni iimbasa ezininzi zobujoni, isimbokroma sendoda enamabali eemfazwe andikhumbuze uNkosi uNdab'emfene Maqoma kuloJingqi. Kuthe kunjalo zemiswa izimuncumuncu kwawa iintetho zobubele zolwamkelo, sabuya sadla imbadu nengwevu leya, ndaza ndabizelwa epiyaneni emeva, latsha ke ibhayi yahambela apha ingoma kuntyiloza uPumla ngezakowabo eSouth Africa kuba wayengumlonji eFort Hare, waza umyeni wakhe wandyodyoza ngebhasi erhuqa ihlahla lesiphingo into leyo endikhumbuze uNkosi Mgcawezulu wamaNtinde eQonce, ndaza nam ndaziva ndibuyelwe bubutsha phakathi kolutsha kuba ingoma kaCaluza 'Ixhegwana' (1921) ithe kanti intsha iyafika kweli, bathe ti yiyo kuzo zonke izikolo. Le mbutho yobu busuku ibe sisiganeko esiqwelileyo, yaphela inga ayingepheli, yatsho ndalala khitha sakugoduka. He!

Imini elandelayo, 1 kweyoMdumba 1950, imiselwe isizathu esiphakamileyo sokuba ndenze uxwebhu lwentetho (lecture) kumaGanda afundileyo (Budonian Club) eKing's kholeji ezalise iholo enkulu kwada kwemiwa ngeenyawo eludongeni. Ndigqibe iiyure zombini, ndashiya endililibeleyo begigitheka, bekhamnqa, bevuyiswa ndakubacengcelezela ama-23 amazwi esiGanda akhoyo esiXhoseni angala: – umkhono, isifuba, ingwenya, indlovu, amafutha, umlilo, imvubu, abantu, inyama, unyoko, inombe, inyoka, ulwimi, umthi, amanzi, ububini, ubukhulu, kade, ukufa, ukupha, ukulala, ukuma, ukuba, – ndisithi thina maXhosa singabona bantu balulondolozileyo ulwimi lukaNtu lwanjengoko lwehla lunjalo kwelabaGanda. Nakule intlanganiso abe maninzi amaIndiya namaNgesi. Isopholo ibe kwayise kaSali into kaWamala, sagoduka, ndalala qole.

AbaGanda

NgoLwesine 2 kweyoMdumba 1950 ndivukele edolophini ngenjongo yokubazolela ndibabuke abantu beli lizwe. Ngamahomba adlula zonke izizwe zamaAfrika endizaziyo apha eAfrika. Isizathu soku bubunini bomchaku kuba yimpilo yabo ukulima umqhaphu. Amaso maninzi. Ngoko ke baphotha imirhukwane (fine bead work) bathunge umhungane (beads) ojingiswa kumagwashu (loose fitting clothes) ezinxibo. Bahamba ngokukhabasa (swank) ngezimbejembeje (red) ezithiwe mfi ngenyilongo (tight bead girdle) esinqeni. Intetho yabo izolile, abampangazi (loud talk) njengezinye izizwe. Indoda xa iphambana neqela endleleni ibuliselwe koodade abo bahamba nayo. Iyabahlonipha abasetyhini. Imbeko isafundiswa kweli lizwe. He!

Ndisinge endulini eliziko lemfundo iMakerere enoNokholeji wodidi lweFort Hare, ndahloliswa zonke iingontsi zayo, ndayifumana apho nedinala. Emva koko ndisiwe kwindlu enkulu eyiMuseum yokugcina impucuko yomdabu. Nditsalwe ingqondo yipiyane yemvela yabaGanda ebethwa ngamagqudwana omthi ngumfo oyichopheleyo, ivakalise ingoma nogambu (drum sound) oluluncuthu. Ukuphuma apho ndisiwe kwiti enkulu endlwini yelinye iIndiya kanye eliya lafika lazisa eKampala ukuba lindishiye eMombasa sibuye kunye eBombay. Abe lapho namaGanda yalitheko elinesidima.

165

Idinala kubelungu

Ngokuhlwa ndisabele isimemo sesihandiba seNgesi edinaleni yodidi emenyeza izibane ezikhulu, elapho amadoda angabongameli bale dolophu, enamakhosikazi awo ahombe ngeziphandlayo ezitsho ndafuna ukurhwaqela kuba sendibuyilibala into yokuxubana nabelungu kwidinala yasebusuku. Kubekho amagqwetha aphezulu neziphathamandla namagqirha, nejaji ese ivela eGold Coast, West Africa naseNigeria ethe yamangaliswa yakufumana ndiwazi amaAfrika ewaziyo aloo mazwe awayefunde kunye nam kudala eEngland. Kwakugaxelwe oojobela (evening dress) ekho namaGanda. Ikhalabha ayaziwa nangegama. Yonke into yempucuko yayilapha. Incoko ibe yeyemicimbi yemfundo neyokumiwa kwehlabathi yatsho ndanga ndiseEngland kaVitoliya. Kuthe ndakuchophela ipiyane bakhama (bamangaliswa) bathi hayi iqhubile bo iSouth Africa xa inamaxhego ayaziyo ipiyane. Ewe sonwabe sonke sada sanyanzelwa kukuhamba kobusuku ukuba sahlukane, iintliziyo zona zisala. Kuthe xa sibulisanayo sigoduka, ummemi wathoba wandisebezela esithi, 'Mhla kwenzeka ugxothwe (banish) kwelakowenu uze ukhwele uze ngqo apha kuthi nosapho lwakho, siya kukuvuyela thina.'

Hi-awu! Kwakhona ndee khwanqa kukujoka kwesi simemo kuba sesesithathu esi isihlandlo ndicelwa ukuthi mandifudukele entla. Mhlawumbi sishoba lutho, Lawundini? Sigoduke sezicimile neelampu zedolophu ndaba ndiwahlanganisile ama-387 eemayile zokulijikeleza elabaGanda.

Usuku lokugqibela eKampala

Usuku lokugqibela, 3 kweyoMdumba 1950 lube lolokuphumla ekhaya kwaSali. Kaloku olu tyelelo yinto engumsebenzi ofana nowokuqeshwa ngenxa yokuba (a) ndimenywe ngabantu abafundileyo abaqonda kakuhle ukuba mandizuze ulwazi ngezwe labo, endithi ke ndifika kubo ndifike sebenoludwe (programme) olucikiziweyo ngabo yezinto emandizibone; (b) nam ngokwam ndizonde ukuthumela iindaba ekhaya zenkcazo yezinto endizibonileyo. He!

Kuthe ndiphumle njalo ndahanjelwa lundwendwe olubalulekileyo, inkulu-mbuso (Prime Minister) yezwe labaNyoro elilihlelo lasentla (North) loGanda, umfo ogama linguBalamu Mukasa, M.A. (Yale), ingcaphephe. Sincokole kunene naye, ndavuya ndakuphawula ukuba kweli lizwe iqondwe kakuhle imfuneko yemfundo ebhadlileyo kwizilawuli ukuze umgudu kaSir Harry Johnston ungenzakali ngecala lethu maAfrika xa esenzele ilifa elingaka.

Emva koku ndingene kumatiletile okusonga impahla nokuqokelela imiphako yohambo olude (766 miles) lokubuyela eMombasa kwinqanawa eya eDurban. Idinala yokugqibela yangokuhlwa ibe kwaPaul Kigundu, B.Sc. umninawa kaSali. Ndilibele ukuthi kweli lizwe indoda igcina elayo igama, kuba la madodana omabini azalwa nguWamala. Apha ndikhumbula ukuba ubawo uTengo mhla wabhalisa igama lakhe esikolweni (1866) ngelithi Tengo Jabavu, walwa waligwele umninigama, uyise-mkhulu uJabavu, esithi aba bantwana mabagcine awabo amagama baliyeke elakhe, hleze bamenzele amatyala, kubanjwe yena! Ubesakuthi ke ubawo uTengo akubona igama lam liphuma ezimviweni kwi*Cape Times*, ahleke athi 'Nantso k'into yakho; azi ngelesithini na umnini weli gama xa alibona lithe saa emaphepheni ezwe lonke? Kuba yena wayelawule ukuba malingaphathwa.' He!

Isahluko 7

Ukuya kwam eIndiya ndandulelwe nguRev. J.C. Mvusi (Durban) yena esiza kule ndlu kwintombi yakhe le yendele kuKigundu. Kuthiwa umfundisi lo wazimisela ukuya eJinja aye kulalela ukubona ingwenya ebhrorhweni yeNile; walinda, walinda, walinda wada phakathi kobusuku wayibona, lazaliseka elakhe ibhongo. Makube ungumNgqosini umfundisi lo xa eyinonelela kangaka ingwenya.

Kuse ngoMgqibelo 4 kweyoMdumba 1950 ndikhweliswa kuloliwe zizo zonke izihlobo zaseKampala ngo-10 emini ebumandini noko kubuhlungu ukwahlukana. Yatsala yona inqwelo engenanceba, ujujuju, yangena ngexesha ledinala eJinja apho ndihlangatyezwe yinjinga yakhona uLubogo lowa besiphosene naye ngeCawa. Undihlisile kuloliwe esithi unecebo lokundibuyisela kwakuye ngesinye isitishi ngendlela enqumlayo emva kweeyure ezine loxa uloliwe esajikeleza ingqwimba yokuya eMbulamuthi entla, khon' ukuze ndibone nosapho lwakhe neendawo ezintsha zelizwe. Ekubeni ndihlile ndiqondile ukuba ukholose ngento ebonakalayo, umcagogo wemoto (Limousin) ebuso busixangxathi eneewotshi ezibetha ingoma. Inene eli yinkosi yegazi, yecandelo labaGanda ekuthiwa ngamaSoga. NguNondyebo weso sizwe kwarhulumente. Siqale savelela iiofisi zakhe, saza sanyuka induli ukuya endlwini yakhe esentabeni (njengekaMzimba eDikeni) ekhangele eVictoria Nyanza. Ekhaya apha ndixhamle ububele bosapho nezalamane. Unonyana owafunda kum eFort Hare nabanye abakwezinye iisinala.

Emva kwethuba sindulukile ngohambo lwama-60 eemayile ukubuyela kuloliwe; sacanda emadotyeni nasezintsunguzini zamahlathi simana simisa sihlola ama-'gombolola', oko kukuthi amakomkhulu ezibonda, imizi ephilileyo, wena, nebukekayo ngenxa yezakhombe zeenkundla zokuthetha amatyala phantsi kwemithikazi emasebe azixwexwe. Le nto isibonda indilekile kweli, lihomba qha, alikho ikrune (ixwebethu). ULubogo uthe asikho isilambi eluGanda kuba iinkosi zabalungiselela ukutya abantu abahageleyo neenkubele. Sivelele nezikolo zeemishini, sagqibela ngelitye lamaIndiya elibopha amabhali omqhaphu (Cotton Ginnery) kuqeshwe amaAfrika. Onke amashishini neevenkile apha emaphandleni zezamaIndiya. Phofu amawethu ayajubalaza ngemithananangu (amalinge) yorhwebo kodwa ayashiywa. Umlungu yena akakho mpela ngokuba akakwazi ukunyamezela ukuhlala yedwa nomkakhe entsunguzini yehlathi njengoko esenjenjalo amaIndiya; aye esanda nkqi amaIndiya ngenxeni yokuba umfazi kuwo uzala umntwana yonke iminyaka. He!

Okunene simfumene kwakhona uloliwe, sahlukana noLubogo.

Ukubuyela eMombasa

Apha endleleni siphawule ukuba anqabile amahashi; lithi elinye esilibonileyo libe lelesityebi esiligcine ngamayeza linqakwa ngokomntu. Isizathu kukuba zininzi izifo ezibulala amahashi neenkomo. Kakade sivela kula mazwe isifo seSikoso (East Coast Fever) esi seza nodipho kuthi. Azi bangathini na beye emaMpondweni apho inani leenkomo lilingana nelamadoda, ibe sinyhola indoda eswele ihashi.

Into chlckisayo kuloliwe wala mazwe ngamakhwenkwe anentlondi yokuba ukukhwela engenamali, ajinge phandle ezintsimbini zocango aze atsibe isabaleka itreni xa isondela esitishini esilandelayo azimele apha esinyakanyakeni sabantu esukeliswa ziigadi namadindala kube sisiphithanyongo ukugilwa kwabantu. Apha uloliwe uphethwe ngabantsundu aze ke amakhwenkwe enze umdlalo wokukhwela ngelize.

Silele ke saza sahamba imini yonke yeCawa 5 kweyoMdumba 1950 sagaleleka malanga eNairobi, apho ndibonwe ngumfana weSwahili othengela ikofu namaphepha wandondela endifanisa, ndada ndathetha, kanti uyayazi incwadi enebali lomfi ubawo nemifanekiso yam, wavuya wandenzela ububele wandipha neencwadi. Ukusuka apha sihambe ubusuku bonke saya kungena eMombasa ngoMvulo 6 kweyoMdumba 1950 ndenza iintsuku ezimbini zokuphumla kulaa mzi wenqununu yeIndiya elindabele amagumbi amahlanu ndindodwa. Ndifike loo ndawo ihleli ilinde mna. Likhaya ke elo ngoku kum nanamhla.

Enqanaweni *S.S. Aronda*
Ngosuku lokunduluka, 8 kweyoMdumba 1950, ngoLwesithathu ndiphelekiwe zezi zihlobo zandifaka enqanaweni *iAronda* yokundisa eDurban kwelakowethu. Apha ndibe nenyhweba yokuba ndedwa egumbini (cabin) labantu abane kwaFirst Class, ndazuza nethuba elihle lokuyibhala le hambo ephepheni *iMvo* njengoko yayiphazanyiswe kukunyuka ndisihla eIndiya naseEast Africa. Kwaye oku kubhala kuluncedo esikhepheni ngeendlela ezimbini, (1) ukuchitha isithukuthezi xa ungenamntu umaziyo wokuthetha naye, (2) nokwenza uloleke ingqondo ngokufunda iincwadi ezincedisana nembali le, ndingasathethi ngento yokutsaleka kwababoneli abasuke banqwenele ukwazi ukuba ungubani na? Ubhala ntoni na? He! Sidlule eZanzibar 9 kweyoMdumba 1950 saza emva kweentsuku ezimbini safika eDar es Salaam (Tanganyika) ndehla ndavelela abantu ababini endibaziyo abafunda mzuzu eFort Hare uEuclid Khomo, B.Sc. noM.J.N. Msikinya B.Sc. abaqeshwe emayezeni kwarhulumente (Government Analysts) yaye inkosikazi kaKhomo (Rene Moerane, B.A.) yayikwiiklasi zam. Ndifumene kubo amaphepha amaninzi asekhaya ndakhumathela kuwo.

Inqanawa idlulele eMozambique 12 kweyoMdumba 1950 naseBeira 14 kweyoMdumba 1950 saya kufika 18 kweyoMdumba 1950 eLourenço Marques, ndehla apho ndalundwendwe lwezinonophu ezongamele ishishini lamafutha nesepha. Aba bantu bathe bandondla ngezibele bandijikelezisa imini yonke ngemoto (65 miles) bendibonisa amaphandle ezwe elichumileyo ziimvula abathe ziyaqala ukubonwa emva konyaka wonke libalele.

Amangcwaba

Isimanga endingasilibaliyo endisibonileyo edolophini ngamangcwaba ohlobo endingalwaziyo azizindlu ezincinci ezintle zamatye. Ucango lutshixwa ngabaninizidumbu ezo. Ngaphakathi ezindongeni kwakhiwe amathala (shelves) ahlohlwe imikhumbi (coffins) ebhalwe igama lomntu ngamnye ophakathi. Kuthiwa isidumbu sisongelwa ngelothe phambi kokuvalelwa phakathi. Yintuntanja ke ezi zindlu. Le nto ifuna ukuyelela kulaa mangcwaba aseGerasa (Marko 5) apho kwakuhlala igeza elineedimoni ezakhutshelwa kugxuba lweehagu zeyela elwandle. Ndiwubonile nomzi omkhulu wewireless esiqhele ukuyiva ebusuku.

Isiphango

Ukusuka apha kube ziintsuku ezimbini ukuya eDurban (19–21 kweyoMdumba) kodwa kuthe singacingele ni, vumbulukuhlu kwavuka isiphotshongela esingummangaliso sesaqhwithi esibangwe ngumoya omkhulu ovela ngeli cala siya kulo laseMonti. Le nto ilwenze ulwandle lwasinqikela iinkophe sabona luvuleka iintlambo ezoyikekayo neziphongo zeenduli, ithi inqanawa yakunyuka iqabele udonga lwamaza ihle iye kungena ngentloko kude ezantsi inge iyazika sibambe amazinyo, ijike iphakame iwalime ngokwepuluwa amaza, iwakhe, izalise onke amabala okuhamba kwethu kudade impahla nezitulo emanzini.

Kube yile nto imini yonke nobusuku bayo sintlaleka macala thina bantu sesi siphontsholobe sesiphango, kulumeza, sada sacinga ngokufuna lo Jona ongaba ubaleke eNinive waya eTarashishe. Wonke umntu ucinge abantwana bakhe abangayi kulazi nengcwaba lakhe xa ithe yatshona i*Aronda* sekuthandabuzeka nokuba sifika eDurban ngomso sini na? Umoya lo awuvumani nolwandle, utsho ibe mbi inqanawa. Silele kusenjalo sathandaza kabuhlungu.

Isifiko

Kuthe kwakusa ngoLwesibini 21 kweyoMdumba 1950 wee bembe umoya, lwazola ulwandle sabuya sonwaba, lwavela ngoms'obomvu mgama ungqameko lweDurban, sangena ngoxolo echwebeni, kwathi thu namhlanje iintlanga ezithetha into esiyivayo, isiZulu.

Sihlile safikela kwizihlobo, kodwa asaphozisa masoko, sakhwela kuloliwe wokuqala oya emaXhoseni, kwangamatshelu ukudlula eBloemfontein naseKomani saya kufika kumandi emaGqunukhwebeni eXesi silufezile ngofefe lukaThixo ujwebevu lohambo olumayile zima-16 746 kwelo xesha leenyanga ezine, safika kuphiliwe, lidlule nelanga, zisina ngoku iimvula. 'Ma kubulelwe kuYehova, ububele baKhe nemimangaliso yaKhe koonyana babantu!' (Ind. 107).

Ncincilili.

Glossary

(La ngamazwi akholise ukungaqondwa lulutsha lwezi mini, kuba siya silityalwa isiXhosa esimandi sakudala. Apho afumaneka khona kukwezi ncwadi: Kafir-English Dictionary by Kropf-Godfrey; J. McLaren's English-Xhosa, and Xhosa-English dictionaries; IziBhalo Ezingcwele (Union Version, 1942); Tiyo Soga 'Uhambo lomHambi'; S.E.K. Mqhayi (Zonke iincwadi zakhe); T. Burnside Soga: J.H. Soga: Candlish Koti; S.F. Zibi: 'Imibengo'; nezinye, kwanakwiintlanganiso zamakhosi nezabalimi apho kuye kuthethwe isiXhosa esivuthiweyo ngamagqala).

(The following are words that are usually difficult for today's young people because the beautiful isiXhosa of the past has been forgotten. You will find these words in these books: Kafir-English Dictionary by Kropf-Godfrey; J. McLaren's English-Xhosa, and Xhosa-English dictionaries; IziBhalo Ezingcwele (Union Version, 1942); Tiyo Soga 'Uhambo lomHambi'; S.E.K. Mqhayi (all his books); T. Burnside Soga: J.H. Soga: Candlish Koti; S.F. Zibi: 'Imibengo'; and others, and also at meetings of traditional leaders and farmers where elders speak pure isiXhosa.)

Isahluko 1

thomalalisa	*persuade*	isizikithi	*headquarters*
inquleqhu	*problem*	ingotya	*progenitor*
qhodamisa	*bide time*	inginginya	*multitude*
isaqoni	*multi-coloured*	iqhunguwa	*wild plant*

173

imila'nzinge	odds of things	umhalathushe	massive
umphithi	mixture	umkhalambela	tremendous
isinqununu	famous	inkankane	difficulty
amafityofityo	delicacies	inqojela	puzzle
isinanabesha	big	umximondulo	gigantic
ubivana	wizened	isamfumfu	thick
isijorha	giant	khwetha	same age
ingxamsholo	giant	injinga	gentleman
isundu	palm	isithozela	dignity
imicikwane	small birds	mphoko	alone
umdondosholo	powerful	umtshonyane	lone tree
isatshutshekazi	huge	ububhukru	brutality
umtyululu	elongated	isangcunge	impressive
umkhenkenene	rift	isivetyuma	short person
ugabajolo	rift	umhohoma	massive
inzinzilikihla	big pile	isixaxabesha	wide
umxenge	bony	inkintsela	expert
inkuntyula,		igemfana	gig
intyunkula	big volume	irhasha	hairy
uhlantlalala	numerous bits	isidlokolo	skin hat
ubhelu lomsele	beer	umgqutsuba	tiny horse
ukumbanguza	reel	amaweza	white
ukrukriindlathi	high collar	ingxwebukulula	enormous
ithengethenge	fat	ingqangqasholo	thick-set
umdliva	plenty	udederhu	long row
isambuntsuntsu	fat	isinxenge	puzzled
ikiyokiyo	over-fed	umtshotshozi	long row
umxanduva	broad-based	inkebenkebe	spacious
famlibe	long ago	intshixibela	immense
isinonophu	a rich person		

Isahluko 2

isitywakadi	an expanse	isityatyabesha	broad
inkahlukazi	big	isishwayimbana	miserable
isithwexeba	wide	imfebenge	poor

imfebe	*penurious*	bubula	*hum, sing softly*
intyokobila	*deep water*	ngqeneneza	*be bold*
isigxuda	*dull*	congcomisa	*do slowly*
iqikili	*favourite*	isifolo	*angry man*
incilagotshi	*professor*	isiqiqisholo	*stiff*
isisusumba	*corpulent*	uthiniko	*dry leather*
intsongapicili	*problem*	ntsonkotha	*talk in mysteries*
khenyeka	*open mouth*	tyandyuluka	*shout out*
thomalalisa	*soften*		*suddenly*
ukuntyingoza	*sing*	yucuka	*peeled off*
intshwabane	*wizened*	ibhantinti	*prisoner*
umswayiba	*lanky*	inkayoyo	*friendless*
uhlwathi	*lanky*	inabulele	*fabulous animal*
amakhandilili	*vicissitudes*	umrhagala	*stony land*
ingcwangula	*talented*	ingwanyalala	*strong man*
inkenkebula	*big*	isulelebhe	*infection*
ingcasawula	*big*	igqugula	*committee,*
intsompoyiya	*mystery*		*council*
uthelelemvubu	*procession*	uluthi lomlibo	*genealogical line*
isiphithanyongo	*tumultuous*	ithwazi	*sprinter*
	confusion	ingqangula	*expert*
inkinga	*problem*	ukuzigwagwisa	*boast*
dulusela	*specialise*	rhwiqilizelisa	*drag forcibly*
nyhukrula	*force*	ncakasana	*in true fashion*
isiqhanyonyo	*coercion*	ingxwabilili	*crowd*
indlwamamevu	*specialist*	bobotheka	*smile*
nzonzotheka	*heated*	umphokomela	*big*
imincibitsholo	*leggings*	inkalimeva	*speciality*
izixathula	*shoes*	ingqobe	*speed*
ngongolotela	*puzzle*	isiyikayika	*grand function*
ingcalamevu	*an authority*	umqhabasholo	*corpulent*
udlubu	*delight*	ooj'emsini	*agitators*
qili	*genius*	iziphekamafutha	*desperate*
goqela	*defend*	igotyiba	*nook*
idedengu	*fear*		

Isahluko 3

isivundi	rich man	helemisa	threaten
amatshelu	swift changes of scene	zulubembe	delighted
		kwalunce	at a lonely spot
isithombe	statue	ikhekhesi	worn out
umthentelezi	smooth thing or place	ndab' ezitha	everybody's talk
ababhexi	rowers	ziintshaba	enemies
inkwane	dandruff	umphingilili	tail
umkhandlu	court	umgqwagqwane	raw
ungcumevu	faintly	iqeberha	fat, obese
inqasanqa	a complex circle	shwabadela	fold
ntlandlolo	previously	intlaninge	numerous
isivivi	dead victim	umgwintsa	juice
oobendlela	shining stones on the road	umqhwabevu	delicious
		igagadele	solid
umxhoxho	person of low breed	isiqosholo	short thick stick
umbudlwana	puppy	umvingi	long crooked stick
isachwethe	smart		
ezimazembe	pressed	ivantyi	a small wagon
isicihaha	grandiose	udondolo	long stick
izikhakhamela	of high rank	amazwembezwembe	efforts
uzozobe	long and beautiful	umkhwepha	chicken breast meat
uhola	broad highway	inkwankca	icy cold
nyalasa	walk defiantly	ukulahla itshoba	to forget where you are
amahlwantsi	sharp piercings		
ugqajolo	long prehensile tail		

Isahluko 4

indwalutho	man of high rank	phuthu	beautiful
ingqebesha	tower	isicina	beadwork pattern
tyhida	decorate		

nzabela	*decorate*	unomathotholo	*wireless*
isichokozo	*precious stone*	nyhamnyheka	*be delighted*
ntenteleza	*do elegantly*	ulwandyula	*huge*
iphonoyi	*fine thing*	amagqabantshintshi	*notes*
rhinela	*beautify*	inzuthela	*virtuoso*
umcokoso	*spot*	isidlodlo	*poor*
izigcobho	*titbits*	iminyolo	*criminals*
iqawusi	*brilliant*	amagongo	*check bones*
ithokosi	*bone decoration*	izidungulwana	*titbits*
umncongo	*finely made object*	tsheleza	*walk fast*
umphongo	*tower*	nyhamnyheka	*be delighted*
ukhobhozana	*dome*	amazondololwane	*efforts*
uqwaqwadu	*bright*	isandekela	*high personage*
amathende	*fountains*	iinqundenqu	*delicacies*
amashologu	*ancestral spirit*	inyovane	*roundabout turn*
imilondekhaya	*household*	isikrelemnqa	*ruffian*
umhonoho	*continuous thing*	ukungcangca	*setting*
ivelitshelu	*beautiful bird*	isindandani	*anxiety*
imbalarha, isanabe,		thozamisa	*soothe*
isinunzela,		amajeke	*displaced*
indwandwa,			*persons*
indwalutho	*man of high rank*	isixhamxhamana	*small boy*
conontela	*collect*	indondo	*great man*
ningizimu	*south*	imigcolocho	*ravishment*
intywankantywili	*deep*	iqilolo	*conspicuous*
ujwebevu	*long-drawn*		*man*
isigagamela	*man of great*		
	honour	umtyandyuluko	*outburst*
tsheleza	*walk fast*	nzanzatheka	*grieve*
iingontsi	*secluded*	izinyanyadu	*red eyes*
amazondolwane	*efforts*	tebheleza	*talk fast*
inkothotho	*bony*		
umgada	*rabies*		

Isahluko 5

isitshatshela	*bit*	inkqantosi	*barren land*
kwamnebese	*in joy*	ubuncwane	*richness*
umgqoloqho	*characterised by gravel*	iguburha	*council*
		rhwaphiliza	*wrench*
indlokovane	*lively man*	ingqaqhu	*dance*
ubutywibi	*stunted heather*	izoso	*fleshy*
rhanarha	*maroon*	ingebhe	*fear*
inyombolo	*red coloured man*	ingqitsimakhwe	*powerful*
isihele	*short broad assegai*	ukuxakana nesidanga	*to be confused*
isinkempe	*long broad assegai*	ukusinalalisa	*to bear down*
ikrwana	*small sharp assegai*	ncakasana	*absolutely*
		intshinga	*banner*
uqozolo	*sharply elevated*	inceke	*favourite*
izadywedywe	*parcels*	umxhwentsa	*elongated*
ingqawa	*hunter*	ingqongqo	*leathern drum*
ingxilimbela	*very tall man*	sokola	*acquire*
ugxidolo	*ungainly, clumsy*	isiphuka	*blockhead*
ingxaxazo	*series of rings*	isiqihela	*dullard*
ihewu	*low-lying land*	emasasawula	*gorgeous*
umkhenkenene	*rift*	ingqubusi	*water-falls*
udini	*edge*	isiqwayi	*tough stick*
ungqameko	*hill rise*	umal'ukohlulwa	*refuses to give in*
udendeleko	*rift*	umgxubungu	*elevated platform*
igobolokondo	*cliff*	umkhalambela	*big*
umwonyo	*ravine*	isicwili	*small part of a whole*
inkenkema	*deep*		

Isahluko 6

isizozo	*origin*	uqweleba	*long row*
ngqasingqa	*dance with joy*	imixawuka	*gorges*

ugabhajolo	*rift*	intarhantarha	*abundance*
inyaphopho	*lean*	inkolongiyane	*railway siding*
ugcibhala	*in abundance /*	ididima	*plenty*
	easy to get	ukufatya	*to embroider*
intsikantsika	*super-abundance*	isiwunduwundu	*flowing robe*
icholocholo	*chic object*	isaqoni	*multi-coloured*
ukundolosa	*to walk stylishly*		*design*
ukunathuza	*to walk in*	ukuveca	*to plait*
	negligent fashion	amaqoma	*medium baskets*
imizwazwa,		imvoco	*pliable object*
iziludu	*big baskets*	iteya	*plenty*
ukubhovela	*to be stunted*	iqumrha	*red clay*
	in growth	ukukrombonca	*to gouge*
isandlunya	*huge heap*	igolongxa	*hollow*
ionti	*oven*	izigotyombe	*caverns*
ingxobonga	*broken country*	ibhoma	*fruit garden*
tumtum	*luscious*	umtsholozi	*beauty*
utyangalabe	*expanse*	igronya	*fabulous animal*
ebhakubha	*in never never*	umqhokro	*cascade*
	land	inkemfu	*declivity*
umdabazo	*fast stream*	isityangalabe	*broad stream*
ufafakazi	*tall lady*	ugxomothi	*tall man*
Ehla!	*Lo and behold!*	ingingqi	*area*
imithananangu,		inangananga	*flowery*
amazondololwane	*efforts*	isimbokroma	*hefty and*
Qhina-ka-			*powerful*
Qhonono	*tricksters*	ukundyondyoza	*to sing bass*
ukudokozela	*speak with a low*	ukukhamnqa	*to hold one's chin*
	deep voice		*in amazement*
ukungqumshela	*sing with a deep*	amaso	*beads*
	bass voice	umhungane	*bead chain*
ingxwenga	*tall man*	inyilongo	*tight bead girdle*
izimuzumuzu	*delicacies*	ukumpangaza	*to talk aloud*
imbadu	*reminiscence*		

oojobela	*tail coats resembling the long-tailed bird*	amagwashu	*loose-fitting clothes*
ikhalabha	*colour bar*	umdabu	*national origin*
isakhombe	*semi-circle*	ugambu	*drum sound*
ikrune	*vagrant*	akhama	*be open-mouthed in surprise*
imirhukwane	*fine bead work*		

Isahluko 7

abahageleyo	*infirm through old age*	isiphotshongela	*wind storm*
		isiphithanyongo	*commotion*
inkubele	*orphaned*	intuntanja	*long row*
ukukhumathela	*to stick to*	isiphontsholobe	*whirlwind*

In India and East Africa

by

D.D.T. Jabavu

(UmNgqika visits the East)

Printed by the Lovedale Press
For the publisher
Prof. D.D.T. Jabavu
1951

Translated by Cecil Wele Manona
Edited by Tina Steiner and Mhlobo W. Jadezweni

Contents

Chapter 1

Preface

The author, having travelled 400 000 miles in his life (he is 65 years of age), has visited various places in this country and abroad. He is going to India for the first time – most countries he visited abroad before were Western countries and he always departed from Cape Town harbour. His first journey in 1903 was to England to further his studies. From there he proceeded to Tuskegee, U.S.A. in 1913 before returning home at the start of the First World War. The second trip in 1928 was to Jerusalem to attend a conference. On the way there, he travelled through the following countries: England, France, Switzerland, Italy, Egypt and Palestine. The third journey was to a conference for Christian youth in Buffalo, Niagara Falls (U.S.A.) in 1931. The fourth trip in 1937 was to a meeting in Philadelphia, U.S.A., also via England. His fifth trip in 1949 is this journey to India through Portuguese East Africa, Lourenço Marques in Mozambique, Zanzibar, Dar es Salaam (Tanganyika), Mombasa (Kenya to Uganda), and the Seychelles and Maldives on the way to Goa and Bombay. The reason for this journey is the invitation sent to the whole world asking for delegates from 50 countries to meet with 50 delegates from India to discuss the ways and means of creating peace, so that countries worldwide would live in peace instead of settling their differences with weapons. This meeting is to be held near Calcutta, a city which faces China.

Departure

These days it is not easy to be permitted by the government to visit
another country. The trouble of applying and being granted the pass-
port took six months after many telegrams were sent. Strange, there
was no reply to those telegrams because a certain official in Pretoria
was not keen to issue the passport. Just a few days before the expiry of
time he sent a telegram granting the passport, stating that the passport
had been posted. Because I had given up hope by that stage, I had to
hurry all my preparations, packing my luggage as well as providing for
my family whom I was going to leave for a period of four months.

Indeed, on 1 November 1949, I started my journey from Middle-
drift, land of amaGqunukhwebe (by the way, I am now of the
Sukwini clan). I was heading for the Durban harbour via Mthatha–
Kokstad–Maritzburg, a route which is more attractive than the
Bloemfontein–Harrismith one. This particular route passes through
the land and rivers inhabited by Africans: Qonce of the Ngqika, the
Kei River of amaMfengu, Butterworth of amaGcaleka, Mbhashe of
abaThembu, Mthatha of amaMpondo of Ndamase, Gungululu of
amaMpondomise, Mditshwa of Tsolo, Tsitsa of Mhlontlo in Qumbu.
Some parts of the land I travelled through had good grass, and in other
places there had been long droughts and the land was dry. In the land
of Ngqika there had been good rains, the huts which were not properly
thatched were leaking. After passing through Qumbu we crossed the
Thina River and entered the land of amaBhaca, near Mount Frere of
Lugangeni in Wabana near the healing waters of Mvuzi. The place is
the origin of the Jili clan (of the genealogy of the author, Ntlangwini
have their villages north of this part of the land). The next river is
the Mzimvubu which took us to the Hlubi of Nota at Libode near the
Ntsiza mountain (it is wrong to call this mountain Ntsizwa although
there are many who do so). Here are many mountains close to Mount
Ayliff, the place of amaXesibe of Jojo, the Ntsiza on the left, and
Ntabankulu is on the right. There live amaMpondo of the house of
Mqikela and amaCwerha of Mdondolo and amaZotsho (mentioned in

Mqhayi's book *Ityala Lamawele*). Although it is now dry, the cattle are eating maize stocks in the fields, a sign that they had a good harvest of maize. Gillespie mission is near here and I cannot forget it, because in 1923 I visited it to do research on the Ntlangwini. After that I called a meeting to promote agriculture under Rev. P.L. Hunter and Chief Laqa Jojo. On that day, a non-stop heavy rain started to fall and locked us up inside the church for two days. From there, the road climbs up the famous ascent to Brooks Nek and over to Kokstad, a town which is the centre of several ethnic groups: the Griqua of Adam Kok (that is, the Giqwa of the Gqunukhwebe), and abeSotho, and Ntlangwini and amaBhaca. At sunset, on 2 November 1949, we boarded the train to Natal which travels through the heart of amaJili, the Dulini Siding, a station named after Dulini, the grandchild of Ngonyama of Mzabane, of Mdlovu of Meyiwa, of Buhlalubude, of Dlamini II, of Lusibalukhulu, the paramount chief of all Ntlangwini (the last-born of the Mbo tribes of Dlamini-wa-nkqanji, Swazi, Ngwane, Tolo, Zizi and amaBhele). After that we crossed the Mkomanzi River and arrived in Pietermaritzburg in the morning. We proceeded from there and arrived in Durban on 3 November 1949.

Durban

This is the third-biggest city after Johannesburg (700 000 inhabitants) and Cape Town (400 000). It has about 300 000 residents, whites, Indians and amaZulu in equal numbers. Here I was welcomed with kindness by Fort Harians, whom I had taught many years ago (1920). Durban has more ex-Fort Hare students than other cities that I know of, there are over 50 of them here. They helped me to arrange for my vaccination to immunise me against two dangerous diseases common in India, namely smallpox and yellow fever. One has got to go several times to the doctors, where there are long queues of people waiting for this vaccination, most of them are Indians and whites. That you have to go to the office that sells tickets for the ship is also bothersome, especially when you have to go during the typical heavy Durban rains.

The S.S. Karanja

On Saturday 5 November 1949, I boarded the handsome black ship, the
S.S. Karanja. The first-class single ticket to Bombay (4 415 miles) cost
100 pounds. This is the biggest ship of those that travel from Durban
to India, it weighs 10 500 tons, which is equal to the weight of 2 625
buses. It is brand new, it was built in London last year, and it smells of
paint only and does not yet have the usual smells one finds on board
other ships, the nauseating smells that come out of the kitchen com-
bined with castor oil, pork lard, onion and the shag of the tobacco of the
sailors. This produces a very bad smell that causes goose bumps. The
route of this ship is following the coastline of Africa up to Mombasa
(2 025 miles).

Ports

The man with whom I share the cabin is an Indian friend, Manilal
Gandhi, the editor of the newspaper *Indian Opinion*, which was estab-
lished by his father Mohandas Karamchand Gandhi, a Natal lawyer,
who became famous in Christian circles. He also became known as
the Mahatma (Saint) and was recognised as the father of the Indians.
Manilal told me that there are 6 ports we are going to see: Lourenço
Marques (296 miles), Beira (486), Mozambique (490), Dar es Salaam
(551), Zanzibar (45), Mombasa (157). After that we will leave Africa,
although still heading north, and stop at the Seychelles, and we will see
India through the port of Goa and disembark in Bombay (2 390 miles
from Mombasa and 4 415 from Durban). Compare this distance with
the journey I made from Cape Town to Southampton (6 000 miles).

Maps made this journey interesting. Now we are crossing the
mouth of the Limpopo, the river we saw near Louis Trichardt in
1947 when we were investigating college unrest north of Lamana
College on the border between the Transvaal and Rhodesia. After
this, we crossed the mouth of the Zambezi and were facing the lands
of the Nguni where amaXhosa came from originally, following aba-
Thembu, amaZulu and amaSwati, who were themselves followed

by the Dlamini (a group comprising the Sotho, Tswana, Hlubi, Zizi, Bhele of Langa and those of the Lusibalukhulu, the Khuze and Ntlangwini). You must know that I have completed a book concerning these genealogies and it is about to be published. It is about the Ntsikana, clans, and praise names of amaXhosa and the origin of the Ntlangwini. *He!*[1]

When we arrived at Lourenço Marques, we were met by many Indian businessmen who had come to fetch Manilal Gandhi, as the ship was to stop there for two days. They were going to host him at their homes. Manilal wanted me to go with him and I was pleased to get the invitation to see the whole city and its suburbs while being driven in fancy cars.

We went on to Beira, a port which is north of the lake of Limpopo and Gaza, and by now it was becoming very hot and the people around us were all dark. There were no light-skinned people here, unlike the fair-skinned ones who are associated with the San and the Khoi with whom we intermarried in our country. Here, people speak the following languages: Ronga, Chopi, Thonga, Nyimbane, Quilimane, Tete, Sena and Ngoni. As we get closer to the equator, the heat in these coastal towns forces the shops to close between 11:30 a.m. and 1:30 p.m. We passed the Zambezi mouth and stopped at Mozambique Port for two days.

Dar es Salaam

The port in Dar es Salaam is very beautiful because it is shielded from the strong winds of the sea, and that is why it is known as the Haven of Peace. Among the many ships we found here on 14 November 1949, I noted the *Ntshanga* which was carrying a Ugandan teacher who had studied at Fort Hare, George Sali, B.Sc., who, when teaching

---

1 '*He!*' is an exclamation in isiXhosa which expresses both admiration and awe. We have decided to leave this expression untranslated throughout the English text.

at Lovedale, married a nurse, Barbara Dubasi of Rhodesia, who is related to those at Hewu. They stayed for some time at my home in Middledrift before leaving to live in Kampala (Uganda) in 1945, following Ngozwana's daughter of Mount Frere, who married in that city in 1930. She got married to Kisosonkole, a prince. The younger brother of Sali, P. Kugundu B.Sc., also married here, the daughter of Rev. J. Mvusi of Durban. Even here in Dar es Salaam, I met three former Fort Hare students, Msikinya and Euclid Khomo (B.Sc. graduates) and his wife, a B.A. graduate, the daughter of Moerane. They were at Fort Hare when I was still lecturing.

This city has 65 000 inhabitants; 45 000 Africans (Swahili, Nyamwezi, Fipa, Sandawi and Maasai), 15 000 Indians, 2 000 whites and 3 000 Arabs and Goans. Eighty per cent of the shops and the plots belong to Indians, because people of that nation are very keen to buy land. They do not get land free of charge from the headman as we do. Among the people who visited Manilal Ghandi there was a rich Indian man who came in a big car and took us to his house, which is located in the mountains and sits amidst flowers. After being given refreshments we were shown the surrounding townships where we saw San and Khoi, who are the original inhabitants of the area. We saw cattle with humps on their necks, a type of beast we do not have at home. The Africans wear white calico material to cope with the heat and even for men this is in the form of a dress of knee length. Others wear blankets of the same material. Many of them worship Mohamed (Muslims who follow Islam) – and men wear a small cup-like hat known as a Fez. The women cover their heads almost completely, leaving only the eyes, and they wear black calico as if they were in mourning. These patterns originated from the Arabs and the Egyptians, whom I saw in Jerusalem in 1928. They build their houses with wattle and daub and have their own location outside the town. They have a big market, which is bigger than the African market in Bloemfontein. Here there are many brochures which describe this part of the world, and this was useful to me. They sell vegetables, fruit, medicines and ointments. The auctioneer is a talented Swahili man, he is handsome and he speaks fast and looks for customers who have money. I looked at this man for some time, although I could not understand his language. From there, we visited big schools, playgrounds and many shops which belong to Africans. We saw rickshaws, which look like those in Natal, but their carts are drawn by two men while in Natal this is done by one man. There is no colour bar here. When we got out of the car, we went into a hotel, which belongs to an Englishman who leases it from a Muslim man, and we all ate together. There were whites, Indians and I was the only African, and we were waited on by Africans who wore white garments and were supervised by whites.

The streets are wide and are lined with jacaranda trees with blue flowers and willow trees which makes this place look like a home of a person who is proud of its beauty. Because we stopped here for two days, we were invited to the Bantu Social Centre which is managed by a man who happened to know me, because he had read my book *Loyalty and Royalty*, which is obtainable from Lovedale for 2/6 and includes pictures of the visit of King George in 1947.[2] The centre is housed in a beautiful building, similar to the one in Johannesburg in its appearance and aim. But it is hot here, the veld is bare and it has been dry ever since I left home up to Tanganyika and Kenya. They last had rain last year, and the situation is so bad that water is carted with railway tankers to the city of Tabora 600 miles away. Maize is imported from Rhodesia and the government has stopped the building of houses because of the

---

2 The term 'Bantu' refers to a major linguistic group in Africa, and to speakers of Bantu languages. But during the apartheid era it became a classificatory term used for all Africans, and thus it changed from a language term to one signifying a racial category. In this way, it was associated with the oppression of African people. Today it is only used in its original context to refer to Bantu languages. See 'Defining the term "Bantu",' *South African History Online*, accessed 19 June 2019, https://www.sahistory.org.za/article/defining-term-bantu.

No records exist of the book *Loyalty and Royalty* referred to by Jabavu in this paragraph.

water shortage. In Natal, we are used to seeing the sugar plantations being worked by Indians, the thin ones, who are called coolies, a term which is used for somebody who lifts heavy things. In these ports, I have seen only rich Indians. In the ship, there is a huge man, as big as Sikhundla of Rhabhula or Headman Ndevu of Ngqeleni in Pondoland (500 lbs). There is also an Indian woman, who is so large that she has to enter sideways through the door.

Tanganyika

In the past, Tanganyika used to be the possession of Germany (German East Africa). Mount Kilimanjaro, which was in Kenya under the British, was sought from Queen Victoria for inclusion within the border of the German territory, so that they could possess the mountain. The Queen agreed, because she was German before. Tanganyika has an abundance of water because it has a big lake which stretches from Victoria Nyanza to Northern Rhodesia and is fed by the Congo River, and the water flows into the Atlantic Ocean. Below there is Lake Nyasa, where the Zambezi originates and flows into the Indian Ocean in the East. Above is Lake Victoria Nyanza which connects with the Nile near the city of Jinja, and the river flows northwards through Egypt into the Mediterranean Sea.

Another wonderful thing in God's creation is the Great Rift Valley, which is a big valley (7 000 feet) and its width spans 10 to 40 miles. Its length is about the same distance as between Port Elizabeth and Pondoland, or more. In Scotland, in South Australia and the Vosges in Europe there are similar, but smaller valleys. But this one is unique in its length, as it starts from the Sinai and Syria through Palestine and the Sea of Galilee, and the River Jordan is part of it and the Dead Sea which I described in my book *E-Jerusalem*. It stretches through the Gulf of Akaba and the Red Sea to the Gulf of Aden, through Abyssinia and Rudolf (north of Uganda) to Kenya in the Lakes of Magadi and others, to Tanganyika near Natron and Manyara, to Dodoma (283 miles from Dar es Salaam), to Lake Nyasa down the River Shire, to the sea north of the Zambezi. And north of Nyasa there is a northern branch which moves through the Lakes Albert and Edward and forms a Y which includes Lake Victoria Nyanza and the country of Uganda.

Wise men say that long ago the land was divided while the Lord was forming it, as it is told in Genesis. While the Lord was cooling the fire, which is in the centre of the earth, a big crack appeared and water entered and went to the centre of the earth. This caused the volcanoes and the lava found today. Some volcanos are still active while others are extinct. *He!*

From Dar es Salaam the ship went to Zanzibar, an island which is under the British although it is ruled by a black man who is known as the Sultan, who belongs to Islam of the prophet Mohamed. We toured the places of worship and bought photographs of these places. In every port, some people disembarked and others got on board. There was a British Lord who was going to disembark and when he withdrew his money from the bank in the ship we saw that maybe he does not trust banks, or he is like those people who like to see their cattle all the time such that when they are sick in bed or on the mat, it should face the cattle kraal. This man is also old and is going to die without being able to use all this money.

Food on the ship

Whites say a ship is a hotel that floats in the sea. That is true because the food suits one who wants to rest, especially in first class, though the position is not bad even in third class. Try and test this by travelling by sea from East London to Cape Town. Since we left our country, we are woken up at 6 a.m. with coffee, cake and apples. Breakfast is at 8:30 a.m. and comprises several items: fruit from the ice chests, watermelon, paw-paw, puffed rice, cornflakes, oatmeal, fish with chips, broiled bacon and eggs, toast, scones, rolls, marmalade, coffee, cocoa, tea, and you can eat as much as you like. Outside in the morning they serve ice cream. There is lunch at noon: soup, eggs, curry and rice, steak and onions, Oxford bran, roast lamb, vegetables, jam and sauce, cheese, biscuits, coffee, fruit. In the afternoon, a bell is rung and reminds us to get cakes, while some drink in the bars and get drunk. At 6 p.m. a bell reminds us to go and shower (we shower in the morning as well) to get ready for supper at 7:30 p.m., where we wear dinner attire. The food in the evening is more plentiful than the food served at noon, and after the film show there is food again. We feast like this every day, something that leads one to become very fat until disembarking, especially if one is from a country which does not have plenty. But whites are used to these big meals and remain thin. We eat too much and it is a struggle to get up from the table. But I was annoyed to see a white woman feeding her dog with the same food we were eating. Folks! This dog eats so much it cannot walk. This made me think of the many poor people in my country. Near the kitchen of the third class, I saw a goat tied up and it had a kid. It belongs to the Muslims travelling to India because according to their custom they must eat meat they have slaughtered themselves.

Communications are important. I received a telegram sent by wireless by my daughter in London, wishing me a safe journey. It came by 'Marconigram from ship to ship' from London via Cape Town, and it was passed on from ship to ship. That is how the education of white people is.

Mombasa

We arrived in Mombasa, a city with 100 000 people, which is slightly smaller than Port Elizabeth (150 000). It is very beautiful because of its tall trees (about 60 feet), such as coconut, mango, cacao-nuts, bananas, palm trees, which remind one of Port St. Johns in Pondoland. There are many baobab trees which are very big. One was 20 yards in circumference, and was smaller than the one I saw in the Transvaal in Louis Trichardt when I was there on a tour in 1947 with a commission which was investigating college unrest. That one is so big that an ox span could pass through it, like in California in the United States of America. These trees are few in the Transvaal whilst in Mombasa they are frequent, because of the humid warm climate – this city is near the equator (300 miles). Mombasa is close to Abyssinia, Egypt,

Uganda and Somalia. The Somali are the origin of the Khoi, Namaqua, Damara and Herero who introduced the lighter complexion to us in the south, because they moved along the Congo down the western coast in their migration long ago to Namaqualand, and spread out to Kimberley, Kokstad, George, Fort Beaufort and Balfour, Middledrift and Pondoland where they mixed with us. *He!*

The ship stopped for three days in Mombasa and I was honoured in being with Manilal Gandhi, because 90 per cent of the inhabitants of this town are Indians compared to the towns we had already passed whose Indian population stood at: Zanzibar 50 000, Dar es Salaam 60 000, Mozambique 9 000, Beira 13 000 and Lourenço Marques 70 000. We were first invited to a garden party at the home of a rich Indian and we had to say a few words to their association. Dignitaries there included doctors, lawyers and leading businessmen. On the following day, we were invited to lunch and dinner at various homes, and these were like small heavens on earth that made you fear to enter because of the electric lights on the walls, the comfortable seats and the thick carpets. Good people! Some people are enjoying the kingdom, they do not care for in the hereafter which we desire. One of them took me by car and showed me the municipal residential area where blacks live, a new community hall, schools, markets, big Indian houses and hotels which are leased from them by the English. We also went to the countryside where we saw Africans who are Swahili and Nyamwezi. They rear oxen with humps on the neck and keep sheep. In the evening, our hosts showed us a film and we spent time together with their families.

The houses which have been built for blacks here are as good as those for blacks at MacNamee Village in Port Elizabeth, but the trouble is that they can never own the houses, they belong to the municipality. You must leave once you become old, give way to a younger person and go to the country. That poses a great problem. At the end of our stay there we were very happy and returned to the *Karanja*, and many people joined us. Among them were Indian Sikhs, who are well known for their bravery and the wars they have fought. They are tall, strong and wear large white headgear. They do not cut their hair and have long beards. On Sunday, 20 November 1949 we had two funerals: one of a 10-month-old baby who had died of pneumonia and of a 70-year-old man from Cape Town, who had wanted to die at home because he had a heart disease. There was no service of any sort. The bodies were wrapped in a sail into which heavy iron bars were placed and then they were thrown into the sea without the ship stopping. And that was that. Some people did not even note that there were people who had died. I got to know about it from a doctor who shares a table with me and I realised that people these days take death with ease.

One day I was fortunate to be invited by the Commander of the ship to visit his platform so that we could see the sea and where we were going. He showed me how the ship is steered. There are instruments which show where we are and many other gadgets. I saw his dining room, bedroom, office and resting room. This is a great man, he is dignified, one of those kind Englishmen who are now rare. I felt greatly honoured. I have boarded many ships but this is the first time that I am entertained by the Commander himself. Those are the people who do not treat a black man with suspicion. Even in Mombasa I noted that the English had employed blacks as train drivers, firemen, ticket officers and shunters. They walk barefooted, do not wear hats, they wear only vests, whistle and are as happy as the Xhosa at home.

There were more and more people who boarded the ship as we moved on. The people on the ship may number as many as the inhabitants of Bedford because there are 1 400 passengers and about 1 000 crewmen. There are more blacks in first class than whites and this pleased me, because on the Cape Town–England route I have always been the only black on each ship. Second and third classes are by now very crowded and most passengers are deck passengers who are exposed to the hot sun and the rain, and they are fearfully crowded because they can only stand or lie down. They sit in the midst of their baggage, beds, bicycles and stoves because they must cook for themselves. They wash here too. And you must see how bad their situation is in the morning. At 4 a.m. the ship must be cleaned and water from the sea is sucked and pumped onto the deck. This causes such commotion and makes the children cry.

To while away my time, I made it a point to play the piano for an hour in the morning and this helped my fingers to remember the songs I had forgotten. My music became stale when my children began to play the piano for me at home. Yet in 1921 I was playing the piano regularly when I was in charge of the Fort Hare Choir. I was active then and I feared no one in music. The passengers appreciated my music on the ship. On Monday 21 November 1949, we completed 1 012 miles from Mombasa and stopped at several islands of the Seychelles which look like large stones in the sea. You would be amazed to see the ship steering its way through those islands. The islands are green and people live on fruit, and very large pineapples were loaded onto the ship. As we went on, we passed Cape Guardafni on the left, which is the tip of Africa and the entry to the Gulf of Aden and the Red Sea (which I crossed in 1928). Now we are crossing the Arabian Sea north of the Maldives and Laccadive Islands. All these names are known by people who were educated through the Royal Readers. We eventually crossed the Equator and on 26 November 1949 we saw India, arriving at Goa harbour (Marugoa) which is ruled by the Portuguese. We stopped for a day, on a Saturday and toured the city, seeing the buildings which were built by the people of Vasco da Gama. We were walking under tall coconut trees. This was my first time to set foot in the land of the Indians about 100 miles from Bombay.

Bombay

We travelled for a day and entered Bombay on Sunday 27 November 1949. When this ship enters a harbour, it is led by the pilot who is usually a white man but today it is an Indian. From here on we never saw a white man in a position of authority, not in the customs office, nor in immigration and passports. The officers were gentle to visitors, unlike the officers at home who always sulk when they see a black person. From that day, I became happy in a land which is ruled by its own people.

As you approach Bombay from the sea you see a big stone structure known as the Gateway of India. This was the route taken by important British people who were visiting India when the English were in power here. You see this structure from a distance and it looks impressive. The officers quickly dealt with their business, and members of the committee welcomed us warmly and garlands were placed around our necks. We were led to big cars and started seeing that immense city with its five million people, which is only smaller than Calcutta and London in the British Empire. To gauge its size, take into account the fact that each year 62 000 pupils complete their matric. Understand that in Cape Town, each day there is only one train that travels the distance equal to travelling to Rhodesia (on the main train line) but in Bombay there are 21 such trains per day and 300 local trains.

Various sights

We travelled through the main street, the Mahatma Gandhi Road, a name which has superseded an earlier English name. In a large street lined with impressive buildings, we saw a huge cricket field which can seat 200 000 people. It is the biggest field in Asia. Although it was Sunday, the people were playing and playing well. This reminded me of an accomplished cricketer, the late Ranjintsinji whom I saw in England in 1905 when I also played cricket.

In India Sunday is observed by Christians only. Most people worship Buddha, Mohamed, Confucius, Krishna, Laotse and many other saints who lived before the birth of Christ and they observe their own days in the week. Therefore, there is no stoppage for business, sport, railways, courts, building of houses and cultivation. Although the streets are wide, they are fearfully crowded by various means of transport, trams, carts drawn by buffalo which I saw for the first time, rickshaws which are like those in Natal but are drawn by bicycles. There are gigs which are drawn by one horse and horse carriages of the older type (1913) which were last seen in Cape Town in 1923. There are also various sorts of cars which go fast. There are cows and goats, which roam around in the streets all the time. But what is surprising is that there are no accidents. Drivers travel fast, hooting as they go. These cars are driven even by old men with grey hair, and by Sikhs who wear heavy headgear. I was sad to see thin horses which draw heavy loads.

The heat

In Bombay, the sun was unbelievably hot. It feels as if one has opened the lid of the fire of Nebuchadnezzar on the Plain of Dura: you sweat, even if you are in the shade. In the morning, I had seen my friend Manilal Gandhi packing away all his warm clothing and putting on white clothing: a white jacket, calico apron, shorts with big bottoms which are worn in India and are known as *doti*. I envied him, because I wore very warm clothing and I was as hot as a stone. The committee accommodated us at the home of a doctor, whose quarters were on the fifth floor. These were kind people, who warmly welcomed us with cold drinks. We conversed mostly about Africa.

The grave

While we were talking, we heard the sound of bells outside and these were rung by many people. We stood up and looked through the window and saw a funeral procession. The mourners were surrounded by the people who were ringing the bells. The body was carried on top of reeds on a cart with two wheels. The face was visible to everyone and it was of a woman belonging to the lower castes. The people were in a hurry, going to the place where the body was going to be burnt in a crematorium which burns the whole day and burns up to 50 bodies per day. When I enquired about this custom, I was told that the bodies are burnt in order to conserve land. The many people who die would take up too much space and they are going to be dust as they are dead in any case.

But there are Indians who bury their loved ones like us, the Muslims of Mohamed, who eat meat. Those who cremate bodies are the Hindus, who do not eat meat. They keep the ashes like the Romans, who kept ashes in bottles as Macaulay said: 'And how can man die better than facing the fearful odds, for the ashes of his fathers, and the temple of his Gods.' When I saw this, I realised that I was far from home and I remembered the story of the widow of Nain in Luke, whose son was raised from the dead by the Lord. He was carried on reeds and the Lord made him sit up and he spoke. After lunch, the committee sent a young man to show me around beautiful Bombay the whole afternoon. We first visited a hotel which is said to be the most beautiful in India and Asia, known as the Taj Mahal Hotel. It is close to the sea and opposite the Gateway of India. It covers the whole street and has many floors. At the bottom, there are many shops and inside one finds large offices and other shops, and lounges. The place is well decorated and in the dining room there are flowers standing in ice. The place is air-conditioned and we immediately became cool, although it became hot again when we were outside. The place was built for £200 000 before the war and it has pipes for cool water. They serve only expensive meals. My guide was very kind and we travelled many miles and saw houses next to the sea, hotels, and buildings where Gandhi used to address thousands and thousands of people because there are so many people in India.

At the railway station

After sunset, it was time to leave Bombay for Calcutta. The station is similar in size to those in London and there are many people, some coming and others going, and there are even those who seem to live there. They look very poor and they sleep here with their blankets on the cement floor, and they live by begging from the passengers. And there are the coolies, the people who carry the baggage for the visitors, strong men who can carry up to three heavy boxes. Something I would never be able to do. Besides the boxes there was a man who carried two other heavy parcels with his hands. This much can be carried only by a camel. He does so because he gets a tickey for each item he carries.[3] These are strong men indeed and they fight among themselves for the parcels they want to carry, and you pity the one who is defeated and remains there sulking. The train is as long as the one from Cape Town to Rhodesia. It is difficult to find your name on the train, and you are not allowed to board the train without identifying your name. At long last, my name was found. I boarded with four Indians who were going to various places. Manilal Gandhi and myself were going to Calcutta (1 380 miles) through Sunday night, the day and night of Monday and into Tuesday, a very long and tiring journey. The committee gave us bedding and material for protection against mosquitoes because there are many of them in India, given the humidity. We were to use these items until the end of our three-month visit. I learnt a lesson, because I would have had to pay too much money if I had to depend on hiring the bedding. The rail tracks are bigger than those in Africa, as big as those in England. The coaches are large. The employees are Indians only: guards, ticket officers, firemen, waiters, and there is no white person employed here. The workers are civil and kind and they are pleased to meet an African. They are dignified and speak softly, they do not lose their temper, and they do not drink. And I was pleased to tour a country of people who do not drink.

Third class was very crowded and I saw some people sitting on top of others in those eight carriages and others sitting on the steps of the coaches. At home, I do travel by third class for short journeys but in India this is another thing. The train is fast, just like the Rhodesian Express. Dust and dirt flies into the train and clothing becomes dirty. In the morning, we passed through the plains and we did not know

---

3 A tickey (noun, South Africa; obsolete) is a small silver threepenny piece; from 1961 it was equivalent to half a cent; it was last minted in 1964.

where we were, and the train stopped only in the bigger cities. It stopped for a while in the city of Khandwa in the Central Provinces. I saw a strange thing, a man washing his body in public. He had shorts on and when he finished, others did the same thing and I wished I could do so because it was very hot. There were stray goats which picked up bread, and monkeys were running around looking for peels and no one seemed to notice them. I was told that the people who were washing their bodies were refugees from Pakistan who left their country during the partition war between the Hindus and Moslems, a war which exiled eight million people and killed two million. Some roam in the cities and others live in the forests. This is the result of the enmity between the Hindus and the Moslems ever since Britain gave them independence. *He!*

I have never seen any country which has as many baboons. As we travelled, we saw troops of them, some waiting for food to be thrown to them. At the station, you can see a monkey jumping into the train, taking bananas and running away. In the fields, people guard against them all the time.

Rivers

We crossed many rivers which are as large as the Orange and the Vaal rivers and the travellers do not know the names of the rivers, because they feel they are small rivers and I was told that I would see a real river that night when we would arrive at Allahabad. And indeed, in the late evening I heard the sound of a bridge that sounded endless, and looked through the window. *He!* There was an immense, dark river known as the Jumna, with boats floating, and the bridge was a mile long. The river originates in the Himalaya Mountains and it seems twenty times bigger than the Vaal River, it looks like the sea, mate! I was astounded to see this. The Indians worship this river and yet it is still smaller than the Ganges, which also meets with the Jumna at Allahabad. We also crossed that river which is three miles in width. As I crossed it at night

I will describe it later, because on my return, I spent a few days in this town. *He!*

The country

In the morning, we were able to see the country, the cotton fields and the villages. They say there are 900 000 villages in India and there are 262 million farmers. But they say starvation is common because there are droughts as is the case at home. The land that is irrigated is about 49 million acres and the water comes from the Jumna. Rail tracks cover 49 000 miles. The distance from the north of India to the south spans 2 000 miles and the distance from east to west is 2 500 miles; it is about half the size of the continent of Africa (4 500 × 5 400). Although in the north there are the Himalaya Mountains, the area where we visited is flat plains, like those of Zibi's place in Rustenburg, where the train travels on a straight rail as in Bechuanaland without turning because there are no mountains. Here, the forests are dense and leopards are able to hide in them. There is a famous snake, the Hamadryad, which is very poisonous. The vegetation is lush and I wondered why people leave this rich land and go and live in the cities. This land would be appreciated by my people, as at home there are a hundred people to a square mile in the land of amaXhosa in the King William's Town area and we would be happy to live in a place like this. *He!*

Chapter 2

At noon, we arrived in the enormous city of Calcutta, the biggest city in India (six million people) and the second-biggest to London in the British Empire. At the station, there are many platforms and train lines whose length is like that one to Bulawayo. The people are as many as ants and everywhere people are tired, because it is hot and some sleep as though they do not have homes and there are many beggars. Even at home I have not seen so many poor people. Indeed, a poor Indian in India is poorer than a poor African at home because he becomes very thin. We lift up our heads even when we are poor.

Reception

The committee which had invited us welcomed us warmly, and Christian gentlemen took our luggage and our names. Even the officers at the ticket office were happy to see us when they heard about 'Pacifist Conference Delegates'! After resting, we were decorated with garlands and led to our cars. We saw the great Hooghly River, which runs next to this city and which is a tributary of the Ganges. It forms a delta like the Nile in Egypt. There were ships of every sort. The streets are as crowded as in Bombay. There are many animals here which draw carts and there may even be two or three pulling one cart. They move in between the motor cars, a fearful sight. Some animals were roaming around browsing on the pavements and there were cattle and goats. This is a crowded city. I also saw women carrying water jars on their heads as they do at home.

The houses have many storeys, like in Johannesburg, and there is just no space. We travelled a good distance and finally arrived at the prestigious premises of the Pacifist Organisations, which belong to Indians and whites. Here, we met delegates from Japan, America, China, England, France, Egypt, Ireland, Germany and Australia, etcetera who were attending the same conference. We rested for the day and in the morning, we proceeded to the place where the meeting was to be held. On Wednesday 30 November 1949, we boarded a train from Calcutta to Bolpur 90 miles away and by the time we got there we were many people, because other delegates joined us on the way. The local people looked at us with interest as we boarded our buses.

Santiniketan

After travelling four miles, we arrived at Santiniketan, the 'place of peace' (*santi* – peace; *ketan* – place), which was built by the late Sir Rabindranath Tagore, a friend of Gandhi. We slept in tents as we did in Jerusalem, in threes and fours. There were about 40 delegates from various parts of India and we from abroad numbered 60, making a total of 100 delegates. These are our names:

David Acquah from Gold Coast, West Africa, a very dark man; A.C. Barrington from New Zealand; L. Bautista from the Philippines. The sixteen delegates from America are: T. Bell, P. Erb, R. Gregg, K. Hujer, Dr. Mordecai Johnson (a black man), B. Knox, A. Muste, R. Newton, G. Paine, J. Rankin, G. Rhoads, I. Rodenko, J. and Mrs. Sayre, R. Steele, O. Miller. *He!* From Switzerland, it is R. Bovard. The seven delegates from England are: R. and Mrs. Brayshaw, Vera Brittain, A. Harrison, R. Reynolds, W. Wellock, W. Zander; other delegates were J. Buskes from Holland, E. Ewalds from Finland, J. Fallding from Australia, M. Farri from Canada. The three delegates from South Africa are Manilal Gandhi (Durban), myself D.D.T. Jabavu, and the famous

Michael Scott. From Egypt it is H. Hassan, from Malaysia there are three delegates: A. Ishak, Y. Leong, S. Satyananda. From Denmark K. Jorgensen, L. Kingston from Ireland. There are three delegates from Japan: T. Kora, R. Nakayama, P. Sekiya. From Germany, there is H. Krachutski, D. Lund from Norway, the two from Burma are U. Lwin and L. Win. S. Mallalasek from Ceylon, the four from France are: G. Marchand, H. Roser, J. Sanerwein and M. Trocme. S. Naficky from Teheran, the two from Sweden are: S. Ryberg and O. Rydbeck. I. Sadigh is from Iran, from Bangkok there are two delegates: A. Sankawasi and P. Wastanasaran. The two from China are: B. Tseng, P. Tseng, M. Nasuli is from Lebanon and then 3 delegates from East Pakistan and 39 delegates from India. I have left out their titles, such as Rev., Dr., Prof., although many of them are highly educated people and are important in their communities. They are not dull nor are they fanatics. To illustrate this, I will select a few names, especially the people who took a prominent part in the discussions.

Eminent delegates

I start with our chairman, Dr. Rajendra Prasad, M.A., LL.D, a man who is as dark as an African. In 1950, he was elected President of the Republic of India, a well-spoken man who acted as the chairman of parliament during the drafting of the Constitution. Those who know him say he has never been second to anyone from sub-standard A to Matriculation, B.A, M.A., doctoral studies, as an advocate and also in parliament. He has always been number one. When he speaks to the nation, he looks straight at the microphone and speaks as articulately as though he is reading a script. He is a follower of Mahatma Gandhi and he spent a long time in jail fighting for the freedom of India. He is liked by his people, who call him 'Rajen Babu' (Father Rajen). Currently, he is the right-hand man of Prime Minister Jawaharlal Nehru and Governor General C. Rajagopalachari.

Another eminent man is Professor Olof Rydbeck of Sweden, who is one of the developers of the atomic bomb. He can speak at length about physics and chemistry, a man who is well known in Europe. Another important person is Miss Vera Brittain, M.A., D.Litt. (Oxon.), the wife of an Oxford professor who studied together with Mrs. V.M.L. Ballinger (of our parliament). She has written about twenty famous books.

Dr. Mordecai Johnson, M.A., Ph.D., LL.D., D.Litt., is a black man I knew during the time of Dr. Max Yergan in 1925 and is a well-known orator in America. Whereas Howard University, Washington D.C. has always had white principals since its establishment, in 1926 Johnson became the first black principal. He told me about men I know in his country like Dr. W.E.B. Du Bois, Dr. Channing Tobias, Dr. George Haynes, Dr. Yergan and others. This man is very good at solving problems and we consulted him. Even if there are six people who speak, news reporters always publish his speech and nothing else. Because of his prominence, he was fetched by plane from America and he is to be taken back by plane. *He!*

Another eminent delegate was Dr. Wilfred Wellock, M.P., LL.D., who is one of the people who voted for the independence of India in the parliament in England. He made it clear that if we want peace in the world we must overcome three things: i. the migration of people from the country to the towns (the dinosaur of industrialism); ii. the evil of colonialism; iii. the juggernaut of militarism and armaments. He said these are the things that bankrupted England and made the English people of today backward, because they spend £700 million a year on liquor, the same amount on betting, horse racing and football gambling, another £700 million a year on tobacco, which is smoked by women and children. And they spend a lot on armaments. These raise taxes and that is why the British are leaving their country. This was one of the speeches which startled people, and when he was speaking I was reminded of men like Abdurahman and Rubusana. A delegate from China, Prof. Beauson Tseng, B.Sc. (Lond.), A.R.S.M., LL.D., is a member of the 73rd generation of the ancestor who was an apostle of Confucius as Peter was to Jesus. His parents were ambassadors in London. He studied engineering and received a B.Sc. (Lond.) and when he returned home, he became a Christian. He established a large college with the help of his relative, Miss Pao Swen Tseng, B.Sc. (Lond.), Ph.D. who is also here and is the second delegate from her country. She is well educated and has written many books of worship, is a lecturer and a well-known speaker in China. These qualities were clearly seen here. She was present at the earlier conference held in Tamburan, Madras, in 1938, which was attended by Africans like S. Tema, A. Luthuli, J.C. Mvusi and Miss Mina Soga. We were together at the Jerusalem conference in 1928 and for that reason she wanted a photograph of the two of us taken: a photograph of people who are now grey-haired and are still fighting for Christianity. I remember her speech in Jerusalem where she was with her friend, Miss Helen Kiduk Kim, M.A. of Korea. *He!*

Rev. Michael Scott, a tall bachelor of the Anglican Church, worked in Johannesburg, Bombay and London fighting for the rights of the oppressed. I remember that he supported the Indians in their passive resistance in Natal and was arrested together with them for opposing the Asiatic Land Tenure and Indian Representation Act. The year before he was also brave, because he fought for the rights of the Hereros, Khoi and Damara in South West Africa. He was previously arrested by the government and yet he managed to get a passport and accessed the United Nations Organisation, where he described the situation of these people. After that he took a plane to India to participate in our discussions about the creation of peace in the world, and he showed that he is the type of missionary who is prepared to be arrested on behalf of black people.

Miss Rajkumari Amrit Kaur, M.A. is the Minister of Health and has established many women's organisations and for about twenty years she was Gandhi's secretary. She is the daughter of a wealthy man, the Maharajah of Kapurthala. She became a Christian together with her brother, Singh, who was the Indian Commissioner to South Africa. Their father disowned them and they lost all their wealth.

She was educated in England and was a tennis champion. Her presence was felt here.

R.B. Gregg, B.A., LL.B. of Colorado, U.S.A. stayed for some time in the home of Gandhi and became his disciple. He is the author of two books on the strategies of resistance which were developed by Gandhi. Nirmal Kumar Bose, M.Sc. is the author of twelve famous books. He was in prison for many years on account of his support for Gandhi. He was one of those who taught us about Gandhi.

Sophia Wadia, M.A. is a lady who was educated in Paris, London and at Columbia University, New York. She is an authority on religious studies and speaks with a sweet voice. She enlightened us on the various religions of the world.

Then there is Dr. Heinz Kraschutzki, a German, who suffered much in World War I, he was born in 1891. He fought in that war. After that he decided to stop fighting and supported pacifist organisations which were fighting for peace. He has been arrested many times on account of his belief. He was accused of revealing war secrets and he fled to Spain. Even there he was persecuted and he spent seven years in several jails. After being released, he became a professor of history in Russia and was later dismissed. When he spoke about the difficulties he experienced, we were nearly in tears.

Dr. Riri Nakayama, M.A. (Japan) surprised us by fasting together with Manilal Gandhi with whom I had travelled from Durban. They are doing this for different reasons. The man from Japan says he is doing this as punishment for the sins of his countrymen who attack innocent nations. Gandhi said he is fasting for self-purification. This was a dreadful thing for the rest of us because they became thin in no time, and they looked as though they were dying, but they persevered and completed the fast after seven days, drinking only water. In Xhosaland I never heard anything like this. Riri is a Buddhist bishop, a religion which was established in 300 B.C.

The doyen of this conference is Rev. G.L. Paine, M.A., D.D. (Massachusetts, U.S.A.) who is 75 years old. He has a slender build, although he has big bones like Maqoma.[4] At home, he is the representative of the Negroes and he knows countries like Russia, Poland, Czechoslovakia, Hungary and Yugoslavia.[5] He was very helpful in the discussions.

Professor Kakasahib Kalelkar, B.A., LL.B. is an old man like me.[6] He was close to Gandhi ever since he returned from South Africa in 1915 and shared many of his experiences of having been arrested five times. He has written more than ten books. He spoke at length about the beliefs of Gandhi. Rev. Henri Roser of France was arrested for nine months in solitary confinement and was not allowed to read anything. He told me that he nearly became mad and saved himself by singing hymns and reciting parts of the Bible which he could remember.

Dr. Chakravarty, M.A. is professor of English (Howard University, U.S.A.). S. Ghosh, M.A. (Cambridge), with whom I lived in the tent, was working in the office of Nehru and was the envoy of Gandhi to Sir Stafford Cripps. Professor Acharya Kripalani, M.A. is a member of parliament. Dr. Kumarappa, M.A. is the president of the farmers' association, which follows the views of Gandhi. There are many other important people among these 100 delegates but those I have mentioned show the calibre of people attending. *He!*

---

4 Maqoma was the son of Ngqika. He lived between 1798 and 1873. He is thought to have died while imprisoned on Robben Island in South Africa. He is known to have been a huge man, hence the comparison here. The subtitle of this travelogue, 'UmNgqika visits the East', identifies Jabavu as a descendant of the Ngqika lineage.

5 At the time when Jabavu wrote this travelogue, the term 'Negro' was commonly used to describe people of black African origin. However, since the 1960s when it was replaced by the term 'black', it has dropped out of use. Today it is viewed as outdated and offensive. See 'Negro (the word) a history', *African American Registry*, accessed 20 June 2019, https://aaregistry. org/story/negro-the-word-a-history/.

6 Jabavu suggests in the isiXhosa text that Kalelkar was born during the rinderpest epidemic, in 1885.

Tagore

The conference quarters belonged to the late Sir Rabindranath Tagore, a wise poet who won the Nobel Prize for Literature worth £4 000 in 1913 and was knighted in 1914. He was born at the beginning of the drought of Qilo and died in 1941.[7] He was educated in England at Brighton and at the same college which I attended, the University College, Gower Street, London. He excelled as an English writer, writing sonnets, plays, lyrics, novels, lectures, music, philosophy, journalism, painting, religion. He met Gandhi in 1915 and he converted his farm into an agricultural and business college aimed at supporting the rural poor.

The father of Rabindranath Tagore was a 'Zamindar', that is a great landowner. His land was measured in square miles and one could only go around it by riding on a horse. By the end of the trip the horse would be very exhausted because of the width of the land, which is the size of Rharhabe's song.[8] His house, where the conference is held, was built for £25 000 and has immense halls, which are decorated with rare wood. It has several floors upstairs and from the top one has a good view of the surroundings. It is surrounded by tall trees which were planted long ago and today scholars use the substantial shade for their classes. Teachers and learners are accommodated on these premises and there are halls for several purposes. Our meeting is convened in the sitting room (Lounge Saloon), which is very impressive. Understand it when I say that a whole 100 people sit on chairs in this room, each one with a chair.

The beginning

The conference started on 1 December 1949 with live music played by a band. It was officially opened by Dr. Katju (Governor of Bengal)

---

7   The drought of Qilo started in 1861.
8   The story goes that King Rharhabe had a song sung to him that was very, very long.

who was accompanied by Miss Rajkumari Amrit Kaur (Minister of Health) and the son of Tagore, who is in charge of this establishment. From the tents, we walked in a colourful procession and alongside us were photographers who were taking photographs all the time. These were published in the newspapers and I also featured in the paper of Delhi, the *Hindustani Times,* which I still keep. The meeting was opened by Hindu hymns and prayers, and this made me feel that I was far from home. There were speeches in the midst of many photographers, who were a great nuisance, and there were children who disturbed us by asking for autographs. They wanted the autographs of the hundred delegates and there were more than a thousand of them. The taking of photographs and requests for autographs were things which we experienced in all the other towns we visited as well.

The opening session of the conference was held outside in the cool shade of the large trees with huge branches, which made it feel as if we were inside a cool house. The name of this place is Mango Grove (the orchard of mangoes), which is used for important meetings. I noted that people do not stand up even if an important person is arriving, and they do not clap hands after a speech. Among those thousands of adults and children no one went outside until the four hours of the meeting had ended. I noticed this because at home people cannot sit still even for an hour. Even at children's concerts, they come in and go out all the time. I found Indians to be like this wherever I went and I think this is because they do not drink liquor. *He!*

The names of the delegates were read out and we each had to stand up. After that we went for dinner. The dinner was in a large tent, known as the marquee, which has many waiters and cooks. The many dogs from the village were here and they were fighting heavily over the leftovers, and even at night the dogs would disturb us.

On Friday 2 December 1949, the acting chairman was Horace Alexander, M.A. on behalf of the late Gandhi and others. I got to know him and his wife in Birmingham in 1909. He read a message from Dr. R. Prasad (chairman) who said he is still held up by parliamentary business as they were formulating a new constitution for the Republic of India. He also announced that Prime Minister Jawaharlal Nehru intends to visit the gathering as a follower of Gandhi and that he would do so during the last week of the month. He announced that the conference would continue for a week at Santiniketan and during the following two weeks the delegates would go to various places all over India, and that during the last week they would reconvene in Sevagram at Gandhi's *Ashram*, where he demonstrated how poor people could be improved in the rural areas. The term *Ashram* is an Indian term which denotes a home, a place of worship and a place of work. *He!*

Mr. Alexander mentioned that there were going to be speakers who were going to describe Gandhi as a person and detail his life's work. Afterwards we would have discussions based upon these teachings. Then the situation in the countries seeking peace would be introduced and resolutions would be taken.

The first speaker was Prof. Kakasahib Kalelkar, an experienced and likeable man, who is soft-spoken and who knows everything that has been written about Gandhi. He touched on many aspects of the life of Gandhi and it is difficult for me to describe these, because he used Hindu concepts like *Ahimsa* (non-violence) and *Satyagraha* (soul force, truth force). He said Gandhi believed that people should be gentle and listen to others' point of view. The body must be ruled by the soul to drive out fear, because it is fear of one another which erodes peace between nations and individuals. We must study the power of the soul from the basis of belief. We must fulfil all our obligations as believers and we must respect all other religions and not think that ours only is the key to heaven. Since we have delegates who are Bahais, Buddhists, Christians, Jews, Sikhs, Muslims and Theosophists, we must purify all these religions and each person must be sincere in his belief. These religions are the branches of one family. Gandhi said there are five sins which destroy peace in the world: colonisation, theft, acquisitiveness, industrial exploitation and waste. We must restrain our desires; we should improve village industries so that they become self-sufficient, and decentralise those concentrated in urban areas. We must provide an education which combines book knowledge and practical work. Kalelkar said book education which is combined with practical work is the basic education which Gandhi proposed. In the *Ashram*, the most important work is self-discipline so that a person is able to pray, know the truth and reject violence. People must forget about wealth and must not seek things they do not need, because that is like stealing. A person who succeeds in those things will live in peace. A person who comes to this institution (*Ashram*) has those goals in mind. *He!* This was an inspiring speech given by an experienced speaker.

The next speaker was Gregg, who spoke about other aspects of *Ahimsa* (non-violence). He indicated that the world will be at peace only when there is no poverty. This can be eradicated by tilling every acre so that people can have good homes to which they can return. Where would the prodigal son have gone had he no home? He noted that he went back home because he had a home which was productive. That is why Gandhi placed emphasis on the training of people in practical skills, so that they can improve themselves and be respected as humans.

After that we had tea for the midday meal and that gave us the time to walk around Tagore's house, which is surrounded by beautiful fish ponds full of red fish. There are tennis courts, and flower gardens with flowers that have beautiful scents and are of all the colours of the rainbow. There are also many trees of various sorts. This place looks like the Garden of Eden. Santiniketan is beautiful, and I found it to be suitable for me as I needed a place where I could rest and think about peace and justice away from people who are controlled by envy and jealousy.

Heat

It was interesting to see how the delegates dealt with the heat. They dress as they please. This was something I had not experienced before. We saw Indians who do not wear hats or shoes. They place only a small piece of cloth on the head to protect themselves from the sun, and this is known as the 'Gandhi Cap' because it was a memento of a cap worn by prisoners who were imprisoned with Gandhi in Johannesburg in 1908. They do not wear socks and the sandals they wear have only one strap and this makes the toes cool, while I wore warm socks and boots. They wear only white tops, while I was suffering with under-shirt, collar, waistcoat and coat which made me sweat heavily. I am the only one who is wearing trousers with narrow bottoms. The Indians wear their *dotis*, which makes them cool, while others wear things that look like under-trousers. There are some who do not wear any-thing on their upper bodies. One bearded old man from South India is wearing only a wrapping around his waist like the people in Lesotho. He has no hat or shoes. He moves about like that among the people, naked. His body is hairy. *He!*

Because there were to be many committee meetings, the ordinary delegates disbanded before dinner. At lunch, I noted that Indians do not eat meat, eggs, fish, anything that involved killing something alive; they eat vegetables and milk only. They had their own tables, and those who mixed with other people who ate meat had their own waiters.

In the afternoon, we listened to Prof. Acharya J.B. Kripalani, a member of parliament, who resisted for a long time before deciding to join Gandhi. You could see that he was an experienced and know-ledgeable person. He spent two hours describing Gandhi, speaking English in an inspiring manner, and when he finished the people found themselves clapping although that was an unusual thing to do. He said Gandhi could not be understood by ordinary people, because he was a genius and his thought could not be grasped only by the use of logic. He provided good reasons for what he said. Gandhi preaches that the greatest evil in the world is fear, because a person who is fearful can-not be truthful. Therefore, it was a great accomplishment to free the Indian nation (1917–1921) by means of the *Satyagraha*, through which he demonstrated that the government was evil. The people gradually understood his message. All began to support him, the masses including even the village urchins. That day people lost their fear and became very brave, and they supported Gandhi in whatever he said under the principle of *Ahimsa*.

There are five types of violence: fear, cowardice, violent resistance, non-violent resistance and the one that does not upset anyone. Kripalani described these types and said that Gandhi believed that anything which is good for one person is good for all. Buddha believed that the faith of one person has an effect on others. To Gandhi the spirit and matter are one, he did not make a distinction between them. Gandhi did not preach to the poor, he always began by helping them because the only language a hungry person hears is food! A hungry person does not forsake sin. It is sin which must be destroyed. This task requires urgency.

The sun set while Kripalani, a man with a smile, was speaking and he was in no hurry because he is experienced in public speaking. It is unfortunate when one is addressed by an aggressive person in public. Although Kripalani's speech was long, we did not feel it because it was interesting. What a skill. *He!*

Prayers

Then we went for prayers, as we prayed in the morning, at noon and in the evening. We had prayers at the mosque of the followers of Mohamed and we took off our shoes before entering. This church has no chairs and people fold their legs and sit on them as if they were chairs. This practice was easy for the Indians because they learn it while they are young. That is why their legs are bow-legged, because they sit like that when eating. It was difficult for some of us to fold our legs like this, because we were not used to this tradition. During prayer, all religions and languages were given space and all the people were given space to pray. The Quakers do likewise, in their services people can worship in any fashion: some sing, play guitars or read from their scriptures

(Koran, Bible, Gita, etcetera). During the prayers, you may hear someone speaking Latin and you will know that he is a Roman Catholic; another speaks Chinese and you know that he follows Confucius; or one sings praises and you will know that he is a Muslim, his song goes like this, *La illa il allah* (there is no God but God); and another one would mention Buddha's name and cry. I can still hear those different kinds of prayers. You will hear a Hindu repeating '*O Shanti, Shanti!*' meaning 'let there be peace' (hence *Shantiniketan*). I do not think there is any gathering in the world which can harmoniously accommodate as many religions under one roof as this meeting.

On Saturday 3 December 1949, we were led by Miss Rajkumari Amrit Kaur (Minister of Health), whom I introduced earlier. Her topic was Gandhi's constructive programme on nation building which comprised: 1. Freedom and independence of the individual and of the state; 2. Training on how to fight the government in a gentle manner (civil disobedience); 3. The spinning of cotton by individuals and by communities; 4. The unity of heart of people of different religions; 5. The concept of untouchability must be eradicated (racial discrimination); 6. All liquor and dagga must be banished; 7. The homes in the country must produce food and must produce their own soap, matches, tanning of hides, making of latrines instead of going to the bush, making of baths instead of polluting the rivers; 8. The combination of book education with practical skills, provision of adult education and education for women so that they will not be dominated by men; all hygiene laws must be taught; 9. There should be one national language; 10. Profitable agriculture must be taught; 11. Students must be given an opportunity to participate in political discussions so that they can learn; 12. Those with leprosy must be helped; 13. Cattle are important in the life of the nation and people must be aware of that; 14. Every leader must be prepared to be arrested and be assaulted.

This lady spoke with confidence until she ended her speech.

Discussion

Then there was time for discussion and questions, and one person wanted to know what Gandhi's views were about wealthy people. The answer was that Gandhi wanted to change rich people into ordinary people. Because the rich are the greatest sinners, they are the ones who must be saved. But people who are wealthy are also stubborn. The next speech was delivered by J.C. Kumarappa, who is the chairman of the farmers' association which follows Gandhi's methods. He said Gandhi used to make a distinction between two forms of agriculture: one is the use of agriculture to produce what is necessary, another is to convert fields which produce food into fields which produce things like tobacco (Virginia Tobacco) in order to produce profit, while the people are starving. Money turns people into sinners.

We went to lunch and in the afternoon we were presented with reports on pacifism in various countries. An American delegate said that pacifist organisations in his country had half a million members and these organisations comprise the Menonites, Quakers, Plymouth Brethren, Fellowship of Reconciliation (14 000), Conscientious Objectors (20 000), Jehovah's Witnesses, and those who oppose laws which discriminate against the Negroes (Jim Crow); some of them were arrested and even tied in chains. There were speakers from Switzerland, Germany and elsewhere, and the meeting ended at night. The discussion was continued on Sunday 4 December 1949 with a speech by Dr. T. Kora from Japan, a member of parliament, and people nearly cried tears when she spoke about the damage caused by the atomic bomb in her country at Hiroshima and Nagasaki, where 240 000 people died. She mentioned people she knew personally, her relatives and those whose skin peeled off in great pain. The houses of others fell on them and they were buried alive, some parents died, leaving their children. One woman had her legs amputated while feeding her infant. She had to interrupt her speech as she could not control her tears, and some in the audience were crying. She continued by saying that Japan has had enough of war and is favouring disarmament for the following four reasons: 1. There is no money to manufacture weapons; 2. Arms do not help the country because now it is isolated; 3. A small regiment is the one that is used as a decoy to trap the big regiment of the enemy just like the tail of the rattlesnake; 4. Japan will be stronger spiritually if it has no army.

Overcrowding

Kora further stated that Japan is overcrowded today because it has 82 million people on 380 000 square miles, that is a piece of land equal to the area between East London and Cape Town, and then up to Kimberley, to Bloemfontein and back to East London. Arable land consists only of 22 353 square miles. Most of the land is rocky and consists of mountains. The country is overcrowded and people do not know where to go. Other people who said the same thing were from Japan, India, the U.S.A., France and Finland. The last speaker was Manilal Gandhi, from South Africa, who said in order to succeed as peacemakers we must be in control of ourselves. The Lord wants us to be humble. His father (Gandhi) died for the nations so that they can become enlightened, he fasted for others; and we should also fast for seven days when the meeting convenes again at Sevagram. The last prayer was a touching one and we went to supper. The discussion was closed in the evening by speakers from Germany, India, China and Norway.

Continuation

On Monday 5 December 1949, the meeting resumed and Mrs. Sophia Wadia was the chairperson. The first speech was delivered by Arya-nayakam, M.A., who is in charge of the Sevagram College, which is based on the principles of basic education as envisaged by Gandhi. He said according to Gandhi the village was the microcosm of the republic, because the village must be self-sufficient and produce clothing, chairs, milk and food from the fields. Every piece of clothing you spin is your parliament. *Swaraj* (self-rule) is woven into every yard you spin, because it saves you from buying from shops in the city. In the villages, there were no haves and have-nots, instead what counted was world citizenship, and everything was there: food, clothing, houses, tools, and these things uplift you aesthetically, spiritually and intellectually, where every child is a gift of God. If children were cared for properly in the various countries, there would be no need to spend money on armaments and wars. There will be peace on earth the day attention is given to the countryside. The industries in the cities must supplement and not supplant the rural way of living. Health must be controlled by the masses and greed must be replaced by love. That is the true *Satyagraha*. If you introduce self-sufficiency you lead people to self-confidence and you produce people who do not fear hunger, then war will end. The work of peacemakers and pacifists is a hard one.

Self-defence

In the afternoon, the topic was non-violent self-defence. This was a difficult topic. For Christians this is complicated, because the Bible says you must offer the other person the other cheek. One speaker amused us when he told us a story of one very strong person who, after offering the other cheek, later thrashed the person who had assaulted him, because Jesus did not give any ruling about what must happen after offering the other cheek. He said Jesus did not say we must not defend ourselves. We could not follow or agree with all that was said by the speaker who introduced this topic, Prof. S.H. Agarwal, India. He stated that Gandhi had said there should be a peace army consisting of 2000 people who would not fight, but simply stand in the way singing peace songs, and die even though they did not fight. He gave that advice when it was said that the Japanese were approaching. He said such soldiers must be convinced by their beliefs, because this kind of resistance requires greater bravery than fighting. People who kill other people are usually cowards, who do not want to die. It is more difficult to stop yourself from killing than to kill other people. A start must be made with the registration of soldiers who are committed not to kill.

There was much debate on this topic, with some people saying that such an army cannot be formed by conscription but that people must join it voluntarily. One delegate said the next war would be fought by atomic weapons only and armies would not be necessary. What is more important is what we are rather than what we do. He said a country which is not armed cannot usually be attacked by bombs. One speaker said that what we must protect are our souls and not our possessions, and if the government of India enforces military training in the schools it must be told that the approach of pacifists is equally important. A speaker from France said pacifism has not gained ground in France on account of the Germans. The discussion was brought to an end. In the evening, we watched a student band display and we went to sleep.

On the following day, on 6 December 1949, the chairperson was Maude Brayshaw, a lady who was the leader of the Quakers in England, and she conducted the meeting with confidence because she was experienced. The discussion, introduced by Dr. Wilfred Wellock, centred on the infrastructure of pacifism. He said that a culture that was based on the industrial revolution, like in England, led to destruction because the English (50 million) have very little land (30 million acres) and the majority of the people (60 per cent) are dependent on industries instead of agriculture. This situation compelled England to seek raw materials all over the world. This compelled them to fight with the people of underdeveloped countries and overpower them and conquer them, and get the products required by the machines in England. The consequence of this was that the mind becomes depressed, and to relieve it the people spend a lot of money (£2 million) on tobacco, on football, gambling, on horse-racing and on producing arms, and other nations follow suit in these evil ways. The solution was to change this situation: rural people must return to the rural way of life and urban industries must be decreased. This was an eloquent speech made by a person who was used to addressing parliament.

In the discussion that ensued, there were incisive comments made by Dr. Mordecai Johnson, who said that the expert Malthus pointed out that there was not enough food produced to feed all the people on earth. Again, present-day organised religion was creating exploitation because it assisted imperialism; therefore, religion must be transformed in order to prepare for the future. Other speakers were Barrington, the present writer, Prof. N.K. Bose, Dr. A. Muste, Dr. Tseng, Dr. Sayre and Dr. Zander. At the end of the session there was still interest, and there were people who wanted to continue the discussion. In closing, Dr. Wellock said there was nothing wrong with using machines. The problem arose when people relied solely on machines and did not use their intellect when using machines. It was Gandhi who realised the need for book education which was combined with practical skills.

It was then announced that the conference was going to be divided into smaller committees to handle a variety of different matters.

Racism

In the afternoon, the discussion focused on communal riots involving Pakistani Muslims and Hindus. The chairperson was Mordecai Johnson (U.S.A.) and two Hindus from East Pakistan (since Muslims were not represented at the conference). The first speaker was Satindrenath Sen, who said the cause of the difficulty was the fact that one country was partitioned into two, which led to the separation of Muslims from Hindus. The currency was different, and there was devaluation in India and the currency did not change in Pakistan, something which made trade difficult. People have not heeded Gandhi's teachings in Pakistan.

The next speaker, Nathi Kusari, said long ago, in 1921, the position of Hindus amongst Muslims was not bad, but the situation was much worse now. On the day Gandhi was assassinated, there were many Muslims at Gandhi's house and they were weeping. The ordinary people treated each other with kindness. The difficulty was with the leaders, who were always hating each other and criticising each other. After that, the discussion closed and we resumed discussion in our committees.

Nationalism

On Wednesday, 7 December 1949, the discussion centred on nationalism. It was introduced by Prof. Amiya Chakravarty, who spoke about the evils of nationalism, citing countries which dominate underdeveloped countries and exploit them. Therefore, there is a need for people to be educated and uplifted before bothering about nationalism. This domination becomes clear during international conferences, because the weaker nations are not able to defend themselves. The true nationalist is the one who makes his country likable to other people.

This issue was discussed vigorously. The first speaker said the concept of nationalism was based on myths because the Germans are Balto-Slavs in origin. The writer of this book contributed to the discussion by saying that nationalism becomes dangerous when leaders misuse it. Another speaker pointed out that during the Olympic Games, a black sprinter who enters the field would be referred to as a Negro but if he won the race, he would be called a Frenchman, because he comes from a French colony.

One speaker said nationalism was necessary, although it is misused by some people. P. Sekiya of Japan wanted to know whether something could be said about Australia, which has vast amounts of unoccupied land but due to racial discrimination it was keeping the Japanese out, who are without land. No one was able to answer this question. A speaker from Ireland said that all the -isms, like communism and nationalism, are not good. A speaker from Malaysia mentioned that in his country the term nationalism was brought by the English who colonised their land. Vera Brittain pointed out that this term was unsuitable when it refers to a government but that it was good when it refers to upliftment. Mordecai Johnson declared that even if this term remained, it must implement the ideas which are shared by communists. At present, communism was conquering the world because it was opposed to hunger and racial discrimination.

Other people spoke as well, and Chakravarty concluded by supporting Mordecai Johnson's view regarding communism and said that new countries like India must not be turned into military states. At sunset, we attended the opening of a new library in memory of C.F. Andrews, who assisted Gandhi in his work in South and East Africa and India. He was a brave and honourable man who looked like Bishop Smyth of Fort Hare, who died this year at the age of 92.

In the evening, the discussion was led by Professor Olaf Rydbeck (Sweden), a renowned scholar in Europe in the field of physics, especially with regard to the development of the atom bomb. He said humans cannot be stopped from discovering things. The danger was the misuse of the term cultural nationalism, which misled the Germans during the war, because they believed in the superiority of German culture. He feared that today the Russians think that way about their culture.

The training of scientists

The most important thing is that scientists must be taught the ways of peace, so that they are not misled into participating in war-related activities. Prof. Rydbeck mentioned that he himself was once begged to devise an acoustic mine which would be placed at the bottom of the sea and blast passing ships. He said he refused to do that, even though he could do it. If he did that, the entire sea would be dangerous. He said man's best effort can be changed into something that becomes dangerous. It was the personality which must be trusted. Therefore, science can effectively promote peace because knowledge is expanding. Once peace was established, there would no longer be any hunger. He encouraged us not to lose hope about the fate of the modern world.

The discussion that followed was very constructive and was conducted by eminent scholars. Prof. B. Tseng (China) started by saying the problem we encounter with scientists is that they are unable to train their brains to perceive the moral truth, because they often focus on the outside appearance of a person and yet one's behaviour is inside one's heart. People are in danger, because scientists are concerned with the material aspects of things, and yet humans have many facets and we are not rich in the sphere of morals and spiritual understanding. This is a problem which can only be solved through the presence of divine light. Prof. Tseng is a philosophical scholar, who answered questions logically and intelligibly.

Responding to a question, Prof. Rydbeck said that in his country they have decided to make drastic changes in education so that the moral upliftment of children should not lag behind their intellectual development, since it portends much for humankind. The discussion was taken up by A.J. Muste of the U.S.A., who read a letter which was written to him by Professor Einstein, the famous mathematician of the Theory of Relativity, who said he was not prepared to cooperate with scientists of the atomic bomb, because they were too much interested in politics. Therefore, Muste felt that scientists were sometimes behaving immaturely and had forgotten their responsibility towards human life and behaved in an immature fashion. This confirmed what Prof. Rydbeck had said.

The next speaker was Kallinen from Finland, who pointed out that the nature of people can be viewed from two angles: they are capable of creating beauty and are also capable of creating evil. He was supported by Bovard from Switzerland who pointed out that it would be good if all scientists would take a pledge, like that of Hippocrates, which states that they must use their knowledge with moral consideration. He was supported by Dr. Kora from Japan, who spoke about the effects of the atomic bomb in Hiroshima.

At the end, the chairman, Dr. (Miss) P. Tseng from China, who was at the Jerusalem conference with me, said that the discussion had been emotional and had resulted in contrition. She asked the gathering to offer a silent prayer so that God can teach the world to keep peace. The meeting ended.

The last day

Thursday 8 December 1949, the last day at Santiniketan, was divided into three sessions. In the morning, there were ten committees which considered the following matters: 1. Fundamental principles of peace action; 2. Basic programmes of peace action; 3. Conferences of peace lovers; 4. Ways and means of preventing the causes of war; 5. Food and world population; 6. Basic education in India; 7. The organisation of the world; 8. Principles which can be accepted by all peacekeepers; 9. Non-violence as a creed; 10. Teaching of religious beliefs from childhood. The chairpersons of these various committees reported back in a meeting that was held in the evening.

At the Mango Grove

At sunset, the closing session was held at the Mango Grove, where the conference had started. There were five speakers to address the crowds through the microphone. They were (a) Madame Magda Trocme of France, (b) Prof. Beauson Tseng of China, (c) Prof. D.D.T. Jabavu of South Africa, (d) Pastor E. Ewalds of Finland, (e) Rev. R. Newton of the U.S.A. The topics covered were: the first speaker described India in relation to what she had envisaged before coming. The second talked about peacemakers who are secretly seen as idiots. The third speaker talked about the lack of peace in his own country, South Africa, which, since unification, is under the complete rule of generals like Gen. Botha, Gen. Smuts, Gen. Hertzog, and Dr. Malan and where peace needed to be taught. The fourth spoke about education for peace and the fifth assessed the role played by America and India in creating peace in the world.

Each speaker was given five minutes, and the chairperson, G. Ramachandran, concluded by saying that the speakers here represented the real 'United Nations' because there had never before been any meeting of such diverse nations like the one we had held in India. The eastern nations have learnt a lot. The visiting delegates were now going to tour India and meet again on Christmas Day at Sevagram (500 miles), where we were to hold another week-long conference.

Chapter 3

We disperse

Indeed, on Friday 9 December 1949 we each moved in different directions like bees, collecting our luggage and heading for the Bolpur station. We travelled 90 miles to Calcutta and arrived there at noon, when we were welcomed by kind committee members. Their cars took us to a house at Upper Wood Street where we had been before. We were then allocated to separate homes which were to accommodate us, just as we do at home for synod or conference delegates. I was sent to the beautiful home of a rich lawyer whose house is like that of a governor with several floors. This man has five cars, and two radio wirelesses, each one costing £100. I found out that the other delegates were also sent to the homes of wealthy people. I found very interesting books in this house and I read a great deal. I was given a car and a driver and I was told that I could go wherever I liked during the two days I was there, because Calcutta is big and one cannot tour it on foot. On Saturday 10 December 1949, the driver took me to various places and buildings. We returned and the owner of the house took me to a prestigious hotel for the meal and we ate very well.

At noon, I attended a conference of the World Association of Writers which is known as P.E.N. (Plays, Essays, Novels) to which I had been invited on my arrival in the country. There were many delegates and they included well-known people. We had tea and were introduced. The conference of the pacifists was given an opportunity to address the people of Calcutta at a meeting which was held at the palace of Nizam of Hyderabad. We had heard that the owner of this venue is the fifth-richest man in the world. His name is Aga Khan, he is a descendant of Mohamed. On that account, the Muslims pay a tithe to him every year. He lives in Paris, France, and he visits East Africa and India annually, where he is weighed and given silver which is equal to his weight. Sometimes he is weighed and given gold weighing as much. He is a big man of 217 lbs. Last year, he was given diamonds weighing as much as he does. We were told the story that in Paris he had a room in a certain hotel which he liked. One day he arrived and found that the room was occupied by someone else, and he decided to buy the hotel for £1 200 000 and it is still his up to this day. His yearly income is estimated at £1 300 000 and his wealth is estimated at about £600 000 000 because he owns more than 30 farms. Of course, I also know some deeply religious men who are rich. When I say that, I remember Father Divine, a black man in New York, Shembe in KwaZulu, Father Limba of Port Elizabeth, Sigxabhayi in Thembuland, Khonkotha in Cape Town and others in East London. They are rich because black people give much money to their religious leaders. Whites give with circumspection. Here in Calcutta this man has built himself an enormous house, which is as large as the new Bazaar in Cape Town at Terminus Station, and which can accommodate a hundred men with their wives. In front of it is an extensive space, as large as a cricket field, with a big tent which can accommodate 6 000 people. We were seated on a pavilion which enabled us to see the big crowd.

The meeting lasted for three hours from 3 p.m. to 6 p.m. and the people who gave speeches were: Vera Brittain from England, Ramachandram from India, Gregg from England, Wadia from India, Alexander from India, Acquah from West Africa, Barrington from New Zealand, Chakravarty from India, Gandhi from South Africa, Hussein from Egypt, Kratshutski from Germany, Kallinen from Finland, Wyn from Burma, Marchand from France, Muste from the U.S.A., Saleb from Iraq, Tseng from China, Wellock from England

and Zander from Palestine. I noted with surprise that people were listening quietly and no one went out. It was said that people in Calcutta are good listeners. This city reminded me of Cape Town in that it has many people who are interested in politics, and there are many communists. What unrest there was in India at any time happened in Calcutta, the centre of activist politics. It is said that the person who assassinated Gandhi was from here. *He!*

Touring India

On Sunday, 11 December 1949, we made preparations for our trip to see India and we were divided into four groups: some were going south to Madras, some to Bombay, some to the East and I was among those who went north to Delhi (the London and Pretoria of this land). I was interested in seeing the places of worship at Jumna and Ganges rivers at Benares, and also places of learning at Lucknow and Allahabad as well as the Himalaya Mountains.

I asked the driver to take me to the zoo so that I could see the Bengal Tiger and other rare wild animals. On our way, we saw a man driving a cow and carrying a newly born calf, it was born on the street because the cattle roam around the streets all the time. There are unique things in India. I was happy to see the Bengal Tiger. There is no tiger like this one in Africa and it has large coloured patches all over its body. Ours have small coloured patches.[9] This one is also bigger. I watched it for a long time. A friend who was with me said that it was not possible to escape from this tiger, as this is a very dangerous animal because it kills anything it sees and can eat a whole goat.

I saw elephants and noted that they are smaller than those found in Africa. I also saw a hippopotamus, otters and their big snake, the python, which is twenty feet long, and found a text upon which I would preach while still in India. *He!*

---

9   This refers to an isiXhosa expression, which says a tiger eats with its spots, that is, one wins by reputation.

At noon, we visited a cultural centre and went to lunch which was hosted by the Sarabayi organisation of the Jain, who are vegetarians. We were given a vegetarian meal, there were no chairs and we had to sit on our legs, but they excused me because I could not do so and I was given a chair. The vegetables were in a hot curry. A vote of thanks was made and we relaxed. In the afternoon, we attended a display by the Boy Scouts and we were entertained there as well.

At 4:30 p.m. the car rushed to a wedding of the daughter of the brother of my host, who was also wealthy. I have seen big weddings in Africa, but this one was something else, it cost £5 000. They had spent money: three tents which were joined together, hundreds of coloured electric bulbs that hung on pillars, on chairs, on the roof, on the pulpit for the five ministers in charge of this ceremony. The atmosphere was very festive, like that of the English of the Anglican church. There were white people who were hired to shoot a film of the proceedings. People were dressed in silk clothes and there was so much food that you could dish the whole day. You could see what the money had been spent on. When we left, we were each given a souvenir, a small silver bottle with scent whose smell is like that of the follow-me charm, hence everyone always asked me which perfume I use.[10] Weddings among rich people in India are like that. The car rushed us to another appointment at a good distance away, and the time for the departure of our train was nearing. We spent a short time at the place where we were invited and hurried to catch the train. Calcutta is immense and we had to rush through the city to the station.

Our first destination was to be Benares, its English name. Indians called it Baruna Assi which was changed to Baranashi and then to the English name. We travelled 450 miles, a distance similar to the one between Cape Town and De Aar. To show you that trains here travel fast, note that we left at 9 p.m. and arrived at 11 a.m. at Benares, a city

---

10 This is a charm used by young men to entice young girls to win their love – so that they can follow them.

which is as big as Durban (300 000) and situated next to the Ganges, which is worshipped by the Hindus (the people who are vegetarians and who cremate their deceased). We saw many things here. We were first shown an important religious school of Theosophy which was established by Mrs. Annie Besant, whom I had seen in London in 1908 where she was giving lectures on this religion. There is even a statue of her here. We toured this place and children sang songs for us. In town, we visited a famous temple which has a marble floor and the stones form a beautiful map of India from Cape Comorin to the Himalayas. This map is drawn to scale, the rivers, the mountains, and the plains. It took the workers five years to make and it was done by specially selected experts. It is glazed to a shine. Indians are artistic. We passed through the well-known Benares University with 5 803 students. Here, I met someone I knew, a young Indian man, a journalist whom I had met in Maritzburg a year ago. Now he is a student here. I also spoke to a white young man from California (U.S.A.) who told me that the largest city in California was Los Angeles, about 700 square miles. In the evening, we addressed the students and went to sleep afterwards. We were the guests of a doctor whose wife was also a doctor, and they lived in a big house.

Ganges

On Tuesday, 13 December 1949, we visited the Ganges River (Ganga in Hindu), which originates from the Himalaya Mountains and here it is so vast as to look like the sea. The Hindus call it Mother India for these reasons: its water is sacred; it kills bacteria; it purifies all impurities. A corpse which is washed in it becomes straightened out, and it washes away all sin.

Therefore there are many elderly men who come and live here so that they can be washed when they die. The corpses of Hindus are brought here and once washed are later cremated. The ashes are sprinkled over the water and the bones are taken home. We actually saw this and we moved down the steps because the dongas were difficult to negotiate down. These steps were built hundreds and hundreds of years ago so that the water could be reached even when the level of the river was low. When we reached the river we hired a boat with rowers and they rowed us up and down for three hours. We saw many things. We saw many corpses of men and women carried on bamboo stretchers. They are washed and then placed on a pile of wood and are cremated. The flesh is burnt away and any parts of the body which fall off are pushed back into the fire. They do that the whole day. There are some corpses which come by rail for cremation. They say one corpse came from France and it was of a rich man who wanted to be cremated at Benares. *He!* For that reason, they say this city is the centre of Indian religion. The Sun-worshippers were also here and one of them was in a hut gazing at the sun, blowing away its rays with his hands.

Buddha

Buddhism also started here and that is why Benares is called the centre of religion by Hindus. The religion started at Sarnath, a small hill which is five miles away. Buddhism claims a fifth of the world's population. Buddha was a Hindu who was born in about 320 B.C. and became well known for his holy behaviour as a saint who kept himself pure, exceeding all the people of his time. One day when he was here at Sarnath, sleeping under a Banyan tree, he had a vision like John on Patmos, scales peeled off his eyes and he saw a strong light and received enlightenment which gave him grace, and he began to preach in an inspired way and five people converted that day. His sermon was directed at all sins and at those members of the Brahmin caste who were leaders in education and religion but who were proud and hated the untouchables. The five converts became his disciples and the religion began to spread, and branches of the Banyan tree were planted at Ceylon, Burma, Kashmir, Tibet, Rangoon, Bangkok, China and up to Japan. In all those places beautiful churches were built with statues. The followers of this religion believe that they have more followers than there are Christians.

We arrived here by car and we got out and had to take off our shoes to enter the Buddhist church. After seeing it we went outside and saw the Banyan tree and we moved under its branches in order to receive its blessings. After that we returned home and we had tea at the college. We were also shown other parts of the city and I realised that travelling broadens one's mind. We were told that the number of tourists to Benares each day exceeds 2 000. There are always people boarding and disembarking from the trains. On the day of the solar eclipse it is even busier, because people come from different directions. Each time the sun was shaded 10 000 people would get into the water of the Ganges, with the water reaching their chests, until the sun would appear again.

Allahabad

We ended the tour of Benares and boarded a train which took us to Allahabad, 85 miles away. We arrived in the evening and we were welcomed by a committee member, a rich man of Zamindar. This man took us to his mansion, which was built of marble. He had many servants because he is a member of parliament. In this country, it is only the rich people who become members of parliament, because they believe that poor people would not be honest. We slept well and in the morning we were fetched by five men from the University of Allahabad who were to show us around the city for the whole day, 14 December 1949. The city is twice the size of Port Elizabeth (295 000). There are 3 502 university students here. What attracts Hindus to this place is the fact that the Jumna and the Ganges rivers meet here, hence the many tourists. They fill the trains to this place that is even bigger than that of the Tsitsa and Nxu rivers in the land of Chief Mditshwa of amaMpondomise.[11] I was not able to get a good view of these rivers because we arrived at night. The rivers meet in a peninsula. The

---

11 AmaMpondomise live in Qumbu in the Eastern Cape Province of South Africa.

Jumna was on our right and its water was deep blue like the sea and it runs 60 feet deep. On the left, there was the Ganges and there was a bridge over it. Its water was not as clear and ran more slowly. It was crowded with many people who live in tents. Some were doing some petty trading, because Indians love trade.

There were many ministers and preachers of various religions who were there to meet the pilgrims. Some are carrying the ashes of their dead people. Last year, the ashes of Mahatma Gandhi were brought here by plane and were sprinkled in the river. The people undressed and got into the water from the Ganges and moved towards the Jumna. In both rivers, there were boats and ships which do trade. The danger of these rivers was that when the snow melted in the Himalayas, water would come down in a flood and would wash away all the small shops and informal houses; the water would cause damage to the city and people would be miserable. Only tall bridges remained safe because they are high up. After we had satisfied ourselves watching these rivers we returned to town. As we were travelling, suddenly we saw a beautiful game with men standing on both sides of the line pulling one another by their arms, trying to get each one to go across the line. This is a game that is played by men who are well built. Those whom we saw were really strong. There were also many spectators who loudly cheered the participants. We were told this is a well-liked game in this country and they ran a lot of competitions that were watched by many people. As we passed, we saw ten vultures eating the carcass of a horse. At home vultures are scarce, so I watched them for a long time. In the city, we did some shopping and we visited the famous Supreme Court, well known for its eye-catching buildings made of marble and its wise lawyers. Some of the offices are used by advocates and the smaller ones are used by solicitors and people who are complainants. There were many people, and I realised that the Indians are just like us, they too are interested in law and can spend a lot of money on court cases. There were two advocates of whom I had some information even before coming to India, Sapru and Nehru, both from Allahabad. Sir Tej Bahadur

Sapru went to London in 1923 to a Round Table Conference where he spoke on behalf of Indians in East Africa, who were despised. There he met General Smuts, they were both powerful men. I have cuttings which relate to that meeting. The second advocate was Motilal Nehru, the father of the present ruler of India, Jawaharlal Nehru, and his sister Mrs. Vijayalakshmi Pandit who was the ambassador for India in New York. Motilal became wealthy and he built himself a palace of a house. Both men had mansions. This is the birthplace of Nehru, the current ruler, we can see he has a good background. At the university, we were given a very warm welcome and a special meeting with the students was arranged. I was the first speaker and the next one was Dr. Wilfred Wellock, who gave an insightful talk. The chairperson was a black professor who had studied at the same university where I had studied in London. He was there after my time. We were pleased to meet. There were many black students from East Africa, who were here on Indian scholarships. This was the type of scholarship which was awarded to Miss Letitia Tsotsi, but she could not take it because our government refused her the permit and thus prevented her from doing so.

Our tour in this city covered 56 miles, at Benares we had done 54, in Calcutta 92, which shows that we were able to see many places. From Allahabad, we travelled 140 miles by train and on the morning of 15 December 1949 we arrived in Lucknow, which has a population of 350 000 people; a city bigger than Durban. This city reminded me of the many stories in connection with English history which I read about in the Royal Readers in 1901. The English and the Indians fought many wars in this city. Therefore the city has many forts as well as Muslim temples, parliament buildings and government headquarters. Fortunately, I was hosted at the *Ashram*, a missionary centre, under Dr. Stanley Jones, the author of a well-known book, *The Christ of the Indian Road*, a dedicated evangelist, whom I met in Jerusalem in 1928. There were many people who converted to Christianity after reading his book. The medical school here is the best in the country, and its university has 3 093 students. Last Sunday, 2 000 degrees were awarded at the university and the guest orator was Dr. Rajendra Prasad whom I have described earlier. We were honoured by being invited to the university and some of us talked to the students. Thereafter we were entertained at the Burlington Hotel, where we were invited by the Governor of this province, a very rich man who is a successful business-man. In his businesses, he employs thousands of people. He dresses very elegantly and at this meal we were seated together with Englishmen. As visitors, we were introduced one by one and we spoke briefly. After that I was invited by two men who said they wanted to speak to some-body who comes from Africa. We travelled five miles to where they lived and the house was very big. There were mirrors on the walls, and I was well entertained and enjoyed the company. We travelled 34 miles around this city. At night, we caught the train to New Delhi, a distance of 280 miles. On the way, the train stopped in Aligarh, a city which is the same size as Port Elizabeth and which has the biggest university in the world for Moslems, it has 4 019 students. The buildings, which we saw at a distance, were made of red brick.

New Delhi

We arrived at noon on 16 December 1949 in New Delhi, the capital of India, just like London in England. It is as large as Johannesburg because it has 700 000 residents and has 2 sections: Old Delhi, which is over-crowded with people and animals; and the other one is New Delhi which was established by King George. It lies on flat ground and the streets are as wide as in Washington (U.S.A.). Here is the palace for the Governor General, which housed the British Lord. Seeing this, you would agree that indeed India is referred to as the 'Jewel of the British Empire'.

During that era, no one expected that a place like this would even-tually be occupied by a black man like Rajagopalachari (whom I met there) or Dr. Rajendra Prasad, the president. Here there are monumen-tal parliament houses, which I think are bigger than Westminster in London. The parliament buildings have a round shape. It is clear that they chose the best architect to do this job, and it is a pleasure to see the buildings. There are sizeable gardens covered in lawns which are used to accommodate crowds on important occasions. Fortunately, on the following day, 17 December 1949, Ghosh, who was my host, was asked by Nehru to take a message to a place which was 150 miles away near the Himalaya Mountains. He asked me to join him and I readily agreed. We took the Main Northern Trunk Road, a tarmac road leading to Persia, Kashmir, Rawalpindi, Amritsar, Simla, Tibet, Himalaya. The road is straight and is lined with trees on the sides and these trees, which are very old, give shade to the travellers. At intervals there are rest houses, which are not occupied by anyone. The travellers use these houses when they are tired or when they encounter any difficulty on the way.

We were happy, and the young man showed me many interesting things and he answered the many questions I asked. The driver of the car was a well-built man, a Sikh wearing a large headgear and he does not cut his hair. They all look alike and they are hairy. By now I could identify the different Indian ethnic groups. The Muslims wear a small hat, a *kofiya*, a Fez, and if one of them has visited the temple of Mohamed at Mecca he wears a small string. There are the Parsee, and the dark Dravidi who are found mostly in the south of India, and then the Hindus. Interesting. *He!*

On the road, there were many monkeys and baboons. They walked around freely everywhere with their tails lifted. They moved in groups, the pack is ahead and the bull is behind. They multiplied quickly because they were not hunted. The Indians do not slaughter even cattle. The Muslims are like us in that they like meat. The people do not beat their draught animals, they simply urge the animals on. In the veld, the people look after their goats and cattle together. We passed through many forests and the land was mostly flat. The fields were irrigated with water from big furrows and the water comes from the Jumna River. I noted that many parts of the country were eroded, and there were many ruins of temples which were no longer in use. The land looks like an old grey man. On the way, we met many carts which were drawn by camels which were taking food to New Delhi. The car stopped in a large town, Ambala (190 000 inhabitants) so that we could eat. We entered a hotel belonging to a white man and there were many whites and we also ate and there was no one who interfered with us. After we had eaten, we continued with our journey and my wish to see the mountains was fulfilled.

Himalayas

My friend said, 'Look, there are the Himalaya Mountains and they are covered with snow.' I was so happy to be able to see these mountains. These are the highest mountains in the world. They are as high as 6 miles above sea level: Mount Everest 29 002 feet, Godwin Auster 28 250 feet, Kanchinjanga 28 146 feet. *He!*

At last we arrived in Rajpura, a city of refugee camps, and I likened the refugees to the amaMfengu, a scattered people.[12] These 40 000 people were dislodged by the war between Muslims and Hindus (Muslim–Hindu Communal Riots) and they fled their homes and came to this plain, barren place where they live in tents. They are waiting for compassion and aid. People told me that there are bigger refugee camps elsewhere. One of them has 100 000 people. The people are supported by government aid, the same government which has sent Gosh, the councillor, to hear their grievances and to solve some of their problems.

The vultures

Because I did not follow the Indian language, I decided to tour the place while they were holding discussions. I came across a place where there were many carcasses of donkeys and other animals and there were many vultures. There were more than 200 of them and I watched them for a while. Travelling broadens one's mind. When Gosh had

---

12 The amaMfengu are a group of people who fled from King Shaka and settled in the south-eastern part of South Africa, mainly in Peddie and Butterworth.

finished his business, we returned home to New Delhi. We left at 7 p.m. and arrived at 12 midnight and we were exhausted. On the following day, 18 December 1949, we were hoping to rest the whole day but this turned out to be impossible because there were activities we had to attend to in the morning. We were invited to lectures and tea at noon. In the evening, there was to be a dinner where we were to be introduced to an educated American. He was the Chancellor of Washington University, St. Louis, U.S.A. His name was Dr. Arthur H. Compton, Professor of Physics, and Nobel Prize winner. He was featuring prominently in the press and was invited to this country to give advice on education and other matters. He was a good-looking man, six feet and was very pleasant. His wife was also a lovely person.

In the afternoon while we were touring we saw a motor bike travelling at high speed, and its driver was telling people to clear the streets. This was because the Prime Minister, Jawaharlal Nehru, was coming. This is their custom. Everything must stop when he passes through. *He!*

Parliament

Monday, 19 December 1949, was a special day for me because I went inside the Indian parliament, on a day when there was an important debate, one relating to the 'Hindu Code Bill', which was to extend inheritance rights to women when their husbands had died. There were some who were speculating anxiously that the government could fall and there was fear in the air. Although we had tickets, it was difficult to enter because there were 1 000 people who had come to watch the proceedings. Police were keeping a close watch as we moved up the stairs to the gallery. It took a whole hour to enter parliament and we had to stand because all the chairs were occupied. I was lucky to have grey hairs, because one young man gave me his chair and I thanked him because I was tired already. O! This building was huge! And it was full of people. The members were dressed in their Sunday best and all spoke English and I was happy because I had given up on the parliament in Cape Town where people speak Afrikaans, which I cannot understand.

There was long discussion and I laughed when I heard one member saying 'On a point of order', stopping another who was speaking, and I found out that he merely wanted to speak himself. This reminded me of the crafty people in Bloemfontein who do that. And the speaker quickly stopped him, because he is used to such tactics: 'No, that is not a point of order, sit down,' he said, and he was in full control of the situation. There were about 60 journalists, while at home I am used to seeing 4 or 5 journalists. Here in India figures were astronomical. When discussion time was nearing, the house was addressed by Dr. Ambedkar, the Minister of Law, who had studied overseas and who speaks English eloquently like an Englishman. He answered the criticisms which were levelled at the government. There was a big applause.

The last speaker was Prime Minister Nehru, a special man among the Hindus, whose face is thin and who wears the Gandhi Cap, which suits him well. He has sharp, bright eyes like Dr. Aggrey. He answered his critics politely and with skill, and the house disbanded without any uproar. Thereafter there was tea, and I was honoured in being among the people who had tea with Dr. Ambedkar. After tea, we took a tour of the parliament building and we walked until we became tired. We ended the day by going to a dinner to which we were invited. On another day, we visited places of interest in New Delhi. The most important of these were: the house which was used by the King of England during his visit and which is now used by his successor, who is a black man, Dr. Rajendra Prasad, President of the Republic of India. You can see this palace from a distance because it has a large dome on the roof. Another important building is the 'All India Memorial Arch' which you enter as you go to parliament, and on the sides there are buildings of the Secretariat. In town, there is the Connaught Place and beyond there are the pillars of the minarets signalling places of worship. I saw the exquisite entrance, the Alladin Gate that is beautifully engraved on shiny marble. And then the graves of rulers of old like Sultan Nizamiddin, Safdar, Junga and Humaya. There were other buildings which we saw without entering them, and we finished our sightseeing of Delhi. On the following day, 20 December 1949, I boarded a train to Agra, 122 miles away.

Types of palms

On this journey, I passed through rich, fertile land because there are big rivers around. There are tall trees, especially the palms, which are of various types: there is one type with thick leaves which produces juice that makes a syrup; there is another which has betel nut; there is the fan palm which gives shade when it is hot and drives away flies; the other one is the coconut palm which is used by poor people for building their houses, to make brooms and decorate houses. Its fruit contains water which is drunk and the fruit is eaten. Some dry this fruit and eat it after a few days, and it is also used to produce oil. The outer shell is used to make eating utensils and fuel. When its juice is boiled, it produces brown sugar. The stringy part makes mattresses and cricket mat ropes. Trees of this type can be used in multiple ways, but the most wonderful tree is the bamboo.

The bamboo tree

The bamboo has about 40 uses. One reason being that it grows fast in a place which has plenty of water and hot weather. It becomes 2 feet taller in one day, and can grow up to 100 feet in height and is 2 yards wide at the bottom. Artisans use it to make beds, doors, chairs, tables, cabinets, room-dividers, mattresses, curtains, pots, containers, hammers, tanks, chisels, oil containers, complete houses, jetties, sticks, pontoons, a bridge like the one in Port St. Johns, fishing rods, ship masts, cranes, rafts, oars, fishing tackle, bridges, scaffolds, watering pipes, toys, cages, carts, umbrellas, floors, gymnastic horizontal bars, ladders and cups. *He!*

Chapter 4

Agra

I started the journey to Agra at noon and I was very excited because there is one of the Seven Wonders of the World, the most beautiful building in the world. The house is built in the most exquisite way which I will explain later. The town has 310 000 inhabitants. We arrived in the evening in this city, which was established hundreds of years ago on the banks of the Jumna. It is the headquarters of emperors like the Rajahs, Nabobs and Nawabs.

I was met at the station by a friend who came by car, and who told me that he was going to take me straight to the meeting I was due to address immediately after my arrival because we would only find time for eating after the meeting. Because I did not have a meal before speaking, I was kindly given some snacks to drive away my hunger. People came and when I addressed them, I spoke about my country and this was reported in the papers. From there we travelled a long distance to a place where I was to be hosted and it was very cold. My host was a very rich man who was the manager of a glass company where they employ 400 people, with a capital of £70 000. It was very cold at night, just as it was in Delhi and the Himalayas. When my host noted that I was cold, he gave me a warm blanket made with thick cotton and I was comfortable. I spent three days here and I saw interesting things. This city is ten miles wide and it is very crowded, and if diseases like yellow fever, cholera and smallpox would erupt here many people would die. I say this because on the following day, 21 December 1949, we came across an area which had a very bad smell. This smell was caused by human excrement, which did not sink into sewerage. This reminded me of Nancefield in Johannesburg, where I saw night soil in the fields. Here the night soil runs between the houses of people, near shops and stables.

Agra has another, more beautiful side, where whites reside, with wide streets which are made of cement and have large trees. Rich Indians also live there. It became clear that this country has two sides. This confirmed what I used to hear, that India has many poor people and there are many infectious diseases here. And yet some of the people are very rich. *He!* The fame of Agra depends on the Taj Mahal, the most beautiful, exquisite building in the entire universe.

Taj Mahal

It takes a whole day to see this building. It is situated three miles outside the centre of the city. One hires a donkey cart and as you approach you see this great building. It is white in colour and is made of marble. It was built by 20 000 expert builders who worked for 17 years (1631–1648) and were employed by King Shah Jahan. He dedicated the house to the memory of his wife, Queen Mumtaz Mahal, a woman who was very beautiful as we see in her pictures, as beautiful as Thuthula, the wife of Ndlambe.[13] This is the grave of that beautiful woman. It cost £8 million to build. It has 16 rooms, 8 on ground level and 8 above. It is built in a circle and all the doors face the centre. I noted that each side is 85 yards long and has 4 sides. As you approach, you go through a gate which is very expensive and is 151 yards high and 100 yards wide. As you enter, you see texts which come from the Koran, the bible of the Muslims, and they are engraved into the shining marble. Near the gate, there are the graves of Queen Mumtaz and her

---

13   King Ndlambe was the son of King Rharhabe of amaXhosa. Thuthula was
     Ndlambe's wife who was later married by Ngqika (Ndlambe's nephew).

husband, Shah Jahan, and they are surrounded by a wall built of stone which is marble that is mixed with other precious stones, and it is shiny as if Vim had been applied to it just yesterday. This is an unusual wall, my people! It is a high wall that is decorated with all sorts of beautiful stones which have been carved, hence its smooth look.

When viewed from a distance on a night when the moon is shining and full, it becomes the most beautiful place, without comparison on earth. That is why it is regarded as one of the Seven Wonders of the World. I have no words for describing this beauty. There are four large pillars which are known as minarets, and these are more beautiful than the 'Temple of the Birth of Christ' which I describe in my book *E-Jerusalem*, in the chapter on Bethlehem. These are bigger, and they face the corners of the Taj Mahal. They are as high as the building, though they are placed at a distance away from the building. Just imagine that each one of these pillars has a ladder in the centre which enables people to go up and see the whole of Agra from the top. From the gate, the building is 100 yards away and the grounds have everything that is attractive, and from there you can see the tower, which has a dome that is 58 yards wide and looks very impressive against the sun. In the courtyard there are flower gardens, exotic trees and fountains which draw water from the Jumna. The fountains pump water day and night and they have small red fish, and when you see all this it is as if you are dreaming. Even the people in this place walk with dignity, and the grave guards speak in whispers as a sign of respect. When praising the Taj Mahal, the poet (*imbongi*) compares it to a bird of Paradise. It is pride itself!

More sightseeing

There are other important places in Agra. One of these is Fort Agra, which was used by an army which protected Agra. I have seen forts in various continents but this one is the biggest. It covers an area like the town of Queenstown from Nkathula's place to the railway station. It is a place which was made to house soldiers and their generals, the councillors, officers and judges (Rajahs, Nawabs) and the Emperor, and it is clear that this place was especially built for great people. Another place of interest is a grape orchard which was established on soil brought by cart from Kashmir, a distance the same as that from Cape Town to Kimberley. All this was done to please a rich man of this city. There are many churches here. Other important places are the graves of Itimadud Daula, Akbar the Great, Buland Darwaz and another 7 graves at Fatehpur, 25 miles away in the countryside. There are many big businesses, and one of them makes shaving brushes made of nice soft hair of good quality. They are cheap here, because I bought one for 15 cents while at home they cost about a pound. I was glad to get something genuine which would be usable even when I am dead.

The day of my departure, 22 December 1949, came and in the morning, while I was packing my luggage, my host, a tall man my friend, arrived. As he watched me packing he noted that I was putting aside the big blanket with a warm lining which he had given me, and he said, 'Why are you leaving that blanket behind? Pack it in your luggage, I am giving it to you.' I was astonished, got confused, and when I saw his resemblance to the Khoi and the Griquas at home, I recited the clan names of amaGqunukhwebe using the praise names of amaNqarhwane, saying 'thank you Hintsabe, Geje, Ziduli, Hlabilawu'. By the way, it was the first time that I received a gift in that country, so I was very pleased.

Departure from Agra

My journey from Agra was long (700 miles). My train, the fast Madras Express, which stops only in the large cities, headed south to Nagpur, Wardha and Sevagram. When I boarded the train, other delegates were already there and we were all happy to see each other again. We slept, and in the morning we crossed the Narbada River in the thick forest of Hoshangabad. While we were still there, we were told that a jackal with rabies (a common thing here) had been running around, biting every living thing, and it had killed cattle and six people before it was shot by the police.

Names

In the press cuttings I collected, I noted some of the long Indian names. Here are ten of them: Somarasundram, Pattabhiramana, Vivekananda, Nijalingappa, Anatshasayanam, Rajagopalachari, Balasubramaniam, Swarimakrishna, Llakshminarayaman, Vijayaraghavanchari.

The first one was similar to the name of one of my former students I taught at Fort Hare in 1933; the sixth belonged to the last Governor of India before it became a republic; the other names are found mostly in South India near Madras, the place which was visited by C.D. Zulu, and J.J.R. Jolobe (in 1936 in Mysore), and by Miss Soga, J.C. Mvusi, A. Luthuli and S. Tema (in 1938 in Tambaran). Even the Tswana also have long names like Kebafidile, Mutshwayedi, and we amaXhosa have names like Ndondiphela, Nomademfana, which are unusual to strangers although not as difficult as those Indian names above.

We travelled night and day through Nagpur and Wardha, and in the evening of Friday 23 December 1949 we arrived at Sevagram. Saturday 24 December 1949 was a day for resting and for seeing the *Ashram*, which was the home of Gandhi where he demonstrated to rural people how they could produce food from the soil. We walked a great deal in the fields of sorghum, maize, cotton, vegetables and fruit, and we saw big bananas and guavas which were as large as a baby's head.

Here people spin cotton and weave sheep's wool and cotton by hand. People work in their own homes making cloth, leather goods, napkins, blankets of various sizes (which have specific names in isiXhosa, that is *imibhalo, amabhayi, izabhalala*), calico and leather for sandals. Although they are in the countryside, they can produce those goods. The following day (Sunday) was Christmas Day, and there was a service in front of Gandhi's house and I was asked to preach and I was very much honoured because there were many distinguished guests. I conducted the service and after that the meeting commenced. The delegates were asked to report briefly on their tour around India in the past two weeks since they had left Santiniketan (Calcutta).

The delegates showed that they had seen much of India. There was one delegate who had been on a plane and had seen the Himalayas from above, the Darjeeling Mountain, and also had seen Tibet from above; some had gone south to Madras, Madura and Cape Comorin; some had visited Benares, Lucknow, Allahabad, Agra, Delhi, and others had visited Bombay and Orissa. All said they had been impressed by the warmth and kindness of the Indian people in the places they visited, but also noted that rich people live in the midst of very poor people.

Prasad's speech

I must not forget to say that in the evening before Christmas we had an important speech by Dr. Rajendra Prasad, our chairperson. This speech was aired by world broadcast and could be heard all over the world, and in it he was asking people to establish a peaceful existence. He made this speech in the house which used to belong to Gandhi, and which is not occupied now. This house is kept as it was when he left it on a journey from which he never returned because he was assassinated by a young man who was his enemy. In this speech, Prasad pointed out that the delegates came from 34 countries but were not sent by their governments; they were ordinary people who were keen on establishing peace in the world. This peace does not mean only the end of war but it is a peace which will uplift people (Luke 2:14). Men and women on earth are asked to come forward to identify the reasons which cause war, so that wars can be stopped. The origin and root of this were people's and nations' ambitions, which were not fulfilled because they clashed with those of other people and nations. Those whims and wishes needed to be kept under control.

Gandhi realised that to stop war by war is like cleaning mud with mud. What people need is to follow the teachings of Jesus in the Sermon on the Mount (Matthew 5) because that is a great sermon. Therefore, each person must be the abode of peace, like Santiniketan, and encourage his government to act likewise. That is what Gandhi preached. *He!* Three weeks after making this speech, Dr. Rajendra Prasad was elected as the first president of the Republic of India. A country which is led by a man who abstains and who is a Christian is fortunate. *He!* At noon on Christmas Day, discussions were resumed and an agenda was drawn up and thereafter we had dinner at Gandhi's agricultural school.

In the afternoon, we were invited to the city of Sevagram at the headquarters of the All India Spinners Association, a group which follows Gandhi's non-violent way of life, and all the delegates were presented with cotton gifts. There were several speeches which were made to welcome us, and in the evening there was a nativity play. On Monday 26 December 1949, we had a session with the focus on the world, and the discussion focused on wars which are caused by racial discrimination. Some of the speakers described communism in detail. On Tuesday 27 December 1949 our discussion centred on the conflict between the Muslims and Hindus, and the speakers raised the following points: this conflict was instigated by nationalist ideas; poverty exacerbated it, because the Hindu community is smaller in number (20 per cent) and yet they own 80 per cent of the land and this did not please the Muslims; there was conflict over Kashmir; women were being abducted by rapists on both sides; and there was devaluation of the currency in India while there was none in Pakistan.

After supper, we listened to the well-known singer Tukroji Maharaji and we went to sleep afterwards. On Wednesday 28 December 1949, the committee reports on principles of peace were submitted, mentioning truth and love as the basis of peace, and fear and anger as the opposite. It was also advised that children at school must be taught the lessons extracted or drawn from the holy scriptures of different religions so that people of different nationalities can get to understand one another. An explanation of the danger of excessive nationalism was given, after which we slept. On Thursday 29 December 1949, there was a report on the shortage of land in Japan and the issue of overpopulation. As a result, the government has made abortion legal so that the people do not spill over into the sea. This situation reduced the status of women in Japan. This was reported by a female delegate from Japan, Dr. Kora, the Mayoress of Hiroshima, who shocked the audience because of the pain caused by this report.

We also discussed the conservation of natural resources for generations to come and people were also warned against imperialism. Peacemakers must realise that there are many poverty-stricken people in the world. In the evening, we had supper and thereafter the discussion focused on world citizenship and the person who led this discussion stated that peace on earth must be based on social justice and disarmament. This discussion lasted until bedtime. On 30 December 1949, we talked about the 'Peace Army', constituted by Satyagrahi Units, which do no harm, with people who believe that moral force is stronger than violent force. These soldiers are different from military forces who depend on coercion. They depend on conversion by living peacefully. There was a warning issued to the effect that communists could mislead people by making empty promises. Peace lovers must convince people by their honesty and example. At this stage, Dr. Mordecai Johnson warned people against aimless positionalism. To win over communists, he said, we should stress the principles of peace and make them appealing to all.

After that there was a discussion on peacemakers who were in jail. In the afternoon, a memorial service mourning the tragic death of Gandhi was held, and there was silent prayer by various religious groups. The chairman, Dr. Prasad, presented autographed copies of his book about Gandhi to all the delegates. Since 30 December 1949 was our last day, the evening session was long, because the recommendations of the various committees were consolidated. The first report was from a committee which looked into the conflict between Arabs and Jews; another one was about displaced persons and refugees; then the disarmament committee, the Cold War between America and Russia committee, the discrimination on grounds of colour committee and the committee on the persecution of the followers of the Satyagrahi reported their findings. After that there followed the report of the committee on which I served, which reported on racialism, colonialism and the fact that there is no group which has a right of dominating another one, and that trusteeship should be abandoned. We also agreed on the proposal that the death sentence should be abolished. We slept very late, and as the first business on Saturday 31 December 1949 the secretary gave a report on the organisation of the conference. It was shown that the cost of bringing delegates to India came to £26 475.

Final issues

The delegates thanked the hosts for their kindness, and Dr. Prasad ended the conference with a moving closing speech. He said that minorities in the world face great difficulties and that people must not lose faith in the power of ideas. The move towards the ending of wars is growing and it may succeed before some of the delegates die. He encouraged us to strive to uphold the principles which prevent war. While it was sad that the delegates met at Sevagram without Gandhi, his teachings will continue to inspire people. He ended by declaring the conference over, and bade all delegates a peaceful farewell and Godspeed.

Jawaharlal Nehru

The meeting ended at 10 a.m. and we awaited the arrival of Prime Minister Pandit Jawaharlal Nehru from Delhi, which is 860 miles to the north. He was coming by plane to close the conference as head of state. His plane landed at Nagpur, a distance of 60 miles, and he came here in a car which was specially made for him: it allows him to stand inside it. We waited, and at noon there was applause from people who greeted him. He stepped out and went straight to the grave of Gandhi to pay respect to him. He has been here many times, because the discussions on the independence of this country were held here. People stood around waiting for him. I was inside a hall looking at pictures on the wall, and all of a sudden the door opened and he came in, accompanied by bodyguards. We were both surprised. I saluted him, bowing slightly, and introduced myself. I told him that Indians in South Africa were sending their greetings, saying *Jai Hind* (Long Live India). He shook my hand, smiling, and we conversed briefly, and he passed on to greet other people. During lunch, we all tried to find a place close to him. I was lucky to sit only four seats away from him and so was able to converse with him. After lunch, we had a meeting with him and one of our speakers was Dr. Mordecai Johnson, a very eloquent speaker. We were pleased when he touched on the subject of eradicating colonialism. I was sitting right in front of Nehru and he spoke for an hour without looking at any notes. People who know what he has written can imagine what kind of speech he can give in an hour. Nehru was 60 years old. He was a mature person with a family genealogy which goes back 200 years in Kashmir. His father was a wealthy lawyer in Allahabad. He sent his son to England to study at Harrow and at Cambridge. Upon his return, he fought for the liberation of his country and as a consequence was jailed for fourteen years with Gandhi. In his speech, he said that civilised countries in this modern world were ruled by the sword.

He noted that he had not come as a pacifist but he wanted to do his best to stop war as far as he could. War comes all of a sudden, like a storm, and it affects even people who want to live in peace. He hoped that humankind would grow to embrace peace in the future. The major problem in the East (Asia) was poverty, whereas those who live in the West (Europe, America) are not poverty-stricken. That is why they always want to defeat other nations. At the moment, there was no likelihood that there was going to be a war, although Russia and America were at loggerheads. He said he suspected that there could be war in Africa because many situations needed attention, and when he said so he was looking at me. He said there are many Indians living in Africa and he wished that their presence there would lead to the upliftment of Africans. They would not get his support if they were to oppress

Africans. After his speech, we had tea and then accompanied him to
Wardha, a distance of five miles, because we wanted to be there when
he addressed his own people in Hindi in an open meeting. There were
about 55 000 people there and they filled the streets. He spoke until
sunset and then people dispersed.

Graduation

On New Year's Day, 1 January 1950, we travelled 62 miles by bus to
Nagpur, a town as big as Bloemfontein with 100 000 inhabitants,
which has an important university with 5 734 students (at Fort
Hare there are only 385 students) where Nehru had been invited
to a graduation ceremony. The trip was unforgettable, because the
homesteads next to the road were decorated as an honour to Nehru
and there were armed guards along the road to protect the great man.
We left Sevagram in the early morning and passed through forests
with baboons and there were domesticated elephants, and we arrived
in the morning and there were already many people. The cars were
parked at a distance and we could not see them because there were so
many people. It took us a long time to find the university and it was
hard to get tickets for the blue tent, which could seat 10 000 people
like in a circus. There were 2 000 people behind us who were stand-
ing. There were 1 300 students who were going to receive degrees
and they were seated behind us. In front of us, there was the stage
accommodating honoured people like Nehru, the Vice-Chancellor,
the Governor, professors, etc. The colours of their gowns were those
of a rainbow.

The first person to be honoured was Nehru, who was awarded
an honorary LL.D. by the Chancellor, and I remember the following
words from his speech: 'Thou jewel of India'. When I heard these words,
I jumped up and said, 'Hi! Awu!'[14] The people who sat next to me were

---

14 'Hi! Awu!' is an exclamation of astonishment; we have decided to leave it
    untranslated.

startled, and realised that I was not an Indian but someone from another race who could not control his excitement. The degrees were awarded to those candidates receiving a Ph.D. and an M.A., and when they got to the B.A.s there were 400 students receiving degrees and their names were not even called, because there were too many of them. Degrees for B.Sc.s were awarded to 500 students and their names were also not called.

In the end, Nehru was asked to give the Graduation Oration and this handsome man spoke for an hour without notes, and when he ended there was applause which lasted for several minutes from the thousands of Indians who were there. I realised that the man is respected by his own people.

I was honoured in being one of the people who were invited to dinner with the Governor where Nehru was to be present, but I nearly missed this opportunity because when we left the meeting I lost contact with my hosts because of the crowds. I ended up hiring a taxi to take me to that palace on a hill overlooking the whole city, with police lining the road with motorbikes. The dinner was going to be at this house. We entered and I greeted Nehru again and we were shown to our tables, which had our names. We had dinner and there were no speeches. After dinner, we went to a stadium which can accommodate about 100 000 people where Nehru was to speak. People came from various places surrounding Nagpur. Today it was as if I was seeing the Indians for the first time, that is how many people were there. Let me use the example of King William's Town to explain how big it was: it was like the space from Mnqayi to Hala, and over to the River Bidli up to the bridge, and all that space was occupied by people who listened to Nehru through loudspeakers. Because the talk was in Hindi we understood nothing except when people were agreeing with him and we joined in applauding. This big meeting ended at sunset and to return to the city turned out to be difficult because of the slow traffic, with people leaving in motor cars, in buses, some walking in the streets and others in carts. For three hours, we could not leave town until the lights were lit.

There are no drunkards

I was amazed to note that there was no one who was drunk or who used bad language among the many people who were there. The policemen speak softly and the people are also calm. One Muslim who explained this to me said in the past people used to drink heavily, even though their religion did not allow them to. The habit of abstaining was started by Gandhi through his teachings, which said it is a shame to be drunk, and he converted the whole of India with regard to liquor. But the bars still exist. Then there are those who drink privately in their houses at night, and they wake up sober or they are shielded by their wives who tell visitors that they are not at home. I felt Gandhi did a great deal of work for his country, because he liberated them from the yoke of colonialism. He started preventing drunkenness. *He!*

Returning home

On 2 January 1950, I started my preparations for my journey back to Africa. Some delegates had already departed. The delay which I experienced was caused by changes in the schedules of ships to Durban, because some of the ships were to go to Mombasa and return to India, and go to Durban only once a month. I was perturbed because my heart was longing for home. The time for boarding the train to Bombay (472 miles) came. At sunset, the Mail Train came from Calcutta and it had new coaches, it was packed with people and I went up and down looking for my name in the first-class coaches. One big Indian guard assisted me. As I was about to give up he found a space for me in a compartment with whites only, with an open bed. I was given the space of a white person who had missed the train in Calcutta. The guard called me in a harsh voice and showed me the empty seat. When I saw white faces, I felt really black. I summoned courage and boarded the train with my luggage, and I made myself pleasant with a smile and said 'Excuse me' in a humble voice, and I tried to converse, and that man, his wife and his lively young son quickly got to know me. I also knew their home town in England. We enjoyed each other's company and it was as though we had known one another for a long time. We parted in the morning at 9 on Tuesday 3 January 1950 in Bombay. Here I was the guest of my age-mate Uchangri Oza, B.A., who entertained me and gave me valuable books which I read during my five-day stay there. While there, I was lucky in being able to buy a foldable bed and mattress for a pound, a bed like the ones used in the trains, and these can be hired for five shillings here per night and this enabled me to save money. On the following day, 4 January 1950, we attended a meeting at the Theosophy Association where we were told about the various religions in the world. On Thursday 5 January 1950, we held a peacekeepers' meeting in the Town Hall and five of us spoke there, and the speeches were well reported in the newspapers. On Friday 6 January 1950, I was invited to dinner by the Governor of Bombay, Maharajah Singh, who was once an Agent General in South Africa. He occupies a lovely house. I noted that he knew much about my father from his biography and knew about me since he had been in South Africa. In the evening, I was invited by the association of news editors who wanted to know about the situation in South Africa. On Saturday 7 January 1950, I met an Indian man from Durban whom I knew, and I was glad because while in India I had heard nothing about South Africa.

On 8 January 1950, I left the country of the Hindus where I had travelled 4 546 miles. It took eight days to get to Mombasa, where we arrived on Monday 16 January 1950. I had to wait for three weeks for a ship to Durban. In Mombasa I was the guest of a man who owns shops in four blocks, and his house was probably the most expensive in Mombasa and he surprised me by giving me five rooms in which to live: a lounge, a bedroom, a room for luggage, a bathroom and a restroom. I was entertained all the time and I toured the city and the countryside, and I gave lectures to the Chambers of Commerce and the Rotary Club. I also went to the cinema.

Chapter 5

Nairobi

It happened that my presence in Mombasa was known in Nairobi, which is in the centre of Kenya, and in Kampala (Uganda) to people who were my students at Fort Hare in 1932. They had heard about my presence from Indians who were with me on the ship. Immediately I received telegrams and phone calls offering me train fares so that I could visit them. And I began to realise that the idiom 'nothing succeeds like success' holds true. On Friday 20 January 1950 in the afternoon I left for Nairobi, a distance of 330 miles, 5 453 feet above sea level. The road was steep through extensive forests like the ones between De Aar and Beaufort West. In the morning, we saw wild animals which were kept in a reserve near the railway line: elephants, springbok, giraffes, and many others. I was much impressed by the kudu, I think it would be a sin to kill it. I was pleased to see them in their natural environment.

After breakfast we arrived in Nairobi, where I was met by my host, Elind Mathu, B.A., LL.B., M.L.C., who is an honourable member of parliament to whom I had taught Latin and who was very bright. In Mombasa, I was told by an Indian member that in parliament there is no brighter person than Mathu, whether he be an Indian or a white person. I spent 6 days with him, travelling 80 to 90 miles a day in his own car. Upon my arrival, he asked his assistants to show me the city, shops which were owned by blacks and the locations. We went to his home (a distance of 16 miles) which was worth £5 000. In the afternoon, we toured the coffee plantations, black-owned shops, villages of the Kikuyu (his countrymen), the Swahili, Maasai, Kamba and Chaga. He also took me to the homes of men who had studied at Fort Hare recently, people like Njonjo, Kabetu, Njoroge, Kiong Githu and Waruhiu. I noted that all the shops are built of stone, he has three of his own. From there he took me to a large market of the Maasai, people who originate from the north, these are tall people whose colour is dark brown. They live on cattle ranching and they trade in metal, selling knives and swords, whereas the Kikuyu depend on coffee production, agriculture, maize and tobacco. I noted that many of the Maasai have pointed noses and are good at hunting. The Kikuyu like their fields and work in very strong sun that leaves them very black. The blacks at home are lighter because they mixed with the San and the Khoi. Blacks in central Africa are as dark as a pot which has not been wiped clean. *He!*

In Kenya, many people wear jewellery, a bangle on the arm, a necklace, a headgear, a ring in the nose, ornaments on the ankles like the Awuwa of the Transvaal, and a bead above the calf, and they look well, although there are some who wear short dresses. On the day of my arrival I travelled 52 miles and on the following day, 22 January 1950, we travelled a long distance to see the Great Rift Valley.

The valley

This is a considerable valley which looks as though it was formed while God was forming the earth, like bread when it is kneaded. While we were high up in the mountains we suddenly saw the valley, which is 7 000 yards deep and 10 miles broad and it leads to Tanganyika over a distance of 40 miles. At the bottom, on the beautiful plain, were the rich farms which belonged to whites. The ground is fertile because it was enriched long ago by water on the same line of longitude as the Sea of Galilee, the Red Sea, Lake Tanganyika, Lake Nyasa, Lake Albert,

Lake Edward, and Lake Victoria Nyanza. For a whole hour I remained amazed, inspecting it from various angles. *He!*

The royal residences

We visited two royal residences, one of which belongs to Chief Koinange, the father of a scholar who is known in this country and in India, Dr. Koinange, Ph.D. (Ohio). This place was built in 1920 for £4 000. It was built on a hill which gives a panoramic view of the surrounding areas up to 25 miles. Around the house there were palm forests and it looked like the Garden of Eden which we saw in pictures in our childhood. I felt like saying, 'This is the place I would like if I had the means.' The second royal residence we visited belongs to Chief Waruhiu; it is also on a special hill which has large, tall trees that provide long and dense shade. This chief's sons are studying in Natal and they know my children. The place is also expensive because the residences of chiefs are as big as that of Poto in Mpondoland and Griffiths in Lesotho.

A meeting place

These homesteads showed the beauty of the land. The soil is rich here and there is plenty of rain, and this causes much conflict over land, largely because the fertile land is on the Highlands north of Nairobi, whereas to the south the land is barren. There are 29 660 whites, 90 528 Indians, 7 159 Goans, 24 174 Arabs, 2 361 others and 5 219 865 Africans, making a total of 5 273 747. This means that there are 153 882 foreigners here. Let us compare this to the figures of Uganda, where there are 7 600 whites, 36 800 Indians, 4 953 000 Africans, a total of 4 997 600. There are only 44 400 foreigners in Uganda. That is why I say in Kenya there is conflict over land. For instance, in 1923 this conflict necessitated the calling of a Round Table Conference in London which was attended by General Smuts, who was fighting for the whites, and the Indian lawyer Sir Tej Bahadur Sapru of Allahabad, who fought for the Indians, and this was a great clash. I still have the press cuttings which relate to that debate. There was no one who represented the interests of Africans. The outcome of that conference was that the fertile parts of the country were given to whites only, who also had the vote. The Indians were given immigration rights and could live in the Kenyan towns. On the African side, I remember seeing Jomo Kenyatta in Birmingham in 1928, who was fighting this battle. He persevered over twenty years and was partially successful in the end. *He!*

Unity is strength

On this day, Mathu's car travelled 83 miles. In the morning of 23 January 1950, I passed the Kikuyu High School which belongs to the Anglicans and the Presbyterian Secondary School, and I was taken to a college which is run by the Kikuyu Independent School Association. I was impressed by this unity because I come from a country where it is difficult for Africans to be united. In Kenya, the association established 200 schools with 40 000 pupils governed independently by Africans only. The policy stated that fees paid by parents fund teachers and build the schools. Voluntary contributions are encouraged. Their schools are well established. In the school I visited, there were 250 pupils and their principal is Kinothia, who studied at Adams College in Natal and who knew my children. I was honoured when the classes were stopped and the pupils gave a physical exercise display, and while they did so they sang traditional songs. I noticed that their skins were shiny and that they were strong because they exercise their bodies. After the exercises, I was given an opportunity to address them and I was not short of words, since I am an experienced teacher. These schools are not funded by the government even though they are inspected by the government. People say white missionaries were very much opposed to these schools when they started, but the Africans were firm and they established them. I asked them whether this is a way of opposing the government. And they said this is not the case, rather that they came into being because the standard of education was low and progress seemed very slow and African customs were looked down upon. They also opposed the raw deal African teachers were getting because education is controlled by outsiders. This response reminded me that back in 1930 we once established an association to raise the standards of chiefs and African customs, and found much opposition from the whites, and some blacks also opposed us and we failed. Here in Kenya the people fulfilled that dream. This day we did 32 miles and we saw a part of the beautiful country which had received rain after a long drought.

Parliament

On Tuesday 24 January 1950, I visited the Kenya Legislative Council in town. Nairobi is occupied mostly by whites – a type of whites I last saw long ago – that is, those who are imperialists and who do not accept the wishes of the British parliament. Most of these whites are rich and some are pensioners and hunters who you can always see in hotels. The town is attractive, and it reminded me of Khayalethu of Chief Zibi.[15] There were golf courses, landing strips, sports fields, coffee industries, and huge and beautiful houses, some belonging to rich Indians. The parliament houses were also attractive. They follow British etiquette in the parliament, people stand up when the dignitaries arrive and are led by a man who carries a crest made of copper. *He!* We listened to a long debate on the education budget. When it came to an end I left.

The palace of Harry Thuku

From there I was invited by a gentleman, Mathu's close friend, who lives in a palace on top of the mountains 21 miles away and 7 000 feet above sea level. This was a pleasant journey and the landscape had much to offer. I was taken to Thuku by Mathu's car and I was expected to sleep there. We passed through forests and fields which belong to whites only, where coffee is grown by poor Kikuyu workers. The

---

15 This is a residential area in Rustenburg, in the North West Province of South Africa.

Kikuyu also keep bees. The house to which I went was large, made of stone, and was worth £10 000. It has ten sizeable rooms, a lounge saloon with soft furniture like the one you find in hotels. It is on a hill which faces Mount Kenya (18 000 ft). Thuku is one of the few men who live in the Highlands, which mostly belong to whites. He lives on farming, growing everything, and he sells milk in Nairobi. He keeps his cattle in a big shed, and the people who look after them also live there and there is a partition which divides the shed into human and animal compartments. This was new to me. He also produces vegetables and flowers. He is very knowledgeable about farming and reads magazines on farming. He gave me some of the magazines. What do you mean when you say a dull boy must be sent to an agricultural school? Farming needs brilliant people, not foolish ones.

His banishment

The life history of Thuku has a sad part. When he was young, he was banished by the government for uniting people so that they could fight for their rights. He was exiled to Somaliland for nine years and was isolated among people he did not know. He had to leave his home because he was speaking the truth. He was discovered and helped by a British officer who enquired about his case. He was tried, found not guilty and was released. He faced a difficult time trying to return home: he walked 1 000 miles being guarded by policemen and walking in the hot sun. They walked for five months, crossing large rivers. On arrival, he had to enter his home at night because the people would be too excited if they saw him. He refused to stop uniting his people, and when requested by the authorities to stop establishing associations he said he would rather return to Somaliland! He became even more active and founded the East African Independent Association in 1920, the Kikuyu Protection Association in 1932, the Kenya Independent Schools Association and the Kenya African Union. He was involved in state matters, working with leaders like Jomo Kenyatta, Dr. Koinange and Mathu. He then returned to farming. It is the ceaseless efforts of such men which made it possible for some Africans to reside in the Highlands, the richest part of Kenya. They say the most effective organisation was the Kenya African Farmers' and Traders' Cooperative Society of the Kikuyu. This confirms the aims of the South African Native Farmers Congress, which seeks to encourage progressive farming and trading in order to uplift Africa. *He!*

Let us return to his palace. Thuku's house reminded me of a house which belonged to a rich man in Somerset in England, where I spent a holiday in 1910. All comfort is here, and last year this place was visited by a member of parliament who is a white woman from London. She spent two weeks here and was sorry when she had to leave and go to Nairobi to join other whites. He showed me the letter which she wrote. I was pleased to note that in Africa there are as large and expensive houses as I saw in India.

Sightseeing

In the afternoon, Harry Thuku took out his car from a big garage. We passed through coffee fields belonging to white farmers. We were going to the famous Chaniya Falls which are like the Taitsa waterfalls in Pondoland. We sat under a tree looking at the falls for a long time and enjoyed the provisions which his wife had made for us. To me she was like a daughter-in-law because she looked like my daughter, Alexandra Nothemba. On our return, we took another route and we were able to see dams which provide Nairobi with drinking water. On this day, we travelled for 88 miles. In the evening, we relaxed in the beautiful surroundings. At 8 000 feet above sea level I slept very well and on Wednesday 25 January 1950 I saw Mount Kenya through the window (18 000 ft). I had first learnt of this mountain while I was a child. It had a snow top like Mount Hermon north of Galilee.

Other wonders

After this pleasant visit to the great mountains, which are like those described by John Bunyan, Mathu's car fetched me at midday and we left. On the way, I was shown a house of a man who had twenty wives. His home was like a village and each wife had her own rondavel and her field. I said to my friend, there are men who are brave! In a valley, we visited the Kenya Teachers College which is under Dr. Koinange's leadership. He presented me with an ewe, which he led in front of us before it was slaughtered. At the college 800 students performed physical exercises for me and sang traditional songs, after which I was invited to the podium where I addressed them. Kenyatta interpreted for me. I praised him as follows: 'He is the moustache of the Boer, the little beard of a goat, the bull who rules, the stick from a special tree, the one who refuses to be defeated.' Kenyatta was in charge of all the physical exercises of these independent African schools.

From there we went to Kiamwange Village where there is a school with 952 students, and where I spoke from a platform so that I could see the audience. The last visit was to the home of Kenyatta, which faces the two important mountains in Africa, on the left Mount Kilimanjaro (20 000) which is on the border of Tanganyika and on the right, Mount Kenya, towards Abyssinia and Uganda. The term *Kilima* is the same as the Xhosa term *uqilima* which means strength. Kenyatta's attractive farm is 500 acres in extent and his house is still being built, and it will be shaped like an E. It will cost about £8 000 with outside rooms. The place suits this man, as he is a six-foot-tall man with a beard like a Boer, which was becoming grey as he got older. He fought for many years in England for the rights of the Kikuyu to be able to live in the Highlands. He managed to get a piece himself. *He!*

Leaving Kenya

On this day, I travelled 89 miles to end my pleasant visit to this impressive country. The whites use the phrase 'the grandeur of Kenya', which indeed is true. On our way home, Mathu stopped the car near the Kikuyu Halt and said, 'Here is one of my farms. I give it to you and its title deed if you like coming here. Go home and fetch your wife and retire here. It does not matter even if you do not have a car because the farm is next to a railway station, you will travel by train to town, Nairobi. Come, we love you very much here in Kenya!' I was overwhelmed by this generosity and remembered the Roman saying *'semper aliquid novi ex Africa'*, which means 'there is always something new from Africa'. I kissed his hand and told him that I needed to go home and think about the matter. That was something special, my friend! When we got home I had my last sleep at Mathu's beautiful house, having toured 362 miles in this country.

The telegram

On Thursday 26 January 1950, I went to the station to take a train to Kampala in Uganda (436 miles) along the edge of the Victoria Nyanza, which is the place of origin of the Bantu-speaking peoples on the borders of Egypt, Congo, Somaliland and Abyssinia. When we entered the station at Nairobi a messenger brought me a telegram from Middledrift which read: 'Your son, Tengo Max Jabavu has passed his B.Sc. examinations with a distinction in Chemistry and is going to Johannesburg to study medicine.' Typical of umXhosa man, I did not show that I was very happy, instead I talked to myself and thanked my ancestors and knew it was going to be good luck all the way on the journey. *He!*

The train left in the morning, it had fifteen coaches and the engine was at the back. The firemen, waiters and drivers were Swahili and the guards were Indians. The railway was steep and at the Uplands station we were 7 689 feet above sea level. From there we headed for the Great Rift Valley. At noon, the train was as slow as a tortoise, it became faster when it headed for Nakuru, which is on the rift. It was a great effort to build the railway here, more difficult than in the case of the Sihota area at the Kei River. As it headed for Uganda, the train passed through places where there were volcanoes which are now extinct.

Chapter 6

Uganda

The train travelled fast and eventually entered Uganda. I was told that many people died during the construction of the railway line. For each mile one person died. The stations have English names, and some of the names are similar to Xhosa names and Sotho names: Budumba, Fela, Bukoba, Juba, Khala, Khonza, Lushoto, Manyano, Miritini, Mkhomazi, Molo, Mbulamuthi, Mukhomo, Munyu, Phuma, Same, Soga, Songwa, Thanga, Yala. This is the reason why it is said that Uganda is the original place of the Bantu-speaking peoples. At some stage, we arrived at a station which is called Equator. We stood there and tried to place one foot in the Southern Hemisphere and the other one in the Northern Hemisphere. Travelling is learning. Indeed, my friend!

The abundance of Uganda

On Friday 27 January 1950, we arrived in the centre of Uganda, a land which has much natural wealth and vegetation. I was told a story about a certain young Englishman who had no food in England, who became a stowaway on a ship which was heading for Uganda. When he got here he lived in the forests which offered food in abundance and lived there for many years. One day he was discovered by the police and was found guilty of being without visible means of subsistence.

He was sent back to his home country. This shows that English law is irrational, it does not know that a person can subsist without working. There is plenty of food here. In all the sidings there are people who sell bunches of bananas for only a tickey a dozen. Each banana is as large as a baby's leg. I ate two and was full. I did not know what to do with the others as I was heading for Kampala, where there were more bananas. I bought a pineapple for a tickey and it was as big as a pumpkin, and I could not finish it. While cutting it with my pocket knife, I remembered the clan praises of amaGqwashu, the brave ones of Nohibane, the family of Khamlana, the ones who cut the pumpkin! The natural abundance in Uganda is like the Garden of Eden found by Adam and Eve. I did not see any starving people or beggars. The country was rich in sweet potatoes, beans, sorghum, tobacco, maize and sugar. There were cotton fields which are the best in quality in the world. This is why people here wear smart coloured clothing. People seem to like dressing up and even uneducated people look very smart. They like embroidery. Men wear garments which look like robes. The colours worn by women are those of the rainbow, and some wear garments which have one colour, whether it is white or red or blue. They are conscious of the beauty of their garments. You see stylish people at all the stations and there are no stations which are on the plains, they are all in the forests like in Bechuanaland. There are many people at the stations because the train is available only twice a week. Some go to the stations just to while away time. *He!*

Amazing sights

This whole morning, I could not stop looking through the window at this wealthy land which never experiences drought, it has rain all the time. There are various types of grass, kikuyu, some of the grass is used for making roofs, mats, big baskets. All over there are trees and it is not easy to see the sky. Some of the trees are as tall as the gum tree. There is lush growth everywhere because the fine reddish-brown clay is rich. There are very big ant heaps, higher than an ox, and they are auburn because the soil is that colour. One ant heap was as large as a hut. Those which are close to the houses are converted into ovens for baking bread. The ants destroy clothing, which is kept in boxes. I was told of a person who gave her clothing to another person and after two weeks her clothing was destroyed. This could have been prevented by shifting the box every day.

In Jinja

At noon, the train passed through big hills which are like those in Nqobokazi at Peddie or Mkhomanzi north of Mzimkhulu. It passed through banana fields and the countryside was very attractive as we were approaching Jinja, where we saw the beautiful Lake Victoria Nyanza. This is the biggest lake in Africa, it is 200 miles long. It has blue water like the Sea of Galilee, which is smaller (14 miles). It is said that the lake contains crocodiles as well as those monsters known in the beliefs of the people. The beautiful station made me think I was in a fairy tale. We crossed the well-known bridge over the Nile River, which feeds into the lake at Ripon Falls where water cascades down huge rocks. The water flows to Egypt. I saw this stream in 1928 in Alexandria as it flows into the Mediterranean Sea. I admired this pleasing sight from the train. Heaven may be as beautiful as this. At 3:30 p.m. we arrived in Kampala.

Kampala

This is the capital city of Uganda. It is situated on several hills like Rome. There were many people at the station. My former students and their relatives welcomed me and they did so as though they were welcoming a governor. They were so kind. These are true Africans. My host was George Sali, B.Sc. and his wife, daughter of Dubasi, who studied nursing at Lovedale and who is related to those at Hewu. She married this gentleman while they were staying at my home in Middledrift and I was the one who handed her over in 1945. And my daughter Alexandra was the bridesmaid. Other people here were

Paul Kigundu, B.Sc., and the daughter of Rev. J.C. Mvusi of Durban,
J. Wamala, and his wife, Ellen Pumla Ngozwana B.A., whose home was
in Mount Frere (Transkei) and her husband Chief C.M.S. Kisosonkole,
who is related to the king (the Kabaka) who rules here. There is the
tall S.W. Kulubya, whom I met in 1928 in Jerusalem. There were also
Indians, who were with me in the ship from Bombay, white people
too (there is no colour bar here) who saw this great welcome and one
woman wished to be introduced to me. This is a different country.

We went in a convoy of cars heading for the home of Wamala, the
father of Sali. The place was ten miles out of town, the welcome party
was big and there were speeches. Among the things we ate, there was
a big loaf, as big as a pillow, and it has to be eaten while it is hot other-
wise it has to be thrown away. I called it the manna of Israel.

After that we went to Budo Hill at King's College, where Sali lives
as he is a teacher. I was his guest. From my bedroom, I was able to see
Lake Victoria Nyanza, what a sight! I had a pleasant sleep.

The tour

On Saturday 28 January 1950, I started touring Kampala and the
region. One of the hills on which this city is founded is Nakasero; the
hill where the Kabaka (king) lives is called Mengo; the graves of old
kings are on Kasuba. On another hill lies Makerere College; where
the Governor lives is in Makudi and the hospital is on Malago. The
wireless is on the Kololo. The Anglican Centre is on Nemirembo,
the Mosque is on Kibule, the section for new houses is at Mbuya and
the Catholic centre is on Rubaga. There are twelve hills. The first hill
we toured was the Nakasero, the centre for shops and the residence
places for rich people. Here many rich Indians live. As you know,
Indians like money. Kampala is a new city and Africans have started
their own businesses, so as to avoid being taken over by foreigners as
in Kenya. In Kenya, there are 153 882 foreigners and in Uganda only
44 400.

Sir Harry Johnston

Uganda belongs to Africans. This was made possible because of the work of Sir Harry Johnston (Governor), who is the only white person who gave Africans title deeds (in 1925) so that the people could have their own land and pass it on. The English people were opposed to this and he lost his job. They tried to undermine him and eventually he had to resign. Africans will always remember him and we wish for him that he rests in peace. In many other places, Africans had a raw deal. Johnston made it possible that even though this country is a protectorate it is ruled by the Kabaka. The Kabaka lives in his modern palace on one of these hills and I went there and spoke to the Queen. Both of them studied in England and they know my daughter Nontando, who worked for the British Broadcasting Corporation (B.B.C.). I was taken to the Prime Minister, and after our return in the evening we had supper at the home of Pumla Kisosonkole.

C.M.S. Kisosonkole

On Sunday 29 January 1950 Kisosonkole took me by car and we travelled 62 miles to Jinja to see the Minister of Finance of the amaSoga clan, Mr. J.Y. Lubogo, whom I had met long ago in Jerusalem. I am not sure, but it may be possible that the amaSoga are the progenitors of the amaJwarha of Khowana in Xhosaland. We passed through the farm of Kisosonkole, which is measured in square miles instead of acres. Kisosonkole stopped and said if I liked I could become a citizen there and live on the farm, and be given a portion of it. I was dumbfounded! The farm was very rich, as rich as the Mngazi and Ntafufu in Pondoland. This reminded me of an old song which goes like this: 'Oh that I had wings like a dove, I would fly away and be at rest.' We arrived at Jinja but were disappointed to find that Lubogo was not at home. Instead we spent the day at the Ripon Falls. We also visited rich Indians who welcomed us and where we were entertained. We returned home and we went to a white church, the All Saints Cathedral.

Here I saw something which startled me: blacks and whites worshipping together, and Kisosonkole was in the choir singing the bass because he has a big voice like that of my late father Tengo. In this church C.M.S. sang very well, and I was sitting next to Pumla in the midst of whites and we also sang well because we are talented singers. Blacks and whites were mixed just as in England. At the end of the service we greeted each other, and before I introduced myself the white people thought that I was a Ugandan.

Incidents

On Monday 30 January 1950, I toured the offices of the Department of Education where I met a white lady whom I last saw in 1913 when she lived with her parents in Birmingham. I was amused when she said that now I am no longer as tall as I was when I was young. I said when I last saw her she was much smaller than she is now, she was a little girl. We had lunch at Pumla's house. After that I was taken to the office of the Governor to sign the national visitors' book, and I was invited by one of the Indians with whom I travelled from Bombay. This is a rich Indian and we were filmed. We ended the day with supper at the home of Kisosonkole, with some white professors of Makerere College and their wives.

On Tuesday 31 January 1950, I spent some time at the government administration where all the officers were Ugandans. After that I was taken to a hill where the Ugandan kings are buried. In the afternoon, I gave a lecture to the union of Indian traders and in the evening I went to a reception at the beautiful home of S.W. Kulubya, an ambassador in Jerusalem and a very respected man. Important Ugandans were invited to this function, the Queen attended and there were many young people as well. The place was decorated with all the colours you can think of and the food was excellent, because in this country there is rain throughout the year. I conversed with an old man who wore many war medals and who told many war stories: he reminded me of Chief Ndab'emfene Maqoma of Jingqi. There were speeches to welcome me and after that I continued to converse with the old man. I was asked to play the piano and Pumla sang South African songs, because she was a singer while she was at Fort Hare, and her husband sang the bass voice to accompany her. This reminded me of Chief Mgcawezulu of the Ntinde in King William's Town. I felt young in the midst of this because Caluza's song 'Ixhegwana' (1921) was still new here, and was being sung in the schools. This night's visit was very special to me and when it ended I wished it would continue. When I got home I slept well. *He!*

On the following day, 1 February 1950, I had to give a lecture to educated Ugandans who belong to the Budonian Club at King's College. The hall was full and some of the people were standing. I spoke for two hours, entertaining them. They were pleased when I mentioned 23 Ugandan words which can be found in isiXhosa. These are: *umkhono* (sleeve), *isifuba* (chest), *ingwenya* (crocodile), *indlovu* (elephant), *amafutha* (fat), *umlilo* (fire), *imvubu* (hippopotamus), *abantu* (people), *inyama* (meat), *unyoko* (your mother), *inombe* (beast), *inyoka* (snake), *ulwimi* (tongue), *umthi* (tree), *amanzi* (water), *ububini* (two), *ubukhulu* (width/greatness), *kade* (late), *ukufa* (death), *ukupha* (to give), *ukulala* (to sleep), *ukuuma* (to stand), *ukuuba* (to steal). I said we Xhosa people are the only people who have preserved our language so that it is as it was in the past, when we also lived in Uganda. Even at this meeting there were many Indians and whites in attendance. We had supper at the home of Sali's father, Mr. Wamala, and when we returned I slept peacefully.

Ugandans

On Thursday 2 February 1950, I went to town so that I could have an opportunity of observing Ugandans without hurry. They are the neatest and most adorned people in Africa. They wear good clothing because they produce cotton themselves. They wear beads. They have fine beadwork and they wear loose-fitting clothes. They wear a tight bead girdle and are swanky in their walks, and like the colour red. They speak softly and do not talk loudly like other people. If a man meets a group of people in the street he greets the man, and asks the man to greet the women who are with him. They respect women. Respect is taught in this country. *He!*

I headed for Makerere College, which is like Fort Hare, and I toured the place and had lunch there. I was taken to the Museum where I saw the traditional Ugandan piano which produces a drum sound. After that I was invited to high tea with an Indian I met in Mombasa. There were some Ugandans, too, and we enjoyed the occasion.

Dinner with white folks

In the evening, I was invited to dinner by a rich Englishman and there were city councillors with their wives. Their wives were well dressed and I was rather uncomfortable because I had not been mixing with whites of late. There were lawyers, doctors and a judge who had been in Gold Coast, West Africa, and Nigeria, and he was surprised to find that I knew some of the people who live in those countries because I studied with them in England long ago. The people were wearing evening dress, and there were Ugandans present as well. People do not know colour discrimination here. The people are civilised. People talked about education and general affairs, and I felt as though I was in Queen Victoria's England. When I played the piano, they commented that South Africa must be advanced if old men can play the piano. We were together till late at night. When I was about to leave, my host came to me and spoke privately, saying, 'The day they banish you from your country, come here, we would be pleased to have you and your family.' *Hi! Awu!* Again, I was struck with amazement because this was the third invitation of this kind. Maybe it has some significance! When we returned home the lights were off in the streets and I had travelled 387 miles in Uganda.

The last day

The last day, 3 February 1950, was for resting at Sali's home. This tour is like work because (a) I was invited by educated people who knew that

I needed to study their country and even on my arrival they had a pro-gramme for me; (b) I also kept notes for people at home. *He!* While I was resting, I was visited by the Prime Minister of the Nyoro in the north of Uganda. His name is Balamu Mukasa M.A. (Yale), a scholar. We con-versed at length and I was pleased to note that the administrators were aware of the importance of good education, so that the work begun by Sir Harry Johnston could continue.

After this I made preparations for my journey over a distance of 766 miles back to Mombasa, for my ship to Durban. My last dinner was at the home of Paul Kigundu, B.Sc., the younger brother of Sali. I forgot to mention the fact that each man has his own name, and does not inherit the surname of his father, because these two are the sons of Wamala. I remembered that in 1866 when my father Tengo registered himself at school as Tengo Jabavu, his grandfather was upset, stating that children should use their own names and not his, because if the young are charged with some misdeed, the old man would be arrested. When my father Tengo saw my name in the examination results in the *Cape Times* he used to laugh and say, 'And there it is, I wonder what the owner of this name would say now when his name is used in the national newspapers? He had insisted that it not be used.' *He!*

Chapter 7

Before I went to India, Rev. J.C. Mvusi from Durban came here to see his daughter who is married to Kigundu. I am told he made it a point to visit Jinja, so that he could see the crocodiles in the River Nile. He waited for a long time, until it was late at night, and eventually he saw them. He must be of the Ngqosini clan that he is so interested in crocodiles.

On Saturday 4 February 1950, my friends were at the station in Kampala to see me off at 10 a.m. It was a pity that we were parting. The train left and we got to Jinja at noon where I was met by the honourable Lubogo, whom I was not able to meet the previous Sunday. He took me from the train and told me that he would take me back to the train via a short route after four hours. By then the train was going to Mbulamuthi in the north, and this would enable me to see his family and another part of the country. He was driving a Limousine, with music inside. He is a man of royal blood of the Soga clan in Uganda and serves as a treasurer in this country. We started by visiting his offices and then we went to his house, which is on a hill (like the home of Mzimba in Alice). His house faces the Victoria Nyanza. Here I was entertained by his family and friends. He has a son who studied under me at Fort Hare and others who were in other colleges. We travelled 60 miles to get back to the train, and we were passing through thick forests with many interesting things. He showed me old sites where courts were held in the past, and these courts were held under huge trees. Headmen are respectable people here, they are neat. Lubogo said there are no underprivileged people in Uganda, because those who have nothing are supported by the chiefs. We visited mission schools and the last place we visited was an Indian Cotton Ginnery where Africans work. All the shops and industries in the countryside belong to Indians, although a few Africans have some small industries. There are no whites here because they cannot bear the isolation in these forests. The Indians seem to be able to do so. The Indian population is increasing steadily because their wives are said to bear a child every year. *He!* We got to the train and I parted ways with Lubogo.

The return to Mombasa

On the way, I noted that there are few horses, and the few available belong to rich people who are able to give them medicines. They do this because horses and cattle here are killed by disease, since this area is the source of the East Coast Fever which also affects our stock. They would be surprised to find that in Pondoland there are as many cattle as men, and a man who does not possess a horse is useless. What was amusing here, was to see boys who cling to the doors of the train outside and jump off before the train stops in the next station. Here, blacks are in charge of the trains and the boys take advantage of this. The guards and policemen chase them at the station. We slept and travelled the whole day on Sunday 5 February 1950. We arrived in Nairobi in the afternoon, where I saw a young Swahili man selling coffee and newspapers. He looked at me intently and I spoke to him. I found out that he had read the biography of my father and had seen my pictures in it. That is why he fixed his gaze on me. He was excited by our meeting, and he kindly gave me some books. We travelled the whole night and arrived in Mombasa on Monday 6 February 1950, and I rested for two days at the home of an Indian principal, who allocated me five rooms to use while I rested even though I was alone. The place was still reserved for me. That man's house is home to me now, even to this day.

On the *S.S. Aronda*

On the day of my departure, 8 February 1950, I was accompanied by friends who took me to the *Aronda* ship, which was heading for Durban. I was lucky in being alone in a first-class cabin which is supposed to be used by four people. I got an opportunity of writing about this journey for the newspaper *Imvo*, because I did not find enough time to do so while I toured India and East Africa. To write in the ship has certain advantages: 1. It enables you to while away time when you have no one to talk to; 2. You are able to read books, which are related to your journey and when you write, you attract the attention of people who want to know who you are and what you are writing. *He!* We passed Zanzibar on 9 February 1950 and after two days we arrived in Dar es Salaam in Tanganyika, and I left the ship and visited two people who were my students at Fort Hare, namely Euclid Khomo, B.Sc. and M.J.N. Msikinya, B.Sc., who are Government Analysts, and the wife of Khomo, Rene Moerane B.A., was my student too. From them I got newspapers with home news and I read them with interest. The ship left for Mozambique on 12 February 1950, reached Beira on 14 February 1950 and arrived in Lourenço Marques on 18 February 1950. I disembarked, and was hosted by wealthy people who have oil and soap industries. They were very hospitable and took me around. I travelled 65 miles seeing the town and the countryside. The countryside was very green after a good rain after a drought.

Graves

A strange thing I saw in town which I will never forget are the graves, which look like small houses and which are made of stone. The doors are locked by the relatives of the dead people. Inside there are shelves which contain the corpses and there is a name for each one. The corpse is sealed with lead before it is placed there. These houses are small. This reminded me of the story of the graves at Gerasenes (Mark 5), the abode of a man possessed by demons, which were transferred to pigs which ran into the sea. I saw the broadcast station, which we heard broadcasting at night.

A storm

We took two days to get to Durban from here (19–21 February) and all of a sudden there was a severe storm, which was caused by strong winds from the direction of East London. The sea was very rough and the waves were like mountains. The ship went up and it went down by its head, and seemed as if it was sinking. There was water inside the ship. It was really frightening. Chairs and our luggage became wet. The storm raged for a day and a night, we even thought of searching for Jonah, who ran from Nineveh to Tarshish. We thought of our children, who would not know where our graves were, if we were to die in the *Aronda*. We were doubting as to whether we would arrive in Durban the following day. Strong winds are not good for a ship. The storm continued throughout the night and we prayed as we slept.

Arrival

In the morning of 21 February 1950, the storm subsided and we were so happy. At dawn, we saw Durban at a distance and we entered the harbour peacefully. Then we saw people who spoke the language we know, isiZulu. We disembarked and were welcomed by friends, but we did not spend much time, as we took the next available train to the land of amaXhosa, passing through Bloemfontein, Queenstown, and eventually I arrived at Middledrift of amaGqunukhwebe. It was by God's grace that I was able to complete this journey of 16 746 miles in 4 months. I found that my family was well, that the drought was over and that there was plenty of rain. 'Let us praise the Lord, his constant love and the wonderful things he does for men' (Psalm 107).

I remain.

Afterword: Jabavu and African Translations for the Future

Evan M. Mwangi

Davidson Don Tengo 'D.D.T.' Jabavu is a household name in African studies and black anti-colonialism, but he was for me, until recently, one of those figures you faintly knew about from distant readings of their works as cited by other people. That is, I had little incentive to read him as a primary subject to engage with. I got some interest in the South African writer when preparing for a class in Indian Ocean studies, a field of cultural studies I was still quite sceptical about, when I first heard about his 1951 isiXhosa-language *E-Indiya nase East Africa*, a travelogue about his journey from South Africa, through East Africa, to India for the 1949 World Pacifist Conference. I regarded Jabavu as part of a liberal humanist cadre backpedalling the full-throated opposition to white supremacism; he seemed not to espouse the kind of anti-racism I have come to admire in such revolutionaries as Steve Biko. But after reading Cecil Wele Manona's translation of this book, I think it would be fruitful to put Jabavu in the context of his time and appreciate what he offers in restoring black bodies dehumanised through slavery and minority white rule in South Africa. We should restore his legacy as a pioneer African writer, politician and translator. In seeking this recuperation, I am encouraged by South African thinkers like Xolela Mangcu, who has included Jabavu

EVAN M. MWANGI

among the 'heroes' whose 'memories must rise from the grave'.¹ In read-
ing him in the context of African Indian Ocean studies, Jabavu offers
an example of what epistemological breaks from dominant modes of
critical theorising should look like in the future.

Even as he reaches out to other cultures, some of which probably
do not respect his, Jabavu ensures in *E-Indiya nase East Africa* that
black voices are not silenced in the way he represents and translates
them. This is something we should emulate because in the neoliberal
academy, literary and translation studies focusing on the Indian Ocean
can easily become just another site of anti-blackness, where scholars
from predominantly white institutions devise projects, generously
funded by white foundations, that seek to marginalise black pop-
ulations on the continent. Even in his politics of moderation, Jabavu
does not espouse this form of one-directional cultural translation; in
E-Indiya nase East Africa, he provides many instances of what Walter
Mignolo would call 'epistemologic disobedience' by subverting the
way Africans are represented in colonial discourses and the manner in
which African texts are translated into Western languages.² Following
Fanon's *Black Skin, White Masks*, Mignolo encourages a decolonial
approach to non-Western cultures that considers indigenous lang-
uages.³ Jabavu's travelogue is one of those texts that do not seek to
approximate the European as the real human being that we should
all seek to be translated into. Granted, I haven't read the original
E-Indiya nase East Africa because I don't speak isiXhosa. Beyond a lit-
tle bit of my native Gikuyu and several years of studying Kiswahili,
I wasn't taught any African languages in Kenyan schools. I have
to access texts in other African languages via English and French
translations. However, I take these European languages as temporary
mediators. The ultimate ideal for all of us is to learn the African lang-
uage a text was written in and probably render it into other African
and Indian languages because, as Ngũgĩ wa Thiong'o observes, trans-
lation is the 'language of languages' that will allow African languages
to talk to one another.⁴ Wouldn't a Kiswahili translation of *E-Indiya*

nase East Africa (*Katika Bara Hindi Na Afrika Mashariki*) be a beautiful thing, even if the exchange between the two African languages were to be first negotiated temporarily through Manona's English translation? Translators such as the Tanzanian Amandina Lihamba have used European languages as mediators between, say, Ousmane Sembène's Wolof and Nyerere's Kiswahili to allow preliminary conversations among African languages.[5] Translators from different African Indian Ocean languages can collaborate to translate texts among these languages.

Manona translates Jabavu the way the latter would translate an African text – rendering the original in a target language that is accessible to readers who do not understand a word of isiXhosa, while retaining the flavour of the original. This is, for example, how Jabavu translated in the 1940s 'Nkosi Sikelel' iAfrica', South Africa's current national anthem.[6] N.H.D. Spicer, the editor of the issue of the *Southern Rhodesian Native Affairs Department Annual* in which the translation is published, addresses the white Southern African population, whom he expects not to understand the song. But Jabavu seems to be on a different mission, not playing the role of a native informant through assimilating African language texts into a language easy for Europeans to master. In his translation, which inverts the normal English word order to simulate black speech rhythms, the isiZulu and isiNdebele oral literatures linger in the English rendition of the song, not only gesturing towards the recovery of the humanity of the communities considered backward but liberating the European target language from the arrogance of its users in a white-dominated South Africa:

> *Nkosi Sikelel' iAfrika*
> *Malupakanyiswe udumo lwayo.*
> *Yizwa imitandazo yetu*
> *Nkosi sikelela tina*
>   *lusapo lwayo*

Woza moya,
Woza moya,
Woza moya oyingcwele
Nkosi sikelela tina
    lusapo lwayo

God bless Africa
Let raise name its.
Hear these prayers our
God bless us
Its family

Come Spirit
Come Spirit,
Come (spirit) of whiteness
In order to bless us
Its family.[7]

In spite of his respect for African traditions, Jabavu was a modern writer. He alluded to oral literature without sentimentally wishing for the black African's return to a supposedly pristine pre-colonial existence. Indeed, like most African intellectuals of the time, he seemed to yearn for the translation of black people into a modern, European and Christian life. But as a translator, rather than assimilate the source African text to the target European language, Jabavu opts to retain the idiosyncrasies of the original and its isiNdebele speech patterns through a literal translation of the song. The song is included alongside its isiZulu version and their literal translations to reveal the nuances each linguistic community brings forth in expressing the same phenomenon. The syntactical inversions in both translations are not just to signal reverence to a supernatural force invoked in the music; the unusual word order also captures the fact that this song exists originally in a language other than the one it reaches us in. The 'whiteness' of the spirit positively invoked in the isiNdebele, but absent in the isi-Zulu version, does not denote hierarchical racial pigmentation. It is an expression of a non-racialised reference to colour. Read in context, it suggests that Europeans have perverted whiteness as a racial category, hierarchising it as superior to non-whiteness.

If Indian Ocean studies, too, can be perverted into a form of escapism from the realities of the majority black Africans' conditions and relations, Jabavu's narrative offers me some hope that we can study movements across the Indian Ocean without overlooking the beauty of the African and Indian mainlands and the cosmos, animals, plants and humans. He avoids replicating the racial and ethnic hierarchies at the heart of European conquest of Africa and Asia; even if there are cultural differences within South Africa and beyond, they are not assigned inferior or superior status. To him, the San, the Hindus and Moslems display unique qualities in their quotidian practices, but he inspires unconditional respect for each group. That is, unlike the colonialist or the white Christian missionary, Jabavu does not seek to convert others to a version of himself. When he notes differences between South African whites and their counterparts in East Africa, it is not to legitimise East African colonialism as a better form of European conquest, as Joseph Conrad did in his comparison of British and Belgian imperialisms in *Heart of Darkness*; rather, it is to show his isiXhosa readers aspects of their possible annihilation at the hands of a cynical South African colonial order.[8]

The isiXhosa version of Jabavu's travelogue has been revised to conform to the standard isiXhosa orthography in this edition by Mhlobo W. Jadezweni. Furthermore, Manona makes Jabavu's book fluent and accessible to English readers. But this is done without disciplining it into the style of a Western text. We still get the spiritual archaisms of Jabavu's language. In other words, although the text is coming to me in English, I can hear an enigmatic isiXhosa voice in the story, expressing what English could not fully capture in translation. Jabavu uses humour, ideophones and other features of oral literature to keep his reader's attention throughout. He is an oral narrator, telling his story primarily to the isiXhosa-speakers in their language. With lyricism and acute observation of his surroundings, he allows us to take in the natural environment he passes on his way to the harbour:

> The next river is the Mzimvubu which took us to the Hlubi of Nota at Libode near the Ntsiza mountain (it is wrong to call this mountain Ntsizwa although there are many who do so). Here are many mountains close to Mount Ayliff, the place of amaXesibe of Jojo, the Ntsiza on the left, and Ntabankulu is on the right. There live amaMpondo of the house of Mqikela and amaCwerha of Mdondolo and amaZotsho (mentioned in Mqhayi's book *Ityala Lamawele*). Although it is now dry, the cattle are eating maize stocks in the fields, a sign that they had a good harvest of maize.[9]

By referring to Mqhayi's book, which defends African traditions against European denigration in colonial South Africa, Jabavu seeks to valorise the culture of his people. He is at once a geographer, a family historian and a journalist. It is striking that he aligns various forms of modern discourse with oral traditions. Critics trained in the Western modes of narration and thought might find the narrative jumbled; it evokes a stream-of-consciousness narration. But the author's ideal readers would understand what Jabavu is doing: recovering through insurrectional oral modes of artistic composition and delivery those indigenous black voices that colonialism seeks to erase.

Any study of African and Indian Ocean literatures that overlooks materials in local languages is an academic joke in bad taste. However, Christian missions' eagerness to publish works like *E-Indiya nase East Africa* in African languages was not always out of pure generosity of spirit; it was partly to ensure that such works did not circulate beyond a small group of readers. As the South African socio-linguist Neville Alexander notes, the white institutions' promotion of local languages in South Africa was not undertaken to enhance the global cultural and linguistic diversity we advance today; it was the expression of a policy designed to help divide and rule black people, who spoke different languages.[10] But the tide has turned against this racism. Javabu's work exemplifies what scholars of Indian Ocean Africa should turn the study of the region into if we are to free the subfield from Eurocentric epistemic shackles: writing in African languages and further translating African-language texts into other African languages.

Avoiding radical anti-white politics in favour of incremental change, much of Jabavu's work might read like translations of Booker T. Washington's positions on the fight for civil rights among black people in the racist American south.[11] Indeed, Jabavu's 1913 'My Tuskegee Pilgrimage' outlines his experiences at the famous institute founded by Washington, whom radical black activists have criticised as basically pro-slavery because of his anti-radicalism.[12] However, there was a time when it was useful, even politically strategic, to dismiss Jabavu as not radical enough in his opposition to apartheid. But that time is gone. This is why, I think, Mangcu bemoans the neglect of Jabavu as an African icon; for Mangcu, the neglect is a sign of laxity among the contemporary generation of leaders and intellectuals.[13] Furthermore, if in *Writers in Politics* Ngũgĩ reads Booker T. Washington's *Up from Slavery* as a book that should more accurately have been titled 'Down Back to Slavery', because it avoids a radical opposition to slavery and encourages vocational trades as opposed to artistic and intellectual endeavours, in the twenty-first century he tacitly endorses 'African-run, community owned' colleges in colonial Kenya that were modelled on Washington's Tuskegee Institute.[14] I am not saying that we should encourage non-radical stances against the persisting white racism and anti-blackness today; rather, instead of beating down on our predecessors for not being as radical as the alternative voices available to us in retrospect, we should carefully translate Jabavu and anti-racists of different shades into the present and use them to cultivate an energetic anti-racist agenda for the future.

Notes

1   Xolela Mangcu, 'Heroes' Memories Must Rise from the Grave', *City Press*, 24 April 2015, accessed 29 June 2019, https://city-press.news24.com/Voices/ Heroes-memories-must-rise-from-the-grave-20150524.

2   Walter Mignolo, 'Epistemic Disobedience, Independent Thought and Decolonial Freedom', *Theory, Culture and Society* 26, no. 7–8 (2009): 161.

3   Frantz Fanon, *Black Skin, White Masks*, trans. Charles L. Markmann (New York: Grove Press, 1967 [1952]).

4   Ngũgĩ wa Thiong'o, *Something Torn and New: An African Renaissance* (New York: Basic Civitas Books, 2009), 96.

5   Amandina Lihamba's *Hawala ya Fedha* (1980) is a Kiswahili stage adaptation of Ousmane Sembène's 1966 novella in French *Le Mandat* and 1968 Wolof screenplay *Mandabi*. See Amandina Lihamba, *Hawala ya Fedha* (Dar es Salaam: Tanzania Publishing House, 1980); Ousmane Sembène, *Le Mandat* (Paris: Présence Africaine, 1966); Ousmane Sembène, *Mandabi* (Dakar: Filmi Domireve, 1968). For a discussion of the translation, see Evan Maina Mwangi, 'Amandina Lihamba's Gendered Adaptation of Sembène Ousmane's "The Money-Order"', *Research in African Literatures* 40, no. 3 (2009): 149–73.

6   D.D.T. [Davidson Don Tengo] Jabavu, 'The Origin of "Nkosi Sikelel' iAfrica"', *Southern Rhodesian Native Affairs Department Annual* 26 (1949): 56–57.

7   Jabavu, 'Origin of "Nkosi Sikelel' iAfrica"', 56.

8   Joseph Conrad, *Heart of Darkness* (Harmondsworth: Penguin Books, 1991 [1899]).

9   D.D.T. [Davidson Don Tengo] Jabavu, *In India and East Africa/E-Indiya nase East Africa: A Travelogue in English and isiXhosa*, trans. Cecil Wele Manona, ed. Tina Steiner, Mhlobo W. Jadezweni, Catherine Higgs and Evan M. Mwangi (Johannesburg: Wits University Press, 2020), Chapter 1, 'Departure'. His reference here is to Samuel Edward Krune Mqhayi, *Ityala Lamawele* (Lovedale: Lovedale Press, 1914).

10 Neville Alexander, *English Unassailable but Unattainable: The Dilemma of Language Policy in South African Education* (Cape Town: Project for the Study of Alternative Education in South Africa, 2000), 5.

11 Booker T. [Taliaferro] Washington, *Up from Slavery: An Autobiography* (New York: Double Day, 1907 [1901]).

12 Davidson Jabavu, 'My Tuskegee Pilgrimage,' *D.D.T. Jabavu Papers* (Documentation Centre for African Studies, Acc. 47, Jabavu Papers, University of South Africa, Pretoria, n.d. [1913]).

13 Mangcu, 'Heroes' Memories'.

14 Ngũgĩ wa Thiong'o, *Writers in Politics: Essays* (London: Heinemann, 1981), 131; Ngũgĩ wa Thiong'o, *Dreams in a Time of War: A Childhood Memoir* (London: Vintage Books, 2010), 130.

References

Alexander, Horace. *World Pacifist Meeting Pamphlets: No. 1*, September 1948. Philadelphia: American Friends Service Committee Archive.

Alexander, Neville. *English Unassailable but Unattainable: The Dilemma of Language Policy in South African Education*. Cape Town: Project for the Study of Alternative Education in South Africa, 2000.

All African Convention. 'Along the New Road: All African Convention Executive Committee's Statement 7th July 1944'. *Unity Movement Papers*. Cape Town: J.W. Jagger Library, University of Cape Town.

Anthony III, David. *Max Yergan: Race Man, Internationalist, Cold Warrior*. New York: New York University Press, 2006.

Bekker, Simon and Cecil Wele Manona. 'Pondoland Looking North of Natal: Common Economic Interests or Different Regional Loyalties?' *Journal of Contemporary African Studies* 11, no. 2 (1992): 241–54.

Bekker, Simon B., Chris de Wet and Cecil Wele Manona. *A Socio-Economic Survey of the Amatola Basin*. Grahamstown: Rhodes University, 1981.

Bekker, Simon, Sipho Buthelezi and Cecil Wele Manona. 'Local Government Transition in Five Eastern Seaboard South African Towns'. *Politikon: South African Journal of Political Science* 24, no. 1 (1997): 36–56.

Bennie, John. *A Systematic Vocabulary of the Kaffrarian Language*. Alice: Lovedale Press, 1826.

Bennie, William Govan. 'Xosa Orthography: Memorandum on the Proposed Changes', *South African Outlook* (1 April 1931): n.p.

Bundy, Colin. *Shortchanged? South Africa since Apartheid*. Athens: Ohio University Press, 2014.

Claassen, Jo-Marie. '"You Are a People Like These Romans Were!": D.D.T. Jabavu of Fort Hare'. In *South Africa, Greece, Rome: Classical Confrontations*, edited by Grant Parker, 353–75. Cambridge: Cambridge University Press, 2017.

Cobbing, Julian. 'The Mfecane as Alibi: Thoughts on Dithakong and Mbolompo'. *Journal of African History* 29 (1988): 487–519.

Conrad, Joseph. *Heart of Darkness*. Harmondsworth: Penguin Books, 1991 [1899].

Couper, Scott. *Albert Luthuli: Bound by Faith*. Scottsville: University of KwaZulu-Natal Press, 2010.

Coureau, Rogier Philippe. 'States of Nomadism, Conditions of Diaspora: Studies in Writing between South Africa and the United States, 1913–1936'. PhD diss., University of KwaZulu-Natal, 2008.

Department of Education and Training. *Xhosa Terminology and Orthography No. 3*. Pretoria: Department of Education and Training, 1980.

De Wet, Chris. 'Obituary: Cecil Wele Manona 1937–2013'. *Anthropology Southern Africa* 3, no. 1–2 (2014): 130–31.

De Wet, C.J., P.A. McAllister, T. Hart et al. *Development Southern Africa*. Sandton: Development Bank of Southern Africa, 1987.

Du Bois, W.E.B. [William Edward Burghardt]. *The Souls of Black Folk*. Chicago: A.C. McClurg & Co., 1903.

Dubow, Saul. *Racial Segregation and the Origins of Apartheid in South Africa*. Houndmills: Palgrave MacMillan, 1989.

Dubow, Saul. *Apartheid, 1948–1994*. Oxford: Oxford University Press, 2014.

Elphick, Richard. 'Mission Christianity and Interwar Liberalism'. In *Democratic Liberalism in South Africa: Its History and Prospect*, edited by Jeffrey Butler, Richard Elphick and David Welsh, 64–80. Middletown: Wesleyan University Press, 1987.

Encyclopedia of World Biography. 'Johnson, Mordecai Wyatt'. *Encyclopedia of World Biography*. Accessed 11 June 2019. https://www.encyclopedia. com/people/social-sciences-and-law/political-science-biographies/ mordecai-wyatt-johnson.

Fanon, Frantz. *Black Skin, White Masks*. Translated by Charles L. Markmann. New York: Grove Press, 1967 [1952].

Featherstone, David. *Solidarity: Hidden Histories and Geographies of Internationalism*. London and New York: Zed Books, 2012.

Hertzog, James Barry Munnik. *The Segregation Problem*. Cape Town: Nasionale Pers, 1925.

Higgs, Catherine. *The Ghost of Equality: The Public Lives of D.D.T. Jabavu of South Africa, 1885–1959*. Athens: Ohio University Press and Cape Town: David Philip, 1997.

Higgs, Catherine. 'Helping Ourselves: Black Women and Grassroots Activism in Segregated South Africa, 1922–1952'. In *Stepping Forward: Black Women in Africa and the Americas*, edited by Catherine Higgs, Barbara A. Moss and Earline Rae Ferguson, 59–72. Athens: Ohio University Press, 2002.

Higgs, Catherine. 'Zenzele: African Women's Self-Help Organizations in South Africa, 1927–1998'. *African Studies Review* 47, no. 3 (2004): 119–41.

Hodder, Jake. 'Conferencing the International at the World Pacifist Meeting, 1949'. *Political Geography* 49 (November 2015): 40–50.

Hofmeyr, Isabel. 'The Black Atlantic Meets the Indian Ocean: Forging New Paradigms of Transnationalism for the Global South – Literary and Cultural Perspectives'. *Social Dynamics: A Journal of African Studies* 33, no. 2 (2007): 3–32.

Hofmeyr, Isabel. 'D.D.T. Jabavu Visits India'. Paper presented at *The Story of the Voyage*, WISER, University of the Witwatersrand, Johannesburg, 2 October 2008.

IsiXhosa National Language Body of the Pan South African Language Board. *Revised isiXhosa Orthography Rules*. Bhisho: Pan South African Language Board, 2005.

Jabavu, Davidson. 'A Report on the Tuskegee Institute, Alabama, U.S.A.' Typescript, n.d. *Helen Nontando Jabavu Crosfield Collection*, in the care of Harrison M. Wright, Professor Emeritus of History, Swarthmore College, Swarthmore, Pennsylvania, USA.

Jabavu, Davidson. 'My Tuskegee Pilgrimage'. *D.D.T. Jabavu Papers*, Acc. 47. Pretoria: Documentation Centre for African Studies, University of South Africa, n.d. [1913].

Jabavu, Davidson Don Tengo. *The Black Problem: Papers and Addresses on Various Native Problems*. Lovedale: Lovedale Institution Press, 1920.

Jabavu, Davidson Don Tengo. *The Life of John Tengo Jabavu, Editor of Imvo Zabantsundu, 1884–1921*. Lovedale: Lovedale Institution Press, 1922.

Jabavu, Davidson Don Tengo. *The Segregation Fallacy and Other Papers: A Native View of Some South African Inter-Racial Problems*. Lovedale: Lovedale Institution Press, 1928.

Jabavu, Davidson Don Tengo. 'After Three Generations'. In *The Christian Mission in the World Today: Report of the Eleventh Quadrennial Convention of the Student Volunteer Movement for Foreign Missions, Buffalo, New York, December 30, 1931 to January 3, 1932*, edited by Raymond P. Currier, 42–47. New York: Student Volunteer Movement for Foreign Missions, 1932.

Jabavu, Davidson Don Tengo. *E-Jerusalem*. 4th ed. Lovedale: Lovedale Press, 1948.

Jabavu, Davidson Don Tengo. 'The Origin of *"Nkosi Sikelel' iAfrica"'*. *Southern Rhodesian Native Affairs Department Annual* 26 (1949): 56–57.

Jabavu, Davidson Don Tengo. *E-Indiya nase East Africa* (In India and East Africa). Lovedale: Lovedale Press for D.D.T. Jabavu, 1951. Translated by Cecil Wele Manona (unpublished).

Jabavu, Davidson Don Tengo. *Imbumba yamaNyama* (Unity is Strength). Lovedale: Lovedale Press for D.D.T. Jabavu, 1952. Translated by Cecil Wele Manona (unpublished).

Jabavu, Davidson Don Tengo. *Izithuko* (Praise Poems). Lovedale: Lovedale Press for D.D.T. Jabavu, 1954. Translated by Cecil Wele Manona (unpublished).

Jabavu, Davidson Don Tengo. *IziDungulwana* (Tidbits). Cape Town: Maskew Miller, 1958. Translated by Cecil Wele Manona (unpublished).

Jabavu, Davidson Don Tengo. *In India and East Africa/E-Indiya nase East Africa: A Travelogue in English and IsiXhosa.* Translated by Cecil Wele Manona, edited by Tina Steiner, Mhlobo W. Jadezweni, Catherine Higgs and Evan M. Mwangi. Johannesburg: Wits University Press, 2020.

Jabavu, John Tengo. 'Native Races of South Africa'. In *Papers on Inter-Racial Problems: Communicated to the First Universal Races Congress, held at the University of London, July 26–29, 1911*, edited by Gustav Spiller, 336–41. London: P.S. King and Son, 1911.

Jones, Stanley. *The Christ of the Indian Road.* New York: The Abingdon Press, 1925.

Lihamba, Amandina. *Hawala ya Fedha.* Dar es Salaam: Tanzania Publishing House, 1980.

Luthuli, Albert John Mvumbi. *Let My People Go.* Cape Town: Kwela, 2018.

Mandela, Nelson. *Long Walk to Freedom: The Autobiography of Nelson Mandela.* London: Abacus, 1995.

Mangcu, Xolela. 'Heroes' Memories Must Rise from the Grave'. *City Press*, 24 April 2015. Accessed 29 June 2019. https://city-press.news24.com/Voices/ Heroes-memories-must-rise-from-the-grave-20150524.

Manona, Cecil Wele. 'Migration from the Farms to Towns and Its Implications for Urban Adaptation'. *Carnegie Inquiry into Poverty and Development in Southern Africa.* Cape Town: Southern African Labour and Development Research Unit, 1984.

Manona, Cecil Wele. 'The Drift from Farms to Town: A Case Study of Migration from White-Owned Farms in the Eastern Cape to Grahamstown'. DPhil diss., Rhodes University, 1988a.

Manona, Cecil Wele. 'Small Town Urbanization in South Africa: A Case Study'. *African Studies Review* 31, no. 3 (1988b): 95–110.

Manona, Cecil Wele. 'Land Tenure and Use: Perspectives from a Village in the Eastern Cape, South Africa'. *African Sociological Review* 2, no. 2 (1998): 77–89.

Matthews, Z.K. [Zachariah Keodirelang]. *Freedom for My People: The Autobiography of Z.K. Matthews: Southern Africa 1901 to 1968*, with a memoir by Monica Wilson. Cape Town: David Philip, 1981.

Meller, Valerie and Cecil Wele Manona. *Living in Grahamstown East/Rini.* Grahamstown: Rhodes University Institute of Social and Economic Research, 2001.

Mignolo, Walter D. 'Epistemic Disobedience, Independent Thought and Decolonial Freedom'. *Theory, Culture and Society* 26, no. 7–8 (2009): 159–81.

Mkhize, Khwezi. '"To See Us as We See Ourselves": John Tengo Jabavu and the Politics of the Black Periodical'. *Journal of Southern African Studies* 44, no. 3 (2018): 413–30.

Mqhayi, Samuel Edward Krune. *Ityala Lamawele*. Lovedale: Lovedale Press, 1914.

Mwangi, Evan Maina. 'Amandina Lihamba's Gendered Adaptation of Sembène Ousmane's "The Money-Order"'. *Research in African Literatures* 40, no. 3 (2009): 149–73.

New Zealand Government. 'Imperial Conference 1923. Summary of proceedings'. *Appendix to the Journals of the House of Representatives, 1924 Session I, A-06*. Accessed 29 June 2019. https://atojs.natlib.govt.nz/cgi-bin/atojs?a=d&d=AJHR1924-I.2.1.2.9&e=-------10--1------0--.

Non-European Unity Movement. '2nd Unity Conference, 2' (7 July 1944). *Dr J.S. Moroka Collection*. Pretoria: Documentation Centre for African Studies, University of South Africa.

Ntantala, Phyllis. *A Life's Mosaic: The Autobiography of Phyllis Ntantala*. Berkeley: University of California Press, 1992.

Roux, Edward. *Time Longer than Rope: A History of the Black Man's Struggle for Freedom in South Africa*. 2nd ed. Madison: University of Wisconsin Press, 1964.

Sandwith, Corinne. *World of Letters: Reading Communities and Cultural Debates in Early Apartheid South Africa*. Scottsville: University of KwaZulu-Natal Press, 2014.

Sembène, Ousmane. *Le Mandat*. Paris: Présence Africaine, 1966.

Sembène, Ousmane. *Mandabi*. Dakar: Filmi Domireve, 1968.

South African Native College. *Fort Hare Graduation Ceremony, 27 April 1951*. Alice: South African Native College, 1951.

Steiner, Tina. 'Ports as Portals: D.D.T. Jabavu's Voyage to the World Pacifist Meeting in India'. *English Studies in Africa* 62, no. 1 (2019). https://doi.org/10.1080/00138398.2019.1629680.

Switzer, Les and Donna Switzer. *The Black Press in South Africa and Lesotho: A Descriptive Bibliographic Guide to African, Coloured and Indian Newspapers, Newsletters and Magazines 1836–1979*. Boston: G.G.K. Hall & Co., 1979.

Walshe, Peter. *The Rise of African Nationalism in South Africa: The African National Congress, 1912–1952*. London: C. Hurst, 1970.

Washington, Booker T. [Taliaferro]. *Up from Slavery: An Autobiography*. New York: Double Day, 1907 [1901].

Wa Thiong'o, Ngũgĩ. *Writers in Politics: Essays*. London: Heinemann, 1981.

Wa Thiong'o, Ngũgĩ. *Something Torn and New: An African Renaissance*. New York: Basic Civitas Books, 2009.

Wa Thiong'o, Ngũgĩ. *Dreams in a Time of War: A Childhood Memoir*. London: Vintage Books, 2010.

Willan, Brian. *Sol Plaatje: A Life of Solomon Tshekisho Plaatje 1876–1932*. Cape Town: Jacana Media, 2018.

World Pacifist Meeting. 'Invitation', 15 February 1948. Philadelphia: American Friends Service Committee Archive, Peace Section.

World Pacifist Meeting. *The Task of Peace-Making: Reports of the World Pacifist Meeting Santiniketan and Sevagram 1949*. Calcutta: Visva-Bharati, 1951.

Xaba, Makhosazana. 'Noni Jabavu: A Peripatetic Writer Ahead of Her Times'. *Tydskrif vir Letterkunde* 46, no. 1 (2009): 217–19.

Editors' Biographies

Catherine Higgs is professor of history and head of the Department of History and Sociology at the University of British Columbia's Okanagan Campus. Her books include *Chocolate Islands: Cocoa, Slavery and Colonial Africa* (2012) and *The Ghost of Equality: The Public Lives of D.D.T. Jabavu of South Africa, 1885–1959* (1997).

Mhlobo W. Jadezweni teaches isiXhosa at Rhodes University; he has previously taught at Stellenbosch, Leipzig and Bayreuth universities. He is the editor of a poetry anthology, *Umdiliya wesihobe* (2008), and author of a bilingual children's book, *UTshepo Mde/Tall Enough* (2006) which has been translated into several languages. He has been a member of isiXhosa language boards in South Africa since 1983.

Evan M. Mwangi is professor of English and comparative literature at Northwestern University, Illinois and professor extraordinaire in the English Department at Stellenbosch University. His recent publications include *Translation in African Contexts* (2017) and *The Postcolonial Animal* (2019).

Tina Steiner, author of *Translated People, Translated Texts: Language and Migration in Contemporary African Literature* (2009), is an associate professor in the English Department at Stellenbosch University. She has published widely on Southern and Eastern African literature and is currently working on a monograph on conviviality in narratives from Indian Ocean Africa.

Index

Ngqosini clan 274
Nguni 188
Ngwane 187
Nicholls, Heaton 34
Nile 9, 192, 204, 267, 274
Nineveh 277
Nizam of Hyderabad 228
Nkosi Sikelel' iAfrica 281–82
Nohibane 266
Non-European Conference 1927 34
Non-European Unity Movement 36
non-racialism/racialism 13, 250
non-violence 2, 4, 12, 37, 213–14
non-violent
    boycotts/strikes 13
    change 7
    resistance 12–13, 216
    self-defence 220
    way of life 248
Northern Rhodesia 9, 192
Nota at Libode 186, 284
Nqobokazi at Peddie 267
Ntabankulu 186, 284
Ntafufu 269
Ntinde 271
Ntlangwini 186–87, 189
Ntshanga (ship) 189
Ntsikana 189
Ntsiza mountain 186, 284
Nxu 233
Nyamwezi 190, 195
Nyimbane 63, 189
Nyoka, B. 3

O
Old Delhi 236
Orange Free State 29
Orange River 202
Orissa 247
overcrowding 219, 236
Oza, Uchangri 255

P
pacifist
    agenda 14
    faith 4
    international 5
    means of non-violent resistance 12
    movement 7, 11–12
    networks 5–9
    organisations 209, 218
Pacifist Organisations 205
pacifists 7, 10, 220–21

Paine, G.L. 205, 209
Palestine 185, 192, 229
palms 194, 241, 258
pan-African 'freemasonry' 16
Pan South African Language
    Board (PanSALB) 43
Pandit, Vijayalakshmi 235
PanSALB (Pan South African
    Language Board) 43
passive resistance 13, 208
Payne, A.B. 31
peace activists 22, 52
'Peace Army' 249
peace army 220
peace-making 13
Peddie 238 (n 12), 267
Pedi 28
PEN 227
Persia 237
Philadelphia, USA 35, 185
Pietermaritzburg (Maritzburg) 186–87, 231
Plymouth Brethren 218
political
    activism/activists 33, 37, 52
    aspirations (African) 2
    dialogue 22
    economy 50
    interests of blacks 16
    resistance 4–5
    rights 2
    transformation 19
politics 2, 28
    of moderation 280
    radical anti-white 285
    South African 5, 7
*Politikon: South African Journal
    of Political Science* 51
Pondoland (Mpondoland) 51, 192,
    194–95, 258, 262, 269, 275
Port Elizabeth 192, 194–95, 228, 233,
    236
ports 188–89
'Ports as Portals: D.D.T. Jabavu's
    Voyage to the World Pacifist
    Meeting in India' 25 (n 58)
Portuguese East Africa 185
    see also Mozambique
Poto (Chief) 258
Prasad, Rajendra 206, 212, 236, 240, 247–50

Q
Qilo 211, 211, (n 7)
Qonce 186

Printed and bound by CPI Group (UK) Ltd, Croydon, CR0 4YY

09/06/2025

14685832-0001